RESEARCH ON MARKET F
MECHANISM AND OPERATING
BANK SUPERVISION IN

我国银行监管的
市场约束机制
及运行边界研究

段海涛◎著

中国财经出版传媒集团

经济科学出版社
Economic Science Press

·北 京·

图书在版编目（CIP）数据

我国银行监管的市场约束机制及运行边界研究／段海涛著 . -- 北京 ：经济科学出版社，2024.7. -- ISBN 978 - 7 - 5218 - 6106 - 8

Ⅰ. F832.1

中国国家版本馆 CIP 数据核字第 2024QZ7954 号

责任编辑：孙怡虹　魏　岚
责任校对：蒋子明
责任印制：张佳裕

我国银行监管的市场约束机制及运行边界研究

WOGUO YINHANG JIANGUAN DE SHICHANG YUESHU
JIZHI JI YUNXING BIANJIE YANJIU

段海涛　著

经济科学出版社出版、发行　新华书店经销

社址：北京市海淀区阜成路甲 28 号　邮编：100142

总编部电话：010 - 88191217　发行部电话：010 - 88191522

网址：www. esp. com. cn

电子邮箱：esp@ esp. com. cn

天猫网店：经济科学出版社旗舰店

网址：http：//jjkxcbs. tmall. com

北京季蜂印刷有限公司印装

710 × 1000　16 开　15.75 印张　263000 字

2024 年 7 月第 1 版　2024 年 7 月第 1 次印刷

ISBN 978 - 7 - 5218 - 6106 - 8　定价：88.00 元

（图书出现印装问题，本社负责调换。电话：010 - 88191545）

（版权所有　侵权必究　打击盗版　举报热线：010 - 88191661

QQ：2242791300　营销中心电话：010 - 88191537

电子邮箱：dbts@ esp. com. cn）

自　序

在银行业发展中，对于官方监管与市场约束一直存在广泛的讨论，两者也是《巴塞尔新资本协议》所表述的银行监管体系的重要支柱。[①] 其基本逻辑在于，存款人等银行相关利益者若选错了银行，将承担风险，此时市场约束机制发挥作用，成为官方监管的有益补充。市场约束可能存在一定的盲目性，主要体现于存款人等银行相关利益者观测银行风险的特点：一是对盈利机会的警觉性，在自身能够承受的风险范围内追求较高的收益率；二是对风险研判的简单化，并非所有的银行相关利益者都具有专业金融知识，风险的判断可能来自对银行的粗略或单一风险的认识；三是对风险研判具有想象力，这是由于对银行风险的判断来自经验，甚至起于传闻。然而，市场约束的盲目性、随机性并不会掩盖其基于概率统计意义上形成的约束力，甚至在挤兑情形下的强约束。官方监管基于标准化、规范化的追求，一般在给定约束条件下求解，即基于对银行监管信息的收集和判断，作出监管行动，因此较为稳定。然而，官方监管也存在局限性，在对银行套利或创新的判断上，在对高风险银行采取的措施上，在收集银行风险信息后实施的监管行动上，都存在滞后性。甚至在经济逆周期下，官方监管出于审慎性的考虑，可能采取更为严格的监管标准，其结果是银行业风险加速显现。银行业作为高负债经营主体，完备

---

① 该协议开创性提出三大支柱：最低资本要求、监管部门的监督检查及市场约束。

的监管制度能够充分管控银行经营的脆弱性，我国银行监管的有效性就在适应市场的变化中不断提升。

辗转多年、人生一叶。笔者在上海银行业监管机构从事银行监管20年，因偶然因素挂职丽江市人民政府，对地级市社会经济发展结构和投融资管理有了较为深刻的认识；后又挂职云南省国有资产监督管理委员会，对国有企业改革和国有资产监管有了更为全面的了解；再到银行业金融机构从事经营管理和金融研究，从融资端思考国家整个经济结构和经济发展。角色切换、视角变换，让我切身感受到国家改革开放的历史性成就，也近距离观察了产业和行业的发展与起伏，以更为开阔的视野审视官方监管和市场约束的有效性。

过去研究银行监管的市场约束机制，笔者更多地是基于理论研究，借鉴国内外学者的研究方法。而今随着经济发展顺周期向逆周期的转换，笔者忽然意识到宏观经济形势的变化对所研究问题的巨大影响。当前世界经济低迷，国际贸易和投资大幅萎缩，国际经济、科技、文化、安全、政治等格局都在发生深刻调整，世界进入动荡变革期。全球产业链受到严重冲击，通货膨胀、粮食能源安全等问题复杂严峻，各种"黑天鹅""灰犀牛"事件随时可能发生。面对外部冲击，国内形势微妙，市场决定述而不作，问题堆叠，知易行难。全球金融动荡成为当前主要的外部冲击，各类风险叠加触发。多个负面冲击的相互碰撞和叠加，对国家政策演进和市场运行规律产生了重大影响。本书聚焦的银行业市场约束机制面临同样的问题。在逆周期下存款人等银行相关利益者对银行风险管理的关注度明显强于顺周期下的情形，市场的风吹草动都可能被观察者放大。这也是2023年初美国硅谷银行爆发流动性风险事件后，美国联邦存款保险公司（FDIC）第一时间快速收购硅谷银行的原因之所在。换言之，FDIC若不采取行动或滞后反应，银行业的市场约束机制必将作出强烈反应。

　　有幸的是，基于当时对金融研究潜意识的感悟，笔者在东南亚金融危机和美国次贷危机后从宏观视角实证考察市场约束的"影响"机制，得出银行体系对宏观经济形势的敏感性和对市场信号的反应程度趋强的结论。该研究获得2011年原中国银行业监督管理委员会系统全国论文竞赛一等奖（列第一），载于由中国金融出版社出版发行的《"十二五"期间银行业有效监管与科学发展》一书。两大危机的比较分析，让笔者深感世界是螺旋式前进发展的，人类对危机的理解在不断进步，应对危机的能力也在不断提升。在经济学领域有关政府干预和市场机制的讨论一直在持续，然而这都应置于宏观经济运行的统一框架下来研究。就银行业而言，宏观经济、官方监管和市场约束可能是研究相关问题最稳定的三角形，脱离一方，其结论将面临以偏概全之嫌。

　　全球金融动荡将触发我们对很多金融经济问题的思考，结合理论与实务开展深度研究具有很强的必要性和紧迫性，这是时代给予学术研究者的历史机遇。相信随着研究工作的不断深入，人们一定能找到破解危机的办法。

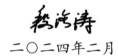

二〇二四年二月

前　言

近年来，世界频发的金融危机让人们逐渐意识到传统金融监管的许多局限性。为此，市场约束在银行监管中的作用开始引人关注。在《巴塞尔新资本协议》中，市场约束与最低资本要求、监管部门的监督检查一起，成为银行监管体系的三大支柱。

由于多方面的因素，我国投资者的市场约束力较弱。在此情况下，银行管理层往往只考虑收益性而忽视安全性。银行风险水平的高企不仅加重了监管当局的负担，也使得整个银行体系面临系统性风险。随着我国银行业的对外开放，如何提高对银行的市场约束力，降低银行风险，是我国监管当局面临的一个重要问题，这也是写作这本书的现实意义所在。

本书共分为九章。

第一章是导论，阐述本书选题的背景和意义、主要研究内容和方法、本书结构安排及基本思路、可能的创新。

第二章是文献综述，对公司治理、信息披露、存款人和次级债市场约束机制进行研究综述。

第三章为公司治理视角下的信息披露。首先在分析有关强制信息披露争论的基础上，引出关于信息披露的各种理论观点；其次通过分析银行内部治理和外部治理对信息披露的影响，阐明公司治理和信息披露密不可分、相互作用的关系；最后分析信息披露的评价指标和市场约束效应，即评判何种信息披露才是有效和充分的，以及其所能产生的市场约束作用。

第四章为银行的市场约束"监控"机制。在概述了市场约束的定义、研究范围、条件等之后，分别实证研究并剖析存款人的市场约束"监控"机制、次级债的市场约束"监控"机制、理财客户的市场约束"监控"机制。

第五章为银行的市场约束"影响"机制。分别从宏观和微观视角实证研究了市场约束"影响"机制，并通过理财客户市场约束"影响"机制实证检验，判断银行对市场约束的实际反映程度。

第六章为存款保险制度下市场约束效力分析。分别分析存款保险制度下市场约束"监控"和"影响"的效力，从现实生活角度分析经济社会中市场约束的情况，揭示市场约束的复杂性和多元性。

第七章为官方监管与市场约束。分别分析官方监管和市场约束的局限性和必要性，并通过两者关系的对比分析，得出两者应互相配合，作为银行监管的组成部分，发挥各自优势和作用的结论。同时，本章还分析了官方监管的范围和力度的选择，以期确立官方监管和市场约束的最优边界。

第八章为我国银行市场约束的问题和对策建议。结合我国银行监管的实际，分析当前在公司治理、信息披露、市场约束等方面存在的问题，并提出相应的对策和政策建议。

第九章为结论与展望。总结全书的主要研究结论，并提出本书研究中的不足之处，以及对未来研究方向的展望。

目　　录

第一章 导 论

第一节 选题的背景和意义

当前，世界政治经济正处于深刻变化之中，不确定性持续加大。全球金融动荡成为主要风险之源，世界正经历百年未有之大变局，世界经济复苏仍面临各种挑战，单边主义、保护主义上升，全球产业链、供应链受到严重冲击，超预期因素引发的风险增大。2023年初美国硅谷银行、第一共和银行的流动性风险事件爆发，引起全球金融业广泛关注。美国联邦存款保险公司（FDIC）雷霆收购硅谷银行，表明商业银行流动性危机一旦未能早期进行快速遏制，将容易引发多米诺骨牌效应。2023年底美国多家大型银行曝技术故障导致存款延迟，包括美国银行、摩根大通信托银行、美国合众银行等，账户无法准确显示存款余额，这看似是技术问题，实则可能有更深层次的问题，这些问题引发了市场对美国银行业的担忧，一旦公众对银行暴露出的这一问题予以广泛关注，市场约束机制将可能被触发，使其内在某些问题演变成系统性金融风险。

每轮金融危机总是引发学术界和实务界对于有关依靠政府干预抑或市场机制来解决问题的广泛讨论，事实上两者有各自的运行边界和特殊优势。2022~2023年美元加息的速度和幅度是近40年来最快的一次，对全球银行业的影响极其深远，尤其是对流动性的威胁。我国银行业主要以经营人民币业务为主，不像持有美元资产为主的银行受到的影响是直接的。但是，由于我国采取有管理的浮动汇率制，为防范汇率超调风险，防止人民币对美元汇率单边贬值，货币政策宽松空间受限；同时，基于地方债务风险和房地产风险防控考虑，我国商业银行在该领域的资产期限一般以中长期为主，这就对银行中期流动性管理形成了压力。党的二十大报告强调，要加强和完善现代金融监管，守住不发生系统性风险底线。目前我国银行业整体运行稳健，但要警惕严峻的外部冲击，对流动性问题应保持高度关注。

在经济金融发展过程中，关于政府和市场应当由谁占主导的争论，一直此起彼伏。对经济运行中出现的问题，市场具有自我纠错和纠偏功能，似乎可以自行解决多数的市场运行问题。但是，政府干预在纠正市场运行出现的问题方面往往能够快速见效，因此较之市场机制似乎更具优势。在银行监管领域里，类似的争论也同样长期存在。20世纪30年代，市场约束就曾是银行监管的主要方式。大危机后官方监管因政府干预成效而占据主要地位。但20世纪70年代西方各国的"滞胀"，以及90年代后的一系列国际金融危机，又促使银行监管理论和认识发生重大的调整，在反省中重新认识审慎监管和市场约束的银行监管理念，市场约束开始进入银行监管领域。1997年巴塞尔银行监管委员会（以下简称"巴塞尔委员会"）的《有效银行监管核心原则》明确了有效的市场约束是有效银行监管的先决条件。市场约束首次被纳入"官方"的监管原则之中。但对于市场约束的运行途径、运行方式、运行效率等方面的研究仍存有较大争议。正如诺贝尔经济学奖获得者斯蒂格利茨（Stiglitz）在《喧嚣的九十年代》中指出的："当今社会的挑战就是，如何在政府和市场之间，在政府行为和非政府行为之间保持适度的平衡"。[①] 由此可见，在漫漫银行监管发展的历史长河中，有关市场约束与官方监管的争论从来没有平息过，市场约束的理论与实践一直在徘徊中艰难前行。抛开经济金融不同发展阶段的扰动因素，以冷静客观的眼光看待和研究市场约束的作用和运行机制是十分必要的。

巴塞尔委员会将市场约束与最低资本要求、监管部门的监督检查并列为三大支柱，就是因为市场约束的功能是其他方面难以替代的。许多学者

---

① 斯蒂格利茨.《喧嚣的九十年代》[M]. 张明，等译. 北京：中国金融出版社，2005.

从不同角度对市场约束改善银行监管效率进行了研究，比较一致的结论是：充分运用市场方法能够准确及时地反映银行的风险状况，增强利益相关者对银行的监督，约束其盲目扩大经营风险的行为。具体来讲，市场约束的作用主要有以下几个方面：

一是促进存款人和债权人等利益相关者为维护自身利益而持续关注和评估银行的风险状况的变化，对银行的冒险经营行为进行监督。

二是防止监管当局过于顾及银行体系和全社会的稳定，对有问题的银行并不进行处置而是保护的行为。市场约束的结果可能会导致存款转移或股票抛售等现象，对银行形成硬约束，迫使监管当局为避免风险扩大而纠正监管偏差。

三是弥补创新监管的滞后性，市场约束的快速适应和反应的特点，能及时对银行创新中的苗头性问题发出提示信号，约束银行避免更大风险的激进创新。

由此可见，市场约束在银行监管中具有其独特的优势，是不可或缺的监督力量，有其存在的必要性。

在银行监管中，市场约束的一般定义为银行的债权人、所有者和客户等利益相关者为维护自身利益，根据所掌握的银行经营管理情况，自觉对其进行监督，并在必要时采取一定的措施，从而对银行机构的利率和资产价格产生影响，对银行机构的经营管理行为形成约束的作用。信息披露由此成为市场约束形成的基础和必要条件。"安然事件"和"世通事件"，让西方发达国家意识到信息披露不是孤立的问题，而是与公司治理密切相关。从市场约束角度看，就是一家银行机构的公司治理状况可能决定了其是否会在意市场的不良反响等信号，是否会受市场因素的影响而采取相应的改进措施。如何完善公司治理结构，加强信息披露，从而保护社会公众投资者的合法权益，越来越受到理论界和实务界的关注。

银行的市场约束机制同样引人注目，其原因在于市场约束究竟最终能否发挥作用，取决于银行机构的利益相关者是否会对其经营管理方面的信息产生反应，以及采取何种方式付诸行动；还取决于银行对于利益相关者的市场约束作用是否产生反应，以改变不利局面。银行机构的存款人、债权人和理财客户等可能只在一定条件下才会关心银行机构的经营优劣，并对其产生约束。为了增强市场约束的效果，有必要对市场约束的运行传导反馈机制进行研究。

官方监管与市场约束总是作为矛盾的统一体一起受到学者的关注。官方监管和市场约束的作用目标和作用机制等许多方面都存在差异，对某类风险形成的约束效果可能差别很大，因此官方监管和市场约束可能都存在各自能发挥最大效用的领域，即边界和范围。通过对比分析官方监管和市场约束，发现其各自在不同领域的优势，将有助于监管者选择在何种情况下采取直接干预，在何种情况下选择市场约束自行纠偏。

综上所述，本书将市场约束发挥条件的公司治理、信息披露，以及市场约束机制和市场约束的范围作为重点研究对象。当前，我国上市银行已快速增至59家，在资本市场中举足轻重，涉及的利益相关者更为广泛。我国资本市场于1984年首次发行股票正式启动、20世纪90年代初步入快速发展阶段，当前已初具规模，在国民经济中发挥着越来越重要的作用，但同时证券市场中的大股东利益侵占、虚假信息披露、内幕交易、利润操纵等违规行为仍时有发生，银行的利益相关者对其市场约束力度依然十分有限，其中的缘由错综复杂。在此情形下，银行机构重收益、轻风险的倾向，不仅加重了监管当局的负担，也容易导致银行业的整体风险水平上升。在我国银行业逐步对外开放、与国际接轨的今天，如何加强对银行的市场约束，降低银行风险，是我国银行监管当局正面临的一个重要问题。因此，以市场约束为主线，研究分析公司治理、信息披露、市场约束机制和运行边界具有重大的理论和现实意义。

第二节　主要研究内容和方法

本书的主要研究内容是银行监管中的市场约束，包括市场约束的基础条件——公司治理和信息披露的分析及相互的关联作用，市场约束的"监控"机制与"影响"机制，市场约束与官方监管的对比分析及两者的最佳作用边界。为了更好地说明市场约束在银行监管体系中的地位和作用，本书从宏观与微观、作用与反馈等角度解析市场约束的运行机制，并试图以此辨析当前我国银行监管中市场约束的不足之处，提出相关的政策建议。

本书第三章以探寻信息披露的合理边界为主线，分析《巴塞尔新资本协议》中的有关规定，以及理论和实务界有关强制信息披露的争论，由此引出信息披露的各种理论观点，并重点分析信息披露与公司治理的关联，以及信息披露的评价指标和市场约束作用。第四章在市场约束概论的基础上，分析了存款人、次级债和理财客户的市场约束"监控"机制，阐述了利益相关者市场约束的作用机制。第五章分别从宏观角度和微观角度分析市场约束"影响"机制，并就我国银行对理财客户市场约束作出反应的程度进行检验，从而尝试阐述市场约束的反馈机制。第六章主要分析了存款保险制度下的市场约束"监控"效力和"影响"效力。第七章分别分析了市场约束和官方监管的必要性和局限性，在对比两者差异和关联的基础上，剖析官方监管的边界。第八章主要围绕公司治理、信息披露、市场约束机制等方面，分析我国银行监管中市场约束的不足，并提出相关建议。第九章是全书总结与展望，包括全书的主要结论以及市场约束分析对我国银行监管的启示。

本书采用的研究方法和技术路线主要分为理论研究与实证研究两种。书中涉及的信息披露、公司治理等是金融经济学、企业理论、会计学等学科交叉形成的新兴研究分支。有关市场约束机制目前尚缺乏统一的研究框架，本书的研究设计借鉴了各学科研究的特点，采用规范分析与实证分析相结合的方法，试图构建市场约束整体的分析框架，以新的视角审视信息披露、市场约束等问题，研究过程中使用了横截面研究、混合数据回归等计量经济学方法。

理论研究主要包括三个方面：一是在综述已有文献研究的基础上，提出公司治理视角的信息披露问题，将决定市场约束成效的两个重要前提条件从关联角度一并进行深入分析，同时在对信息披露进行经济学分析的基础上，评价信息披露的标准和效应。二是分别分析存款人和次级债等市场约束"监控"机制，以及从宏观和微观角度分析市场约束"影响"机制，为评判市场约束的成效确立依据。三是对市场约束和官方监管进行利弊分析，以及对官方监管进行作用机制分析，以引出官方监管的边界确立问题。

实证研究主要采取建立实证计量模型的方法，通过分析面板数据模型检验市场约束的实际效果，以探求市场约束的主要作用机制。

第三节　本书结构安排及基本思路

本书以市场约束为线索，按照"基础条件—约束机制（"监控"机制与"影响"机制）—运行边界"三个层面的逻辑思路进行分析。市场约束要发挥作用必须满足两个前提条件：一是市场监控存在，即利益相关者能正确理解银行风险特征的变化并将这些评价考虑进银行的债券价格或贷款利率等因素中；二是市场影响存在，即债券价格及贷款利率变化使银行管理者作出反应，采取措施来减轻和改善银行经营环境的不利变化。① 这两个前提条件成为本书分析市场约束机制的主要线索，并由此推导出信息披露和公司治理是市场约束的两个充分条件。倘若银行的信息披露很不充分，利益相关者就无法正确掌握银行机构风险特征的变化，"市场监控"也将无从谈起；倘若银行的公司治理很不完善，银行经营管理就难以保证股东利益的最大化的目标，经营者与所有者利益产生背离，银行将无视外界对其的任何评价和采取的行动，"市场影响"也就不复存在。因此，信息披露和公司治理成为市场约束的两个重要基础条件。本书的基本思路为：首先，从公司治理视角下的信息披露入手，分析两者的关联作用及其在市场约束中的重要性，试图论述内部治理对银行信息披露行为的主要决定因素，以及信息披露的合理边界。其次，重点论述存款人、次级债持有人、理财客户的市场约束"监控"机制，通过实证分析评价市场约束的效果。再次，从宏观和微观两个层面分析市场约束的"影响"机制。宏观方面主要是宏观经济综合因素对银行的约束影响，微观方面主要是内部治理

---

① 张强、佘桂荣.银行监管的市场约束理论进展 [J].金融研究，2006（10）：98 – 105.

对银行业绩的约束影响，以评价银行面临市场变化时是否能及时作出反应。此外，还可以从银行在理财市场的反应程度来检验理财客户市场约束的"影响"机制。最后，将市场约束和官方监管这一矛盾统一体进行比较分析，试图勾勒出两者的运行边界，以便于更好地强化银行监管。图1-1为本书论述市场约束的结构总图。

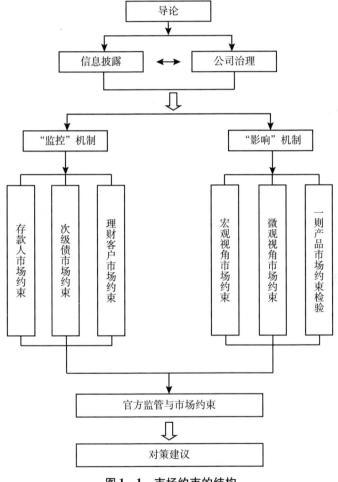

图1-1 市场约束的结构

本书共分为九章，主体部分为第三章~第九章，除第一章导论和第二章文献综述外，其余各章的主要内容如下：

第三章首先通过信息披露的经济学分析，剖析长期以来支持和反对信息披露管制的理论观点和主要理由；其次通过银行的内部治理和外部治理对信息披露的影响，阐明公司治理和信息披露密不可分、相互作用的关系；最后分析信息披露的评价指标和市场约束效应，将本章内容归结为评判何种信息披露才是有效的以及如何评判信息披露的充分程度，同时，也把信息披露本身作为一种影响市场约束的途径和方式，分析其对市场约束的作用情况。

第四章对市场约束的定义、研究范围、条件等进行概述后，分别剖析存款人、次级债持有人、理财客户的市场约束"监控"机制，并实证检验我国银行业市场约束力。

第五章分别从宏观视角和微观视角实证研究我国银行业市场约束"影响"机制，并通过理财产品市场约束"影响"机制实证分析，来检验银行面对市场变化的实际反应程度。

第六章分别从存款保险下的市场约束"监控"效力与"影响"效力两个方面，阐述存款保险制度对市场约束效力的不同观点。根据居民的储蓄和消费习惯及收入水平、银行制度及监管策略、存款保险制度的设计来分析影响效力因素，并剖析存款竞争与贷款竞争对银行风险管理的影响。

第七章分别剖析了市场约束和官方监管的必要性和局限性，并通过两者关系的对比分析，得出两者应互相配合，作为银行监管的组成部分，发挥各自优势和作用的结论。同时，本章分析了官方监管的范围和力度的选择，以期确立市场约束和官方监管的最优边界。

第八章主要结合我国银行监管的实际，分析当前在公司治理、信息披露、市场约束等方面存在的问题，并提出相应的对策和政策建议。

第九章总结了全书的主要研究结论，并提出本书研究的不足之处，以及对未来研究方向的展望。

第四节　可能的创新

一是对有关市场约束的文献进行了系统整理，分析了当前银行监管中市场约束的研究全貌，为进一步全面、深入地研究市场约束提供了分析基础和思路。

二是银行监管中的市场约束研究是一个较新的课题，但以往的研究都是侧重于市场约束的某一个方面，没有对市场约束机制进行完整系统的分析和研究。本书将市场约束的各方面整合在一个有逻辑的系统中，从市场约束的基础条件、作用机制、运行边界三个维度进行研究，对市场约束进行了全面的理论和实证研究，并分析了市场约束与官方监管的作用范围和边界的问题。

三是将市场约束的两个重要条件公司治理和信息披露置于同一框架下分析，通过公司治理视角的信息披露分析，探求两者的互相作用机制，以更好地理解公司治理和信息披露对于市场约束中"市场监控"和"市场影响"两方面的重要作用和基础条件地位。

四是在市场约束"监控"机制研究方面，对我国的十余家商业银行的存款增长与风险水平的关系进行了实证研究，剖析我国存款人对银行的市场约束力度，具有新的发现。此外，还实证检验了我国银行次级债市场约束力状况，剖析我国银行次级债券市场约束机制弱化的原因。

五是在市场约束"监控"机制研究方面，将理财客户市场约束机制纳入研究范围，这是新的尝试，增强了具有我国银行业特色的市场约束研究的针对性，实证分析结果对理财业务监管提供了思路。

六是扩展和延伸了市场约束机制，本书不局限于从利益相关者角度分析市场约束"监控"机制，采用了新的分析视角，研究宏观经济综合因素对银行的市场约束作用，并根据内部治理对银行绩效的相关性研究，分别从宏观和微观角度验证了市场约束"影响"机制，进一步完善了市场约束的研究框架。

七是既有规范性理论说明，又有实证研究，还特别利用博弈论与信息经济学、高等计量经济学等构建的模型与证明，力图形成一个完整的理论体系，与目前国内关于银行业的市场约束介绍性研究相比，更深入、更完善、更具说服力。

第二章 文 献 综 述

第一节 公司治理的研究综述

一、公司治理的含义

自伯利与米恩斯（Berle & Means，1932）发现公司的所有权和实际控制权是分离的，需要一套机制来保证股东利益以来，公司治理的含义不断充实和发展。公司治理又称为公司治理结构，因涉及诸多利益主体，且其内涵与实质的界定也受到政治、经济、历史、文化等诸多因素的影响而存在差异。目前尚无对公司治理的统一解释，不过，随着各社会组织、官方机构和学者的大量介入研究，对其概念的认识也越来越清晰。

一般而言，公司治理可分为内部治理和外部治理。内部治理主要指所有者对管理者的一种监督与制衡机制，在股东、董事会、经理人之间规范责、权、利关系的制度安排，即"用手投票"；外部治理主要指公司外部的资本市场、产品市场、经理人才市场通过竞争机制形成的激励约束作用，即"用脚投票"。公司治理狭义上单指内部治理，广义上包含了内部治理和外部治理，因为内部治理与外部治理之间存在着相互依赖和协调统一的关系。本书研究市场约束，既要分析银行内部的决策机制和控制机制，这涉及银行对市场信号的反应程度，又要分析市场的传导机制对银行形成的约束力，因此本书采用广义上公司治理的概念。

二、银行的公司治理及其规范

银行的公司治理的原理和方法与一般企业的公司治理相似，但在内容和重点上又有所侧重和区别，银行货币经营的高负债特性，决定其内控管理、风险管理、财务管理等诸多方面有别于一般企业。对银行的公司治理的研究起步较晚，但由于 21 世纪以来发生了多起银行破产案、区域或全球金融危机，人们对银行在金融体系中的重要性和对于加强银行的公司治理的必要性有了更深刻的认识，公司治理已成为国际银行业日益关注的焦点。

首个相关国际机构为 1991 年在英国设立的公司治理委员会，其于 1992 年发布的《卡特伯里报告》（*The Cadbury Report*），提出了一系列公司治理的原则和理念，堪称现代公司治理运动的里程碑。

经济合作与发展组织（OECD）于 1999 年颁布的《OECD 公司治理原则》，强调保护股东及其他利益相关者的合法权利，加强信息及时披露和有效监督等。OECD 原则关于信息披露和公司治理的观点受到国际社会的广泛认同。

同年，巴塞尔委员会发布的《加强银行机构公司治理》，提出公司治理模式没有通用的、唯一有效的模板，需视各国法律、文化而异；并认为银行的公司治理目标应该能影响其经营目标、业务运作，顾及各利益方，稳健经营等。该文件对银行的价值准则、经营战略、制度规范、职责分配与决策机制、高管层间的合作、内部监控系统、风险管理体系、信息披露、激励机制等提出了银行的公司治理要求。其后的《有效银行监管的核心原则》进一步表达了公司治理的重要性，监管者应鼓励建立良好的公司治理结构（依靠适当的机构结构和银行董事会与管理层的责任分工），以强化市场透明度和监督作用，提高市场的约束作用。

香港金融管理局围绕董事会的职责和运作提出了银行的公司治理要求，包括建立程序和控制办法、各类风险的政策，加强内外部审计，建立如独立执行董事的内部制约机制，召开董事会等。

美国联邦储备委员会强调银行治理结构的关键在于建立有效的内部控制程序和审计程序、信息披露制度和会计审计制度等。

原中国银行业监督管理委员会（以下简称"中国银监会"）于2006年颁布的《国有商业银行公司治理及相关监管指引》明确了银行公司治理的目标、符合现代金融企业要求的"三会"制度、科学的责任约束、权力制衡和激励机制等，明确了"三会"和高级管理层的职责，并在国有商业银行引进战略投资者和股权结构等方面提出了长期持股、优化治理、业务合作和竞争回避的原则，明确了战略投资者的五项标准。

综上所述，在银行公司治理的研究中，权力的制衡机制和决策机制被列为核心内容，这在市场约束研究框架中涉及银行的经营管理行为和主动调整目标策略行为。同时，信息披露在治理规范中也被摆在突出位置，毕竟信息披露是市场得以运作的重要基础条件之一，公司治理与信息披露已紧密关联。

三、银行的公司治理的研究内容

有关公司治理的研究范围非常广泛，鉴于公司治理与信息披露对于市场约束而言同等重要，本章重点围绕公司治理对信息披露的影响角度作出文献回顾，在这一角度上，银行的公司治理研究与一般企业的公司治理情况是相似的。公司治理对信息披露的影响是多方面的。韩道琴（2011）认为公司治理是否有效或是否发挥作用在一定程度上影响着披露信息的质量。

从股权集中度的研究看，有学者发现所有权分散程度越高，公司的信息披露水平往往越高（Mckinnon & Dalimunthe，1993；Mitchell et al.，1995），股权集中度与信息质量之间呈负相关（Schadewitz & Blevins，1998）。有学者考察了我国香港上市家族控制型企业，认为这类企业对信息披露程度具有负面效果（Jaggi & Chen，2000）。通过研究外部股东（持有5%以上者）和内部股东对信息披露的影响，发现所有权结构对企业的整体信息披露具有一定程度上的影响（Coulton，Clayton & Stephen，2000）。有学者对比分析了东亚国家集中型股权结构和西方国家分散型股权结构的特点,认为前者代理问题集中于拥有控制权的大小股东之间,后者代理问题集中于外部投资人和公司管理者之间。由此涉及信息披露的问题不同,前者主要为大股东,通过操纵盈余等方式侵占小股东利益,或者避免将关键信息泄密给竞争对手,因而减少信息披露;后者主要表现为外部投资者对公司披露信息缺乏信任(Fan & Wong,2002)。有学者通过考察加拿大上市公司的环保信息披露情况,认为国外持股者占比大、股权结构分散的公司信息披露程度高,两者呈正相关(Cormier & Magnan,2003)。谭兴民、宋增基(2009)通过实证检验,得出上市公司股份的逐渐集中可能导致"一股独大"的现象。控股股东可能会控制盈余,导致企业信息披露质量的降低。

从管理者持股比例的研究看,管理者的持股比例下降,其自愿信息披露的动机将增强(Jensen & Meckling,1976)。因为管理者持股比例下降,外部股东会加强对管理者的监督,为此,管理者会自愿多披露信息,以减少监督成本,自愿性信息披露程度与外部持股比例正相关。有学者发现披露盈余预测的公司的外部股东持股比例往往较高,部分印证了上述观点(Ruland et al.,1990)。有学者运用深圳证券交易所数据研究发现,国有股份的比例、流通股的比例、所有权集中、董事会的所有权的比例都和会计信息披露的质量呈正向关系(Xu & He et al.,2018)。肖鹏文(2016)基于回归分析得出,若股份集中度高,则控股股东对公开财务信息具有很大决定权,这会降低会计信息披露的品质。

从控制权实现方式的研究看,有学者认为金字塔结构容易隐藏财富转移行为和真实控制人,控制人的利益侵占行为也难以被法律追究(Bianchi Bianco & Enriques,2001)。还有学者认为集团公司形式导致控股股东对小股东剥削程度的加深(Bae Jang & Kim,2002)。叶勇等(2007)研究认为公司终极控制股东较多运用金字塔结构、投资公司控股等方式获取控制权,控制权与现金流量权偏离,偏离度与公司市场价值成反比,与控制股东的利益侵占程度成正比。

从董事会成员结构的研究看,董事会成员结构对公司财务报告欺诈现象产生明显影响,外部董事成员和任期增加等因素有助于减少财务欺诈

（Beasley，1996）。独立董事在董事会的占比越高，公司信息披露状况越好（Jaggi & Chen，2000）。有学者通过实证研究发现香港上市公司的信息披露水平与其公司治理关系密切，若董事长与总经理分离，独立董事占比高，审计委员会的独立性强，那么公司信息披露水平则高（Simon & Wong，2001）。也有学者认为公司所有权结构和董事会结构会对信息披露产生明显影响（Eng & Mak，2003）。有学者基于回归分析验证了独立董事成员越多，则越有可能与综合报告披露原则保持一致，会提高披露质量的假设（Athanasios Pavlopoulos & Chris Magnis et al.，2017）。唐文丽（2013）研究认为董事开会次数越多，说明董事成员的努力程度越高，其监管效果越会对信息披露质量产生正面影响。而刘爱东、万芳（2016）却认为董事会会议次数过多表明董事会更多关心公司日常经营，反而减少了对信息披露的关注与研究。但通过固定效应模型检验假设，发现数据并不显著。

从公司规模、盈利能力等相关特质的研究看，有学者认为公司的利润状况与信息披露质量有关（Singhvi & Desai，1971）。有学者发现公司的规模、净资产占比、负债率等对信息披露有影响（Chow & Wong – Boren，1987）。有学者发现公司规模、行业及所在国家、海外上市情况等与信息披露水平相关（Meek，Robert & Gray，1995）。还有学者发现公司收入的波动性、公司规模、融资需求等因素对信息披露有影响（Lang & Lundholm，1993）。有研究发现，相比于国家宏观因素，公司规模、净资产收益率等特征更能影响其信息披露水平（Ciccone，2000）。有学者考察了中东欧数百家上市公司，发现公司规模、M/P 比率、杠杆率等与信息披露程度相关度高（Berglof & Pajuste，2005），发现公司信息披露与多元化经营高度正相关（Bens & Monahan，2002）。

刘立国和杜莹（2003）根据董事会特征和股权结构研究与信息披露关联度，发现法人股和流通股占比、执行董事和内部董事占比、监事会规模对公司可能的财务报告舞弊行为具有直接影响。崔学刚和朱文明（2003）较全面地考察了公司治理与信息披露的关系，认为公司规模、股权集中度、股东结构、独立董事占比、机构投资者情况、上市地址等均对信息披露水平形成较大影响。谭劲松和吴立扬（2006）认为我国企业治理特征的内在驱动因素，以及独立审计、外部监管和地区治理环境等外部制约因素对信息披露产生了很大影响。王立平（2013）基于回归分析得出，董事长和首席执行官（CEO）的双重身份不利于董事会对其进行有效监管，这导致企业的控制权集中，使得公司信息公开出现混乱。冯阳（2016）认为要对上市公司分类设计相适应的股权激励机制，利用大数据设计更全面反映绩效的指标，这将对管理层起到更好的激励作用。

第二节 信息披露的研究综述

一、信息披露的含义

信息披露通常指银行将反映其经营状况和风险状况的主要信息，通过传媒真实、准确、及时、完整地向利益相关者予以公开的过程。从市场约束角度看，有关信息披露的争议主要在两方面：一是有关市场信息质量和信息效率的评价标准。这涉及市场约束的最初阶段，市场信息是否被完整收集和分析，用于作出正确的判断，以对银行机构施加合理的约束力量。市场信息的质量关系到市场约束的最终方向和效率。标准普尔公司于2001年建立了信息披露质量的评分系统。二是强制信息披露的必要性。强制性信息披露和自愿性信息披露是常见的分类方式，主要以法律法规是否强制规范作为分类标准。强制性信息披露是指根据法律法规的规定，银行必须对外披露信息，包括财务报表、报表附注、风险状况和管理情况等；自愿性信息披露是指管理者根据对市场状况的判断，主动向外公开信息，而法律法规无此要求。信息披露对于市场约束的基础作用是毋庸置疑的，但是否有必要强制进行信息披露，在学术界和理论界一直有着广泛的争论。本节将对文献作进一步回顾。笼统地讲，如果说国家之间信息披露的差异主要由强制性信息披露所决定，那么银行之间信息披露的差异则主要受到自愿性信息披露的影响。可以说，强制性信息披露制度囊括了一国所有法律法规对信息披露的制度性要求。

二、信息披露的主要规范

巴塞尔委员会对于信息披露相当重视，该委员会于 1997 年颁布了《有效银行监管的核心原则》，其重大意义在于建立了银行信息披露的整体架构，对相关会计准则、报告范围和频率、信息准确性的确认、信息披露方式及监管信息保密均作出了比较详尽的规范。该原则明确规定，此类信息应当及时、充分，使市场参与者了解各家银行的内在风险，使监管者能真实公平地了解银行的财务状况和盈利水平。其主要内容可归纳为：一是规定信息的标准格式，以增强可比性。相关报告至少应包括银行的资产负债表、或有负债和收入情况，以及辅助信息和重要风险状况。二是规定财务报表应经过外部审计或现场检查的定期审核，以确保信息的准确性，银行监管当局可以使用监管手段来实施纠正行动。同时，该原则认为银行应遵循国际通用会计准则和银行组织的相关准则。三是规定信息披露的频率和范围，同时要求监管机构设计和收集银行定期上报的报表，涉及银行的组织结构和经营活动等方面。四是信息质量和保密要求，主要强调信息应准确、及时、公正、充分地披露，监管当局应对敏感信息保密。

1998 年起，该委员会又发布了《增强银行透明度》《信用风险披露的最佳实践》和《关于确定贷款价值、计提呆账准备金、加强信用风险信息披露的指导原则》。《增强银行透明度》将银行应披露的信息归为六大类，涉及财务状况、财务业绩、风险暴露、风险管理战略和措施、会计政策、公司治理等，并具有全面性、及时性、可靠性、可比性、相关性及实质性等六个特点，为信息披露监管提供了一般性指导，并将信息披露视为有效市场约束的前提条件，使市场能够区分稳健和脆弱的银行，防止市场波动对银行体系的冲击。《信用风险披露的最佳实践》主要对有关信用风险披露的信息予以明确，并指出这些指导意见还适用于证券投资、银行贸易、流动性、资产管理以及资金管理。《关于确定贷款价值、计提呆账准备金、加强信用风险信息披露的指导原则》重点对四个方面的信息提出要求，包括计提准备金是否充足、相关确认程序是否合理、对损失的专项准备或核销是否及时、信用风险信息披露是否充分等，并明确提出银行在年报中必须披露信用风险管理、会计政策与做法、信贷质量及信用风险等内容。

2004 年颁布的《巴塞尔新资本协议》从三大支柱角度提出了市场约束的积极作用，是对最低资本要求和监管部门的监督检查形成的必要补充。《巴塞尔新资本协议》对信息披露的指导原则、披露频率、与会计披露的相互关系等提出了具体要求，进行了新的总结规范，明确了信息披露的整体框架，在资本构成、适用范围、资本充足率、风险暴露的评估和管理程序等领域明确了定量和定性信息披露内容，这些有助于市场人士得到有关银行的重要信息，达到市场约束的目标。《巴塞尔新资本协议》允许银行建立内部计量模型来评估风险，但必须对相关关键信息进行披露。各国监管当局可采取"道义劝告"、约谈对话及批评、罚款等方式来加强信息披露。《巴塞尔新资本协议》还对披露频率、保密信息和专有信息披露提出原则性要求，在披露政策、披露程序和披露内部管理等方面，银行应有所规定。

中国人民银行 2002 年颁布的《商业银行信息披露暂行办法》，主要对财务会计报告内容、各类风险管理状况、公司治理信息和年度重大事项等四大方面作出了明确规定，并要求商业银行应以年度报告形式披露信息，相关年度报告应可以在银行的主要营业场所查阅。该办法对我国商业银行的信息披露提出了比较完备的制度框架，并在银行监管实践中被不断更新、细化和完善。

原中国银监会于 2007 年颁布了《商业银行信息披露办法》，该办法是我国银行监管当局对银行信息披露管理提出的最为全面的规范，对财务报告、风险状况、公司治理、重大事项等信息提出了基本原则和内容要求，包括完整性、真实性、准确性和可比性。其特点在于：一是在明确会计报表报送内容的基础上，对会计报表附注的具体内容也作出了规定，即其应涵盖利润实现和分配情况，以及对经营管理形成重大影响的事项，此外，对外披露的报告应经外部审计。二是规定了对各类风险情况的披露要求，包括流动性风险、市场风险、信用风险、操作风险等，以及反映银行风险管理程序、方式、内容、能力等方面的信息披露。三是规定了对公司治理、重大事项和罚则等信息的披露要求。此后，原中国银监会还对特定领域和特定机构颁布了相关管理规定。如 2009 年颁布、2011 年开始实施的《商业银行资本充足率信息披露指引》，从信息披露的内容、频率和标准等方面对商业银行资本充足率相关信息的公开进行了细化，更向国际通行标准靠拢，包含了定量和定性两方面的要求；2010 年出台的《融资性担保公司信息披露指引》，明确了融资性担保公司的各类风险状况、重大事项等信息的披露要求。

中国证券监督管理委员会（以下简称"中国证监会"）于 2024 年修订的《上海证券交易所股票上市规则》和《深圳证券交易所股票上市规则》重点从关联交易方面对上市公司信息披露进行了规范。一是设定了关联交易信息披露的金额门槛。例如，上市公司与关联自然人 30 万元以上的交易、与关联法人成交金额 300 万元以上且占上市公司净资产超过 0.5% 的交易、与关联人成交金额 3000 万元以上且占上市公司净资产超过 5% 的交易等情形，上市公司应及时披露并履行相应的决策或审议流程。二是要求对关联交易的决策和表决程序的信息披露。如为关联人提供担保的情形应经董事会、股东大会审议。三是要求对关联交易内容的信息披露。

中国证监会于 2007 年颁布的《上市公司信息披露管理办法》，对所有上市公司内部人持股情况和关联关系情况等信息要求强制披露，包括监事、董事、高管层持股 5% 以上的情形和关联人名单及关联关系的说明，应由公司实际控制人及时向董事会报送；应履行关联交易的审议程序，关联交易表决回避；交易各方不得采取任何方式来隐瞒或规避上述规定。中国证监会可对违规者责令整改、警告、罚款等。中国证监会还对商业银行的信息披露作出了专门规定和特别的详尽要求，其于 2008 年颁布的《商业银行信息披露特别规定》，要求上市银行定期披露前三年的主要会计数据和财务指标、贷款资产质量情况、减值准备计提和核销情况、营业收入和存贷款的结构情况、持有的金融资产情况，以及各项代理业务、托管业务和投资业务的情况。当然也包括对上市公司的一般性信息披露要求，如关联交易和内部交易的情况及频繁程度等。

原中国银监会于 2018 年颁布《商业银行股权管理暂行办法》，要求商业银行的股东及其控股股东、实际控制人、关联方、一致行动人、最终受益人等各方关系应当清晰透明；投资人及其关联方、一致行动人单独或合计拟首次持有或累计增持商业银行资本总额或股份总额 5% 以上的，应当事先报银行业监督管理委员会；商业银行应当加强对其主要股东的管理等；商业银行及其股东应当根据法律法规和监管要求，充分披露相关信息，接受社会监督。原中国银行保险监督管理委员会（以下简称"中国银保监会"）于 2023 年颁布《商业银行金融资产风险分类办法》，要求商业银行按照真实性原则、及时性原则、审慎性原则、独立性原则进行风险分类，准确评估信用风险，真实反映金融资产质量。

三、信息披露的研究内容

有关信息披露的理论和研究相当广泛，包括宏观和微观两个层面。宏观层面主要与资本市场相关，涉及资本市场均衡价格及其变动、分析师影响、金融市场影响、股价波动、股票回报等与信息披露的关联性；微观层面主要涉及银行的公司治理与信息披露的相关性，随着全球金融动荡的频繁发生，有关信息披露与金融危机的关联研究也频繁出现。市场约束的基础条件——信息披露是必不可少的，但对于是否有必要强制披露仍存在广泛的争议，鉴于此，本章主要综述反对和赞同强制性信息披露的研究观点。

（一）反对强制性信息披露的研究

反对强制性信息披露的学者基本都基于一个前提：自愿信息披露就能达到信息被充分披露的状态，市场参与者具有自愿信息披露的动机（Aker-lof，1970）。自愿信息披露可能会形成更透明的资本市场均衡（Penman，1978）。企业的跨国经营和企业的国际化，以及经营环境复杂化等因素，使企业自愿信息披露的行为上升（Hussey，1991）。

有研究认为，经理人具有较强烈的自愿信息披露的动机，以满足内部人交易的需要。经理人会先通过自愿信息披露来促使其股价达到合适的位置，然后通过内部人交易以获超额报酬；但在信息披露之前不会出现内部交易（Noe，1999）。

经理人有交易动机，但经理人即使拥有内幕信息交易机会，也具有自愿信息披露的动机，而且这种披露意愿随着内幕信息的数量的增加而增大，并与经理人报酬与业绩之间的关联度等因素有关。若资本市场的流动性增加，信息披露的意愿将降低（Narayanan，2000）。

有学者考察了信息披露制度对资本市场的影响。其选择在信息披露制度颁布前，主动披露和未披露销售收入信息的企业作为观察标的，对比分析两者在信息披露制度颁布后的反应，结果发现信息披露制度对其股价和风险没有明显影响，信息披露干预了市场信息供求自动配置机制，但并未给投资者带来明显收益（Benston，1973）。

另有学者以 23 组高管薪酬的信息披露首创了"披露指数"，并通过展示披露分数与买卖价差、回报波动相关信息验证了该指数量化自愿披露的可行性（Laksmana，2008）。也有学者以量化数据来衡量企业自愿披露的方法，并提供了证明该量化方法有效性的证据（Cooper，He & Plumlee，2015）。

（二）赞同强制性信息披露的研究

强制性信息披露能减少市场操纵与欺诈，上市公司只有全面披露各种风险因素信息，才能降低市场的投资风险，提高市场的运行效率，这需要强制性披露制度来规范（Friend & Herman，1964）。他们对比分析了 1956年《美国统一证券法》实施前后的状况，认为该制度降低了新发行证券的风险。他们还批驳了本斯顿（Benston）的观点，认为市场投资需求的信息是多方面的，企业即使没有披露销售收入的信息，也披露了其他的财务数据，如净收入数据；而且他们认为本斯顿没有考虑信息质量提高因素对风险降低的影响，其研究方法存在缺陷。

此外，有实证研究发现，1956 年《美国统一证券法》实施后，证券定价偏离度缩小，市场资源配置效率提高，投资者由此从中获益（Stigler & Jarrell et al.，1964）。

从代理人角度分析强制性信息披露的必要性。由于信息不对称、有效激励不足、道德风险等因素，代理人未必会维护委托人的利益来行事，而政府强制性信息披露制度能对代理人的自利行为进行限制，强制性信息披露可能是最优的选择（Hoxmstrom & Milgrom，1991）。

有学者认为依靠市场机制难以在信息供求上完全有效率，市场提供的信息披露激励并不完全，即使市场有效程度很高，单纯靠市场机制仍难以达到信息充分披露的目的，为此强制性信息披露是必要的。他们认为，信息搜寻存在零和博弈，信息搜寻能力强的人的收益是以能力低的人为代价的。通过完全信息披露均衡和混同均衡分析，得出完全信息披露均衡劣于混同均衡帕累托的结论（Arrow & Stiglitz，1998）。有学者通过实证对比研究波兰和捷克证券监管效率，表明强制性信息披露等政府监管政策是必要的（Glaeser & Shleifer，2001）。

另有学者从权益成本角度对比研究《萨班斯—奥克斯利法案》404条款颁布前后的审计信息，发现内部控制缺陷加大了公司的风险，使得权益资本增高（Ashbaugh，2007）。按照404条款披露内部控制有实质性缺陷的公司，与其他公司对比发现404条款对投资回报和盈余质量管理有积极作用（Kam，2005）。有学者研究表明披露了内部控制缺陷信息的公司比没有披露缺陷信息的公司成本更高（Maria et al.，2006）。也有研究从盈余管理上肯定了《萨班斯—奥克斯利法案》的作用，该研究发现法案颁布后盈余管理的披露更加真实。

洪峰、戴文涛和张然（2013）从自愿披露和强制披露内控信息质量角度，对2011～2012年主板上市公司的内控信息进行分析，在强制性披露制度下，内部控制缺陷的信息披露更加深入，内控信息质量有所提高。

第三节　存款人市场约束机制的研究综述

存款人对于银行而言是最广泛的利益相关者，因而对存款人市场约束状况的分析研究很多，不过在研究结论上并未获得有关存款人市场约束机制的一致性研究结果。从相关国内外文献情况看，不少经济学家并未认可存款人市场约束力的存在，但另一些学者通过实证研究发现了存款人市场约束力的证据，认为存款人还是有能力去评估银行风险状况的。

有研究认为，由于存款人存放数额小、收集信息有成本、需专业能力和搭便车心理等因素，单一存款者几乎没有动机去监督银行，难以实施对其有力的市场约束（Dweatripont & Tirole，1994）。许多相关研究以美国未保大额可转让定期存单利率为分析对象，研究发现银行的风险状况与这种定期存单利率呈正相关（Baer & Berwer，1986；Hnanan & Hanweck，1988；James，1990）。同样以此为考察对象，有学者建立了时间序列模型，用每天大额定期存单作为银行股票收益的函数，假定存款人与股票投资者具有同等获取信息的机会，因此影响股价的信息可反映银行风险，从而影响定期存单的利息。实证研究印证了这一分析：银行大额存单利率对银行股价大幅波动所反映的信息反应迅速（Ellis & Flannery，1992）。

研究发现，即便是完全被保险的存款，其利率也可能随单个金融机构的风险指标而变动。当对存款保险者兑现承诺的能力产生怀疑时，不论存款是否保险，其利息成本对银行均产生了更有力的约束（Cook & Spellman，1994）。存款人能够成功地区分银行的风险程度差异，将存款转移到相对安全的银行（Calomiris & Wilson，1998）。有学者印证了这一观点，研究表明美国单个储蓄机构的存款增长与预测的违约率呈负相关，风险更高的储蓄机构存款增长更小（Park & Peristiani，1998）。以年度财政数据为基础，进行市场定价会计制度与存款人约束的关联分析，结果发现信息披露水平提高有助于提高存款人约束程度（Spiegel & Yamori，2003）。

有学者实证分析阿根廷、智利、墨西哥在银行危机期间的表现，发现存款人对风险增大的银行有所反应，从风险高的银行提款或要求更高的利率（Peria & Schmukler，2001）。有学者采用横截面数据分析方法，发现存款保险制度改革可提高存款人利率敏感性（Imai，2004）。刘雷（2017）通过研究认为存款人能对银行风险行为作出反应，并能通过存款数量与存款价格渠道对银行风险行为进行监督。

有学者建立了40多个国家的银行数据库，考察1990～1997年银行利率和存款增长与银行风险的关联性，以研究存款人的约束力（Demirguc -

Kunt & Huizinga，2004）。结果表明大多数国家的利率对风险显著敏感，而存款增长率对风险的敏感性不显著。并且，显性存款保险导致银行利息支付对流动性风险的敏感性降低，一国安全网的保护可能会削弱市场约束力。他们特别关注国家金融制度特征对市场约束的影响，认为金融制度健全、发展水平较高的国家，市场约束力更明显，但对于一些金融制度已经较完善的国家，不当的存款保险制度设计也会削弱市场约束。提高保险限额、扩大保险范围到银行间存款、设立事前储备基金等做法均不利于市场约束作用的发挥。有学者通过考察日本银行危机期间存款人市场约束状况，发现在 1992~2002 年的存款保险制度下，银行的存款数量和利率对其危机作出了反应（Hosono，2004）。

有学者实证比较研究未保险存款人的市场约束，发现金融危机发生前中后期，美国的市场约束效应高于欧洲市场（Berger，2015）。有学者基于 2003~2012 年德国数据研究发现，存在存款人的市场约束效应，且存款人对银行风险行为约束的强度随着治理结构而发生变化（Arnoldet et al.，2016）。顾海峰、马聪（2020）研究发现，存款数量约束对银行风险承担水平有显著助推作用，但由于存款人对存款利率议价能力不足，导致价格约束的作用不显著。然而，一些研究结论并不相同。李晓庆、刘江慧（2016）基于我国 49 家商业银行的数据，实证检验存款人的市场约束效应，得出存款价格约束效应是显著的结论。胡建辉、岳娟丽（2020）研究认为以利息支出占比为代理变量的存款价格约束，对银行成本效率影响异常显著，反映价格约束效应明显。

张正平、何广文（2005）基于 1994~2003 年我国 14 家银行的面板数据的实证，从存款人的角度研究银行市场约束的情况，研究发现：存款的市场约束十分微弱，且差异在不同性质的银行之间并不显著。杨谊等（2009）、黄蕙（2009）都认为存款人的市场约束微弱。许友传、何佳（2008）从价格、数量约束和外部环境的视角，分析隐性保险体制下我国 2000~2006 年 27 家城市商业银行的市场约束情况，研究表明我国城市商业银行的储蓄存款市场不存在显著的价格约束效应，但没有证据显示不存在数量约束效应。政府隐性保险对银行债权人的数量和价格约束都存在显著影响。但是，曹廷求、张光利（2011）研究认为存款市场约束机制没有显著的约束效应。李晓庆、刘江慧（2016）研究发现存款价格约束和公司定期存款具有市场约束效应，而公司活期存款不存在市场约束作用。刘雷（2017）对跨国嵌套数据进行研究发现，存款人能通过数量约束和价格约束途径对银行风险实施有效的市场约束。

第四节　次级债市场约束机制的研究综述

次级债市场约束与存款人市场约束同为当前国内外市场约束实证研究的重点，次级债券因为具有风险敏感性特点而对银行形成较有力的约束，但是从文献情况看，尚没有一致的结论，各个时期的研究结论存在差异，本节对此进行了归纳。

一、早期的实证研究并不支持次级债的市场约束观点

早期的研究主要集中于次级债券发行市场上的市场约束作用，通过分析次级债券收益与发行主体风险之间的相关性来获得约束力的证据。具体是用次级债券利率与同期国债利率之差作为利率溢价解释变量来判断，其中利率可选到期收益率或即期收益率。围绕这一研究思路，一些学者（Pettway，1976；Beighiey，1977；Fraser & MeCormaek，1978；Herzig－Marx，1979；Avery，Belton & Goldberg，1988）作了大量研究，将利率溢价部分与银行报表中获取的风险指标作线性回归函数的估计，结果未发现次级债券有市场约束作用。对美国一些银行的实证研究也没有得出次级债与银行风险的关联性（Gorton & Santomero，1990）。

二、政府的显性或隐性担保政策对削弱次级债的市场约束功能影响较大，两者甚至在一定程度上存在替代关系

多数学者研究表明，自20世纪80年代"大而不倒"政策逐步被抛弃

后，银行次级债券的市场利率与其风险相关度提高。有学者对次级债利差和银行专有风险变量作回归分析，认为利差对专有风险不敏感，"大而不倒"政策下次级债无法明显改善市场监督（Kobayashi，2005）。有学者考察了欧洲银行的次级债利率的风险敏感性，发现"大而不倒"政策逐步消失后，次级债利率的风险敏感度提高（Sironi，2003）。有学者根据利差用次级债券的期权定价法计算发行主体的资产波动率值，以此作为发行主体的风险指标作回归函数估算，这一方法相比收益率差—风险关联分析有所改进，获得了一些指标显著相关的结论（Gorton & Santomero，1988）。有学者对次级债券流通价格的收益率差进行估计，发现政府的担保动机或行为对次级债券的风险敏感性有影响，从较长时间来看，次级债券的市场约束力与政府担保存在一定的替代性（Flannery & Sorescu，1996）。

三、部分研究证实次级债市场监督作用和市场影响作用，但收益率波动与银行管理层行为变化及监管者行动变动的关联性仍有待实证支持

次级债的市场约束渠道至少有两种：一是通过次级债投资者分析判断发债公司的风险特征并用于对债券价格的评价中；二是银行管理者根据市场的价格信号作出反应，主动调整风险状况。有学者重点研究了次级债收益率差与银行管理决策的关联度，债券收益率波动并非跟随管理者决策行为，并没受银行减少分红、降低杠杆率等因素影响；相反，次级债价格变化在一定程度上会对管理者行为产生影响，虽然这种影响不能提供非常强有力的证据，但这一研究思路对后续分析收益率差与公司治理的关联性奠定了基础（Bliss & Flannery，2000）。

通过对银行公开披露的信息和监管者获得并分析的监管信息作对比，分析次级债的期权调整收益率差与监管信息的相关性，以获得次级债收益率差对监管信息的反应特征。结果发现，监管信息确实提供了分析银行风险的新信息，次级债券价格对其反应要滞后于对公开信息的反应，在印证了监管信息价值的同时，为官方监管和市场约束的关联分析提供了分析思

路（Deyoung，Flannery & Langandsorescu，2001）。次级债与超额贷款损失准备同属二级资本，商业银行在发行次级债后，可能会减少基于资本补充目的的盈余管理行为（Hamadi et al.，2016）。商业银行发行次级债后有可能因资本约束缓解而调整风险承担行为（Hogan，2015；Jiang et al.，2019）。

毕玉升等（2010）对银行间相互持有次级债的风险进行定性分析与定量研究，结果表明相互持有次级债券可能引发巨大的违约传染风险。武锶芪（2010）研究认为减少相互持有次级债券可优化资本金质量。

四、前后期实证研究存在差异，与市场环境改变有关；次级债价格波动的干扰因素较多，给研究带来难度

早期研究与后续研究的差异原因一直是使学者们困惑的焦点，一些学者将后续研究中发现的次级债券收益与银行风险的较强关联，归因于政府隐性担保等监管政策的调整，但是这一结论又被一些新情况所影响。后续研究还发现，当市场条件好时，对债券的收益的窄幅波动很难观测分析；而当市场条件恶化时，不同风险等级的银行债券收益率都同时急剧上升。有学者认为，发行次级债是增强银行之间市场约束力的重要方面（Bernanke，2007）。许友传、何佳（2008）认为银行风险状况主要取决于资本充足水平，次级债未必能对银行冒险行为起约束作用。总体上看，次级债券发行和流通价格在美国等发达国家都存在一定的市场约束作用，但价格信号受制于诸多扰动因素，为其在流通市场的风险敏感性研究带来了困难。潘敏、徐琛卓（2020）实证结果证明，次级债抑制了银行的盈余管理行为，提升其主动和被动风险承担水平，该影响在上市银行更为明显；并认为次级债更多充当银行资本补充的作用，并未发挥债务工具的市场监督和约束职能。

五、对不同国家的实证研究存在差异，表明不同金融制度对次级债的市场约束产生影响

对比不同学者对不同国家的实证研究，可以发现不同金融制度和市场

成熟度的国家，次级债的市场约束作用也不同。有研究认为欧洲次级债二级市场的约束作用远逊于美国（Bliss & Flannery，2000）。通过对比分析不同市场的政策环境，有学者认为在新兴市场由于存在不完善的次级债务政策，导致其市场约束效果差，这些政策涉及信息披露制度、金融安全网政策、机构的市场退出制度、有效的监管政策等（Karacadag & Shrivastava，2000）。郑鸣、陈捷琼（2002）发现在阿根廷国家市场约束作用难以体现。有学者考察了日本20世纪90年代的次级债市场，发现由于当时日本允许银行与同一金融集团的保险公司互相持有对方的次级债，在风险资产中次级债份额增加，导致未偿贷款占比上升。在此条件下，次级债起到了相反的约束效果，可能变成鼓励银行冒险（Hosono & Sakuragwa，2003）。

基于日本银行业的数据进行实证，结果表明，风险性高的银行须为其次级债支付更高的利差，这促使银行改善风险管理，降低发债成本（Masami，2006）。有学者用美国已投保的商业银行1995~2009年的数据，研究发现：当次级债务是由上层相关公司持有时，其比率影响银行风险管理决定才符合市场约束假设；即使对其附属银行，"大而不倒"也减少了市场约束（Belkhir，2012）。

六、次级债的市场约束作用发挥基于诸多条件，存在很多局限性

有学者研究发现，次级债收益率与银行资产风险并非单调关联。当银行资产价值接近优先级债券价值时，普通次级债券呈现股权的某些特征，其持有人因难以完全收回本息而出现赌博的风险偏好，对银行风险没起到约束作用（Gonton & Santomero，1990）。一些学者指出，次级债券若在银行负债中占比很小，且银行不依赖次级债融资，其市场约束作用微乎其微；次级债的约束作用即使存在，也仅对单一机构起作用，无法对系统性风险有约束意义，监管者更关注银行的财务会计、信贷资产等信息，并将重点放在维护整个银行体系的稳健等方面。况且，次级债券的市场约束须以许多条件为基础，如严格的强制信息披露，高流动性的债券市场，完善

的公司治理、可靠的会计和审计制度等，次级债市场约束作用的发挥有赖于诸多外部客观条件和银行的主观条件。

七、其他实证研究成果

其他相关研究主要专注于分析市场环境、制度安排、投资者习惯等因素与次级债市场约束的关联性。

有学者发现即使偏爱风险的银行也不会在有压力或债券市场波动较大时发债，因此有必要引入强制次级债券发行制度，这样可以明显改善其市场约束作用，而且这种制度能督促银行在事前有效改善风险水平（Covitz，Hancoek & Kwast，2000）。

有研究发现欧洲的投资者习惯按照信用评级而非对原始信息的分析来确定次级债价格，"搭便车"行为较为普遍，因此限制了投资者对次级债券分析、监控和持续定价的能力（Sironi，2000）。

杨益（2004）分析了次级债发挥约束作用的市场基础和经济环境，并认为其约束作用与监管当局的意愿是一致的。龚永明（2004）认为从欧美实践情况看，次级债的实际约束作用与理论分析相差甚远，主因是受制于市场的广度和深度以及政策安排。

有学者提出了另外一种研究思路，通过对市场约束的实证研究，来评价美国的银行金融环境，包括政策环境和投资者、分析人等专业水平（Flannery，1998）。

有学者认为商业银行会通过盈余管理，来调节监管资本的存量（Hamadi et al.，2016）。还有学者提出商业银行出于低成本发行次级债的目的，可能会在发行次级债前后实施主动盈余管理，以此粉饰财务信息（Mu et al.，2017）。

第三章　公司治理视角下的信息披露

市场约束发挥作用须满足两个前提条件：一是市场监控存在，即利益相关者能正确理解银行风险特征变化，并将这些评价考虑到银行的债券价格或贷款利率等因素中去；二是市场影响存在，即债券价格及贷款利率变化能促使银行做出反应，采取措施来减轻和改善银行经营环境的不利变化。学者们一般把市场约束分为监督（monitoring）和影响（influence）两个部分（Bliss & Flannery，2000）。这种观点很具有代表性，成为本书研究市场约束的主线，也确立了研究的起点和基石。因为市场监控需要银行充分地进行信息披露，包括发展战略、经营状况、财务数据、内控管理等方面信息，这样市场利益相关者才能准确、全面地把握银行的风险特征，市场监控的作用才能得以发挥；而市场影响需要银行具有良好的公司治理结构，建立有效的激励和约束机制，这样才能重视市场对银行风险状况的判断和评价，并对市场变化的诸多因素及时做出反应。所以，公司治理完善和信息披露充分是市场约束发挥作用的两个重要前提条件。

有关信息披露的研究已浩如烟海，但考虑到《巴塞尔新资本协议》提出市场约束概念时，几乎将其等同于信息披露，可见信息披露在市场约束中不可或缺的重要性；况且，纵览有关信息披露的文献，并未对信息披露的边界给出合理的解释，即在信息披露到何种程度才算充分这一问题上尚无定论。因此，本章期望在有关《巴塞尔新资本协议》的剖析中、经济学理论与实践观点的争论与分析中探求答案。

公司治理状况是决定银行这一微观主体所有经营管理行为的重要根源，对信息披露行为同样产生关键性的影响，事实上，公司治理和信息披露具有互相联系、相互影响的密切关系，因此，本章将公司治理和信息披露纳入统一框架下进行分析。

第一节　巴塞尔市场约束有关信息披露的述评

一、巴塞尔有关信息披露的核心理念

2004 年的《巴塞尔新资本协议》把市场约束作为第三大支柱，并对信息披露建立了更为完整的规范框架，希望银行充分披露信息，让市场参与者全面了解其风险状况，从而形成市场约束力量。之前，巴塞尔委员会的一系列文件都涉及信息披露问题，一直将信息披露的重要性摆在十分突出的位置，对信息披露的规范也逐步系统和完整。

《巴塞尔新资本协议》将市场约束与最低资本要求、监管部门的监督检查并列为三大支柱，相当认可市场约束的优越性，并认为这是监督检查所无法替代的。巴塞尔委员会一直强调信息披露的重要性，认为只要市场上有充分的信息，投资者就会因风险降低而参与市场，市场就会自动形成约束的力量，推动银行及时调整经营策略、降低各类风险、有效配置资源。由于涉及银行的市场定位和策略调整等行为，巴塞尔委员会还强调公司治理的重要性，认为银行建立现代企业制度、健全公司治理结构、确立激励和约束机制、理顺委托代理关系是必要的，这是市场约束发挥作用的重要环节，因此本章将公司治理与信息披露进行整合分析。

《巴塞尔新资本协议》三大支柱的理念是国际上银行监管长期实践的经验和教训的总结，越来越受到各国监管当局的重视和认可，并作为国际上银行监管准则来执行。其原因之一就在于《巴塞尔新资本协议》的监管理念兼顾了市场机制和监管机制，覆盖到对银行风险控制的主要方面，尤其是信息披露方面。巴塞尔委员会的历次文件几乎都涉及对信息披露制度的规范，规范逐渐成熟并具可操作性，对降低银行的各类风险具有指导性，因此广受重视。《巴塞尔新资本协议》在对历次信息披露规范进行梳理总结的基础上，提出市场约束的理念，并将其置于必不可少的支柱位置，更在一定程度上指明了国际银行业监管的方向，具有前瞻性和借鉴意义。

二、《巴塞尔新资本协议》信息披露制度述评

（一）信息披露的事项

《巴塞尔新资本协议》的最大贡献在于对信息披露提出相当完整的框架规范和制度要求，既提出了详尽的银行信息披露的一般性要求，又兼顾了各国监管的现实情况，允许各国可根据政治、文化、经济等因素的差异，建立信息披露的法律法规，在证券交易和银行监管等方面提出细化的信息披露要求，这无疑为信息披露制度的贯彻和执行提供了最大限度的操作空间。同时，也意味着对信息披露制度的重视程度更高、要求更严厉。事实上，《巴塞尔新资本协议》对于信息披露的要求已不仅是指导性意见，其赋予了更多强制性，当然，这些都有利于市场约束的形成。

（二）信息披露的频率

《巴塞尔新资本协议》有关信息披露频率的要求同样兼顾了指导性要求和各国监管情况。虽然比较细致，却也富有弹性。比如一般性信息可每半年披露一次，目标和政策性的信息可一年披露一次，风险类信息应每季度披露一次，重大事项应及时披露，监管机构还可根据现实情况提出信息报送频率的具体要求。这些规范体现了实务精神和对风险的关注，有利于市场及时掌握银行的重要风险状况。

（三）信息披露的实质性

《巴塞尔新资本协议》对信息实质性的要求仍比较模糊和宽泛，只要求提供的信息不能妨碍信息使用者作出正确判断，即避免误导，并将"使

用者测试"作为衡量的标准。信息实质性要求披露的信息应避免缺少实质性内容，这在对信息内容的规范中可见一斑。总体上，《巴塞尔新资本协议》提出信息实质性概念，对于信息的核心意义具有一定程度上的指导性。

（四）信息披露的主要内容

《巴塞尔新资本协议》对于信息的内容要求较为详尽，包含定性信息和定量信息，覆盖三大方面：一是根据三大支柱之一的最低资本要求，涉及资本结构方面的信息和资本充足率方面的信息，其中包括会计准则、资本计量、减值准备等方面；二是市场最关注的风险暴露方面的信息，包含操作风险、市场风险等诸多方面，在计量上《巴塞尔新资本协议》允许各银行建立内部风险计量模型来进行测算；三是重大事项信息，包括重大投资行为和股权变更、高管变更等方面。在资本市场上这些信息对上市银行的股价都会形成直接影响。此外，《巴塞尔新资本协议》还给监管当局预留了提出信息披露内容要求的空间，这样有关披露内容的要求就会变得完整和系统化。

（五）激励因素

《巴塞尔新资本协议》的激励因素主要体现在很多方面预留了空间，如对于信息的实质性、重大性、有意义等方面的要求；允许银行对自有和机密信息持保留态度，在风险计量上可自行建模分析；允许监管机构建立信息披露的法律法规，允许资本充足率计算上的弹性。《巴塞尔新资本协议》的激励因素为其广泛推广和被认可打下了坚实的基础。

（六）对各国信息披露法律制度的影响

《巴塞尔新资本协议》并非国际宪法，仅为成员方的多边条约，对非成员方并不具有强制法律效力。但是，由于该协议的监管理念确实具有相当的适用性、激励性、前瞻性和指导性，因而已成为国际银行业监管的标杆，其国际影响力越来越大，已作为国际监管惯例而被广泛采纳。金融全球化浪潮下，越来越多的国家将《巴塞尔新资本协议》作为跨国银行本地化的基本要求，因此，即使发展中国家想要参与国际银行业竞争，也不得不参与和接受《巴塞尔新资本协议》的规范。可以说，《巴塞尔新资本协议》解决了由各国银行监管制度差异所形成的银行跨国发展的壁垒，因时因势而生，已成为国际监管标准。

当然，《巴塞尔新资本协议》所规定的条款并非所有国家都能企及，许多国家设定了达标期限或承诺期，由此可知，该协议对于各国有关银行监管法律法规的制定具有积极而又深远的影响。

（七）以实践和研究引导信息披露执行

巴塞尔委员会为推广其监管理念可谓用心良苦。《巴塞尔新资本协议》本身具有科学的监管内涵，并不意味着一定能被正确理解和执行。该委员会主要作出了三方面努力：一是先由巴塞尔委员会成员方强制执行，积累经验，到逐步扩展到非成员方，甚至是一些发展中国家，明确了协议推广的路线；二是直接或间接组织开展国际银行业监管理念的研讨会，增强各国对于《巴塞尔新资本协议》的理解和实践；三是加强对信息披露问题的后续研究，以成员方实践情况为研究样本，通过公布信息披露年度综述，引导各国持续关注有关信息披露范围和内容。这些努力颇具成效，各国银行监管实践已经极大丰富和延伸了《巴塞尔新资本协议》的内涵，比如在风险计量和判断上，各国银行业都作出了大量的努力和实践，其复杂程度已超出《巴塞尔新资本协议》的原则性要求。

（八）信息披露的界限难题

信息披露的界限一直是难题。研究表明，过多的信息会妨碍信息使用者及时、正确掌握有用的信息，并将其用于决策判断。过少的信息有可能形成误导，专利信息和商业机密信息披露有可能干扰正常的市场竞争秩序，因此，如何掌握披露信息的分寸确实是个难题。《巴塞尔新资本协议》对此未予以明确的解决方案，不过提出了信息的"重大性"和"有意义"等概念，值得深思。

《巴塞尔新资本协议》对"有意义"的要求是信息能对市场约束起作用。巴塞尔委员会认可对专有信息和保密信息予以适当保护，但又不能与信息充分披露的总体和核心要求相违背，为此，提出"有意义"的概念，使其能被灵活掌握。现实中，适宜披露的信息和不适宜披露的信息之间界限并不明显，这就给信息披露的操作留下了很大的弹性。

《巴塞尔新资本协议》的所谓"重大性"标准也存在类似问题，这一概念难以界定信息披露的边界，在操作上仍然困难重重。同样未就这个概念提出具有可操作性的实施细则。现实中，对"重大性"的解释是不一致的。最终，建议各国由信息使用者来评估测试决定，但这只是一种乌托邦式的美好愿景。

由此可见，《巴塞尔新资本协议》尽管对银行的信息披露提出了较为全面和明确的规范，但这些原则并非都具有可操作性，该协议在信息披露的合理边界上仍存在很大的弹性和模糊的表述，尚需各国在实践中摸索。

第二节　信息披露的经济学分析

有关信息披露的经济学分析主要集中于对强制性信息披露的争论上，辩控双方都寻求理论和实证依据，力图取得压倒性优势，但结果平分秋色。

一、有关支持强制性信息披露方面的理论分析

（一）信息不对称决定了需要强制性信息披露

信息不对称理论被认为是对强制性信息披露最有力的支撑。投资者未全面和真实掌握银行的风险状况和违约率等信息，就难以作出可靠的判断，只能根据银行业的平均风险状况来确定其购买产品的价格或投资额。为此，风险大的银行能以更低的价格吸引资金流入，形成"逆向选择"的资金分配机制。投资者由于难以掌握银行经理人的活动或相关信息，导致

经理人参与内幕信息交易或内部人交易，形成"道德风险"问题。现实中，这类问题的具体表现形式多样，如经理人为获取高回报而投资于高风险项目，隐瞒投资收益、逃避偿付义务等。银行具有高负债经营的脆弱性特征，经理人的这些行为可能形成重大的风险。此外，投资者因难以获取足够的信息，或者获取真实信息的成本很大，导致出现"搭便车"现象，由此形成三方面的影响：一是在买卖上市银行股票上跟风操作，导致股价波动超过其实际价值，波幅过大形成投资者的损失；二是对银行缺少有效的监督，难以达到通过市场约束来控制银行风险的作用；三是形成对市场运行的冲击，投资者对市场的不信任和投资损失，最终会导致市场规模缩减，难以为继。

解决信息不对称最直接的方式就是充分披露信息，强制性信息披露制度可以要求银行向投资者公布有关风险和管理状况的信息，并在市场信息的完整传导和真实性、及时性等方面提供有力的保障，以最大限度地减少信息不对称的程度，为市场的有效持续运行创造条件。

（二） 需以强制性信息披露来打破信息垄断供给

银行业的专业性很强，银行对其竞争能力的优劣和行业竞争状况往往是最清楚的，相对于投资者而言，银行就是相关专业信息的垄断供给者。若无强制要求，银行将限制或有选择性地公布信息，根据交易的需要和盈利的考虑，局部的信息披露，信息垄断将形成信息供给不足，导致投资者难以掌握银行的真实风险状况，因此，只能通过强制性信息披露来打破信息供给的垄断。

（三） 信息的公共物品性质导致银行信息披露自愿性不足

公开的信息具有公共物品的性质，银行自愿披露的信息不具有消费的排他性和竞争性，投资者无须为消费公共信息付费，银行作为信息供给方，也无法转嫁成本，由此导致银行自愿信息披露的意愿不强，市场信息供给不足。

此外，商业机密信息的披露可能会影响到银行的竞争比较优势，银行将限制披露这些核心信息，而这些信息可能对银行业务和投资判断至关重要。有学者发现，银行率先披露信息会导致其股价大幅波动，而后披露的同类银行股价波幅小得多，因为投资者已有预期，后披露的银行也可根据市场反应及时作出信息披露策略的调整（Foster，1980）。因此，为避免竞争劣势，银行会谨慎限制披露信息，因此必须以强制性信息披露来解决信息不足问题。

（四）强制性披露可以提高信息的质量

银行应披露的信息被认为是不断发展变化的，财务会计准则的调整、创新业务的涌现等因素都会对披露的信息不断提出新的要求，信息披露本身也是富有弹性的，银行可能出于短期利益的考虑而限制关键性信息披露，或者披露的信息可比性很差，这些都容易对投资者形成误导。强制性信息披露可以对新信息不断提出明确的披露要求，在信息的标准、口径、要素等方面予以统一规范，这些都有利于提高公开披露信息的质量。

（五）强制性披露可减少银行放大的负外部效应

外部效应通常指经济主体在生产、消费中对其他经济主体形成的附加成本或效益。负外部效应是指为他人带来附加成本。银行是高负债、高脆弱性的特殊企业，杠杆率很高，对银行的清偿能力无法用一般企业财务分析方法来分析。一旦一家银行发生挤兑事件，存款人发现后取款将可能取不到钱，就会形成存款人先手对后手的负外部效应，争相去银行取款，挤兑现象将很容易蔓延到其他银行机构，以至于引发社会公众的恐慌，导致银行体系的危机和社会的不稳定。因此，银行的负外部效应具有自我放大的可能性，因此需要政府管制来控制其负外部效应，包括建立强制信息披露制度。

（六）强制性披露可维护投资者和市场信心

在资本市场十分强调公开、公正、公平"三公"原则的原因，就在于内幕信息交易很容易发生，并会侵害投资者的利益，其根源是信息披露不足。为此，"三公"之一的公开，就是强调信息向公众开放，各投资者具有平等获得同样信息的权利和机会，在同等的信息基础之上作出投资决策，从而达到公正、公平的目的。因此，强制性信息披露就是减少内幕交易和内部人交易的最佳方式，也有助于维持市场运行的整体信心。

二、有关反对强制性信息披露方面的理论分析

（一）代理理论认为经理人有足够动力披露信息

代理理论认为银行股东与管理者之间也存在委托代理关系，是一系列代理关系契约的集合，各方均会追求利益最大化。相比之下，所有者的追求比较单一，重在投资回报最大化；而经理人具有广泛的经济、社会、心理等方面的需求，为此，两者之间可能存在利益冲突。况且，代理关系以契约来维系、约束经理人行为，存在代理成本，包括监督成本等，这些成本最终会转移到对经理人支付的报酬中。因此，代理理论认为，经理人为减少这种损失，就会主动披露信息，向所有者报告履职情况，以在一定程度上减少两者的利益冲突，降低代理成本。因此，对经理人的业绩评价和报酬会部分通过披露的信息质量来衡量，为此，即便没有强制性信息披露要求，经理人也有足够的动力对外进行信息披露并保证其质量。

（二）市场的竞争性自发推动信息传递

有学者认为，市场竞争的结果将推动信息主动传导机制发挥作用，使信息优势方主动披露信息给信息劣势方。如罗斯（Ross，1979）研究认为，在一个具有充分竞争性的市场里，银行因将自利动机而具有披露信息的强烈愿望。信息主动传导理论认为，银行之所以在竞争性市场中会自愿披露信息，是因为三方面因素：一是披露信息能获得良好的声誉，从而大幅增强银行在市场中的筹资能力；二是充分披露信息能够降低投资者的风险预期，根据风险和收益对等原则，投资者的投资收益回报期望也随之降低，银行的筹资成本也得以降低；三是业绩好的银行为表明其优势往往具

有信息披露的强烈动机。彭曼（Penman，1980）和特鲁曼（Trueman，1986）研究发现，业绩好的银行会率先披露其盈利信息，以提高投资者对其股价或投资价值的认同，达到降低融资成本的效果；业绩中等的银行随之加强信息披露，唯恐落后到与业绩差的银行为伍；业绩差的银行即使不想披露信息，但限制信息披露会引发时间更长的市场猜忌，导致股价长期不振，迫于竞争压力最终也只能信息披露。由此可见，银行系统内出于降低筹资成本的考虑，具有信息披露的自然激励机制，业绩好的银行以主动披露行为带动其他银行跟随，最终使银行系统内信息披露水平达到理想状态。

（三）经理人竞争市场能激励经理人披露信息

竞争充分的经理人市场能够让银行的经理人关注其在市场的声誉形象，首先，信息披露行为本身代表了其经营管理的规范程度，在一定程度上代表其职业形象。其次，当市场对该银行的评价中不确定成分增大时，经理人有意愿主动披露信息来恢复市场对其的信心；当银行业绩不尽如人意时，经理人担心其或被替换或被降低报酬，甚至机构遭受接管威胁，因而会主动披露一些有利的信息以维持市场的信心；当经营看好时，经理人更会披露信息。这些机制都能激励经理人信息披露的自觉性和主动性。有学者发现，产品市场和资本市场的竞争会推动经理人的信息披露行为：在资本市场和产品市场分别披露好的和坏的信息，前者是为了获得稀缺资本，后者是为了阻止新的竞争者介入，最终形成部分信息披露均衡（Feltham & Xie，1992）。

（四）信号甄别会促使信息供求平衡

信号甄别理论认为持有信息劣势方会主动搜寻信息，以弥补其在信息决策上的不利局面。根据该理论，投资者缺少投资信息，就会主动想方设法去获得；若公开渠道无法免费获得，就会采取购买方式获得信息。现实中股票投资者购买专业机构的分析报告就是例证，有的投资者选择某个证券开户的原因也在于证券公司提供的有价值的行业和企业专门分析报告和投资策略,这些信息的成本已经隐含在佣金费率之中。因此,信号甄别理论认为市场力量能自发实现资源(含信息资源)的最优配置,市场机制将会形成信息供求的均衡价格。投资者购买信息的事实让很多人由此反对强制信息披露的干预行为。

(五) 信誉机制对信息披露具有激励作用

信誉机制广泛存在,银行在提供产品和服务时、经理人在提供管理能力时都会关注信誉问题。良好的信誉可以使银行为其产品或服务制定较高的价格,经理人可以为其经营管理要求较高的报酬。信誉良好将获得市场广泛的认同和品牌优势,带来额外的信誉收益。为此,市场将激发银行及其经理人主动披露信息、控制风险,以维护良好的信誉,市场的信息不对称情况将得到缓解。

(六) 强制性披露诱发道德风险

一个通常的观点是,客户买了保险就会潜意识放松对意外事件的警惕性。同理,强制性信息披露制度将导致投资者放松对信息质量应有的审慎态度。信息披露的过程并非完全符合制度要求,一些信息披露行为可能提前或滞后,信息内容可能出现偏差。若没有强制性信息披露制度,投资者往往比较谨慎,以怀疑态度来认真分析所有的信息;相反,强制性披露制度可能使一些原本谨慎的投资者丧失应有的辩证分析态度,以至于受到不尽责披露信息的诱导,出现投资决策失误和风险损失。这一观点具有一定的现实意义:强制性信息披露制度制定必须配之以强有力的执行力,若无有效的监督检查和奖惩机制,相关制度就无法落到实处。

(七) 强制性披露可能诱发信息过度供给

投资者并非需要所有的银行信息,真正关心的只是很小一部分。强制性信息披露制度将导致银行出于免责的考虑,而不加选择、不分对象地大量披露信息,导致信息的大量供给,形成两方面的不利局面:一是信息过度供给形成的信息垃圾令投资者不胜其烦;二是信息的过度供给造成投资者筛选有用信息的成本增大，妨碍了投资者在有限的时间内及时掌握和分析有用的信息，形成信息过度的干扰。为此，反对论者认为强制性信息披露制度是没必要的。

三、强制性信息披露的正反观点辨析

不少学者根据现实情况提出了反对强制性信息披露的理由，其中部分理由具有一定道理：一是对于强制性信息披露制度不能孤立来看，在对银行业市场建立监管制度的情况下，事后追究的法律责任能起到威慑效果，不需要建立专门的信息披露制度来强制要求。二是竞争性市场机制将使市场参与者意识到，良好的信息披露行为能获取竞争优势，这种自发的鼓励和引导机制将促使市场信息披露达到良好的水平，强制性披露要求缺少必要性。三是信息披露的效率难以衡量，信息披露总是有成本的，投资者也可能以此无休止地索要相关信息，这种成本最终会分担和转嫁，对于市场整体而言，信息披露的成本和收益的对比是很难定量计量的。四是强制性信息披露规定得过于详细，可能促使公司限制披露潜在的关键财务信息；信息披露过度，则会导致投资者对有用信息筛选的难度和成本，妨碍对信息的分析。

本书认为自愿信息披露是不可少的，但对强制性信息披露也持赞同态度，原因在于自愿信息披露往往是基于某些利益的考虑，存在较为明显的意图、倾向和动机，因此在信息披露上会有所取舍，有其固有的缺陷。自愿披露的主要动机包括降低融资成本，获取稀缺资本；经理人业绩评价的需要；维持市场信誉和投资者信赖等因素。因此，自愿信息披露难免存在由自利动机形成的缺陷：有选择性限制性地披露信息，对不利的信息形成隐瞒或诱导。从理论上说，自愿信息披露的可靠性令人质疑。

强制性信息披露的优点明显，在一些重要环节显得必不可少。一是防止银行内幕交易或内部人交易，信息披露不充分容易诱发经理人或掌握内部信息的人员进行财务操纵或操纵市场。二是在市场竞争中，投资者的利益只有政府才有可能以制度来保护，强制性信息披露可让投资者获得足够

的信息来作出科学理性的投资决策和判断，其基本权益才能得到保护。三是市场的信心往往是国家金融体系中最重要的，只有强制性披露，投资者才能具有同等的机会和权利，公平地获得等同的信息，市场交易的信息才能维系，整个银行业市场和股票市场的信心才能维护。这三方面的原因对于任何国家的金融体系而言都是至关重要、必不可少的，因此，在现实中，各国基本都采用了强制性信息披露制度，把信息充分披露作为对所有金融机构的责任要求，金融市场也得以正常运转。

当然，强制性信息披露是必要的，但对披露的内容也应有明确规范，信息并非多多益善，过多的信息可能会影响重要信息受到关注的程度。信息披露的根本目的是让投资者能读懂银行的风险报告、财务报告等信息，并据此做出理性的分析和判断。如果银行的重要信息难以被投资者充分理解、吸收并用于分析，那么强制性披露的价值就无从谈起。美国上市公司的财务报告常受到批评的原因，就在于报告过于庞杂冗长，有的长达数百页，让投资者难以把握其要点，难于消化理解，欲获得关键信息需耗费大量的时间成本。因此，强制性信息披露并非指尽可能多地披露信息，而是在关键、重要信息披露上有所要求、有所侧重，为了使信息易于接受、一目了然，甚至有时要对信息披露的格式、篇幅予以限制。更重要的是，强制性披露并非一成不变，随着市场发展和银行业创新发展的变化，披露信息的重点也应随之变化，为此需对此及其法律责任予以规范。有学者意识到招股说明书通常冗长复杂，一般投资者很难掌握其内容，并因此建议改进强制性信息披露制度，比如将信息披露的重点转向二级市场，让相对成熟的投资者和市场分析师引导众多投资者理解信息，使股价真实反映信息的内容，以保护投资者的利益（Kripke & Balllie et al.，1966）。

从信息披露情况看，我国银行业存在信息披露的重点和内容需要不断调整和完善的地方，银行业的加快创新发展，也为信息披露制度提出了更高的要求。没有准确、全面、重要的信息，银行的利益相关者的权益无从保障，监管部门也无法掌握银行风险的真实状况。如原中国银监会禁止银行向公众销售理财产品时承诺预期收益率，一些银行在与客户的协议文本上的确取消了相关盈利预测信息的披露，但是对于非正式场合，在具体的产品销售过程中，为获得更高的销售业绩，一些银行仍保留了向客户推介理财产品的收益率承诺且缺少具体的产品结构说明和收益率计算的过程。因此，强制披露的内容、方式、范围、途径等诸多方面都有必要加以规范。唯有如此，社会公众和监管当局才能更有效地识别和阻止利益侵害行为，才能及时发现问题并予以查处，维护市场的有效、公平。当然，银行业的市场要真正提高效率，市场约束要发挥作用，还有赖于银行和投资者双方的共同努力。只有当银行普遍遵守信息披露的法律法规，并主动增强信息披露的有效性，银行的利益相关者相信银行披露的公开信息并习惯将其用于分析和作为投资决策的依据时，信息披露的效用才可能发挥到最佳状态。届时，银行将控制风险作为义务，市场约束随时对市场出现的偏差予以纠正，官方监管重点关注市场制度的完善和银行的系统性风险，这样，银行作为信息披露主体才能从中获得最大的回报，市场的运行效率才能始终达到高效、有序的态势。

第三节　银行公司治理条件下的信息披露

银行的公司治理与信息披露密切相关、相辅相成，共同组成市场约束的重要基础条件。公司治理的内在实质是建立激励和约束机制，理顺委托代理关系，使委托者和代理者的利益目标趋于一致，委托代理制度的设计往往集中于尽可能地减少双方的信息不对称现象，而信息披露正有此效用。因此，公司治理的目标和信息披露的目的在很大程度上是一致的。如前文所述，公司治理分为内部治理和外部治理，对应的相关信息侧重点也有所不同。内部治理主要涉及银行内各部门之间有关内部控制管理、操作要素及内部审计的信息；外部治理主要涉及向投资者提供的各种风险管理、财务报表等信息，两类信息在内部治理和外部治理中均发挥着不同的作用。在内部治理中，内部控制、流程操作、内部审计等信息为银行决策实施、风险控制、权限操作、问题整改等提供了有力的保障；而在外部治理中，银行披露的财务报表、风险状况等信息能够缓解投资者与银行之间的信息不对称。由此可见，信息披露对公司治理至关重要，对其内部治理的效果具有很大促进作用；同时，公司治理为信息披露提供了切实的保障，能够缓解银行与外部投资者之间的矛盾，有利于建立银行的市场声誉。总之，良好的信息披露是公司治理必不可少的有机组成部分，而公司治理则促进了银行提高信息披露的准确性、充分性和质量。

一、银行内部治理对其信息披露的影响

本章认为，银行内部治理对信息披露的影响力主要由内部治理所决定的公司决策权和控制权来确定，对信息披露的影响程度由公司实际决策者和控制者的认识程度来决定。

（一）股权集中程度对信息披露的影响

股权集中度对信息披露的影响方式是显而易见的，主要由股权实际控制者对信息披露成本和收益之间的权衡，以及对信息披露重要性的看法等因素来决定。同时，由于股权集中的程度不一，对公司的实际控制程度不同，因此对信息披露的影响力也不同。绝对控股影响力大于相对持股的影响力，而股权分散的影响力最弱，但有可能因摆脱了极少数人决策的局面，反而使信息披露形势更为有利。

绝对控股即大股东掌握了大部分股权，拥有决策管理的投票表决权和控制权。信息披露的程度取决于大股东的态度。大股东若认为信息披露能为银行带来良好的声誉，得到投资者的投资价值认可，获得较为客观的股价和股票流动性，降低其筹资成本，其收益大于信息披露所带来的直接成本和受到监督形成的间接成本，那么其就会鼓励信息披露行为，这取决于大股东对信息披露的认识和决策。

相对控股的情况比较复杂。首先，对于相对控股权的争夺会带来不确定性，相对控股者在变化，对信息披露的决策和态度也在变化。其次，在相对控股形成的过程中，对信息披露的影响可能存在不同的方向。在取得相对控制权的初期，相对控股股东一般具有强化控制权的倾向，对于得之

不易的控制权，可能会通过各种方式增加对中小股东的利益侵占，信息披露的意愿不强。但控制权进一步增加后，大股东的激励效应将上升，利益侵占行为下降，由此提高信息披露的水平。简言之，相对控股对信息披露的影响取决于相对控股权之争的结果和相对控股权的稳定程度。

股权分散意味着股权在中小股东手中，没有绝对和相对控股的股东，那么银行管理者的态度就决定了信息披露程度，而这又取决于委托代理机制是否有效。对于委托代理机制有效的情形，管理者和所有者的利益一致，信息披露水平将提高。而现实中大部分委托代理机制并非总是有效的，管理者的自利倾向将促使其为了内幕交易或内部人交易而减少信息的披露。同时，由于银行所有者的监督，其间还存在所有者和管理者的利益冲突化解问题，利益冲突会带来成本的增加，当增加到一定程度时，管理者会通过加大信息披露来缓解信息不对称引发的利益冲突，这样信息披露的程度提高，因此这种委托代理机制对信息披露的影响是动态变化的。此外，股权分散还具有另外的情形，即几个大股东持股额差异不大，银行的控制权由这几个大股东共同控制，这样大股东之间就会形成互相监督和约束的机制，对提高银行的整体信息披露程度有利。但是，若这几个大股东出现共谋现象，存在侵占银行利益行为和动机，将导致信息披露水平下降。

综上所述，股权集中程度肯定对银行的信息披露产生影响，但究竟是正相关还是负相关，依然要考虑诸多因素，至少要考虑到大股东之间的互相监督约束机制和存在共谋的可能性，大股东的控制程度以及公司治理状况是否良好等因素，除此还应分析银行所处的市场环境和市场约束力，股权集中度对信息披露方向的影响仍存在不确定性。

（二）管理者持股比例对信息披露的影响

管理者持股比例对信息披露的影响是个似是而非的命题，从简单的逻辑看，管理者持股比例变动，其利益与银行利益关联度也随之变动，也会影响其经营管理行为，包括信息披露行为。但深入分析，发现还是存在许多模糊之处。一种观点认为，管理者的持股比例若下降，其利益与银行关联度下降，可能会更客观地看待信息披露问题，主动的披露动机增强；但另一种观点认为，管理者的持股比例若上升，其利益与银行捆绑得更紧密，为了维持银行的良好市场声誉，降低融资成本，就会主动信息披露。由此可见，管理者持股比例对信息披露的影响相当复杂，相比之下，外部投资者持股比例对信息披露的影响要明确得多，两者存在正相关。

（三）控制权实现方式对信息披露的影响

比较典型的银行控制权有直接持股和金字塔式持股两种控制方式。金字塔式的隐蔽性和模糊性最强，对信息披露的影响力常难以测算，但总体上会导致信息披露程度的下降，其原因在于该模式可用较少的现金流取得很大的实际控制权，并隐藏最终控制人、潜在转让收益、逃避监管和税收等可能性。该模式由于控制链条很长，控制的杠杆效应导致利益侵占行为具有持续性和隐蔽性。相比之下，直接持股控制方式对信息披露的影响要直接得多。

（四）董事会成员结构对信息披露的影响

董事会成员结构对信息披露的影响是间接的，主要由决策的客观程度来决定。一般认为，董事会外部董事的比例、外部董事任期、董事会与管理层的分离、内审委员会的独立性等因素，对信息披露产生明显的影响。有研究表明，外部董事比率、董事会结构、CEO 和董事长是否分离、薪酬委员会和审计委员会是否设立对信息披露有明显影响（Coulton，Clayton & Stephen，2001）。

（五）公司特质对信息披露的影响

所谓公司特质主要指公司规模、财务杠杆、盈利能力、行业地位、经营策略、审计师意见等因素。由于公司特质涉及的范围非常广泛，难以逐一进行分析，较多学者认为公司规模、融资需求、所在国家或地区情况对信息披露的影响较大。

二、银行外部治理对其信息披露的影响

银行外部治理对信息披露的影响分析较为简单，外部治理环境越好，

对银行的约束力越强，银行的信息披露程度就越高。外部治理主要通过市场治理、政府治理、外部社会治理等方面发挥作用，而市场治理又包括资本市场治理、经理人市场治理、产品市场治理等。

（一）资本市场治理

资本市场治理主要通过融资机制、价格机制和并购机制等渠道对信息披露产生影响。

融资机制对信息披露的影响非常明显，银行想要在市场上融资，就必须让投资者了解和掌握银行的完整信息，特别是关系到投资决策的信息，投资者的这种选择权推动了银行加强信息披露、改善公司治理、降低经营风险。债务融资可在一定程度上抑制银行的过度投资；股权融资通过内外部控制对信息披露和公司治理施加影响。银行为了表明其内部控制的有效性，会自觉披露有关股票集中度、股东结构、董事会结构等方面的信息；为了表明其市场的良好声誉和经营业绩，会主动披露有关盈利情况、风险状况等信息，增强市场对其前景的信心，这些都有助于银行降低融资成本。因此，融资机制能够促使银行加强信息披露，改善公司治理，降低投资者对其不确定性的担心。

价格机制是投资者观测银行整体经营状况和风险状况的良好渠道，也在一定程度上体现了银行的管理效率。价格是市场的核心，会受到任何市场参与者的关注，银行会特别关注其股价的波动，异常的大幅波动意味着投资者对其风险情况的判断发生改变，为使股价反映银行经营管理的真实水平，银行会通过加强信息披露来增强投资者对其情况的了解，改善其对市场价格的观察和预期，减少投资者的信息监控成本。

并购机制可以对银行管理者形成潜在的威胁，强制其纠错，及时解决公司治理和信息披露等方面的问题。银行一旦被并购，其管理者将被替换，这种压力持续传导，就会促使管理者加大披露良好情况的信息的力度，树立投资者的信心。如果银行的经营状况很差，管理者想方设法隐瞒实际情况，信息披露程度很低，投资者就会因担心其不确定性而增大悲观预期，最直接的方式就是抛售股票，导致银行的股价大跌，并购机制随时可能触发。外部力量的强行介入，将改变银行的管理者和控制方式，以新的姿态提高信息披露和公司治理的水平，维持市场信心。

报酬机制是最直接的激励机制，可运用于银行内部治理的很多方面。若股东将其财富增长和管理者的报酬联系起来，则有利于降低代理成本。银行管理者有动力为股东利益考虑而加大信息披露，维持银行的市场声誉。若银行推出挂钩业绩的奖金和工资浮动、股票期权等激励政策，就能够推动信息披露水平和公司治理的运作效率。

资本市场治理之所以在外部治理中具有重要地位，就在于信息披露对其有重大影响，关键信息的微小变化都会造成股价的大幅波动，影响所有投资者对其投资价值的判断，信息的这种敏感而巨大的影响力，对资本市场的信息披露规范程度提出了很高要求，因此，资本市场治理的状况在一定程度上影响了信息披露的状况。英、美等国家的外部治理模式侧重于广大银行利益相关者的参与，所有权结构的分散意味着银行的众多股东、债权人、消费者、雇员等均可以适当的方式施加对银行的影响力，体现对银行风险状况和发展前景的判断。众多银行利益相关者的广泛投入和参与也使得银行的信息披露成为必然，机构投资者、个人投资者、债权人、中小股东等众多银行利益相关者的发展壮大，对信息的需求不断提高、对银行的信息披露施加了更大的压力，银行信息披露程度一旦下降，就很容易形成银行的信任危机。为此，保护利益相关者的利益，加强信息披露成为银行经营管理的重要内容。

资本市场治理发展也促进了信息披露规范程度的提高。资本市场的信息效率对信息的完整性、真实性、准确性和及时性等提出了很高要求。提早或延后的披露行为，隐瞒或限制信息披露的做法，故意诱导的披露意图，都会形成市场约束力量，引发银行众多利益相关者抛售股票，降低对银行的前景预测预期。因此，资本市场治理状况在很大程度上决定了银行的信息披露规范程度。在现实中，各国资本市场信息披露要求一直处在不断更新、改进和完善之中，推动着信息披露的发展。

（二）经理人市场治理

经理人市场治理对信息披露的影响主要通过竞争选聘机制发挥作用。

银行经理人的选聘和报酬的高低，都与经理人的职业声誉息息相关。经理人市场的竞争格局，为银行所有者广泛筛选、鉴别、考核经理人能力和品质提供了机会，经理人面临这种压力和机会并存的形势，会最大限度地从维护所有者利益角度出发行事，加强信息披露，降低双方的代理成本，提高经营业绩。经理人市场对经理人的监督和约束是非常有效的，行为不端、能力差的经理人可能很难再找到称心的职业，而市场对经理人的良好评价将提高经理人的知名度和报酬水平。为此，银行的经理人会主动披露前景预期向好、经营管理有序的信息，以扩大市场对其的正面评价。银行的经营绩效和风险状况都反映了经理人的才干和能力，提升其人力资本价值，使优秀的经理人成为银行的首选，从而进一步推动信息披露水平的提高。

（三）产品市场治理

产品市场治理的中心是产品竞争，产品竞争中的价格、质量、服务等方面的竞争，向市场参与者传递了十分真实的信息。产品竞争信息体现了银行的市场竞争力、管理状况、创新情况、市场份额、产品的差异化程度、风险管理等各方面情况，利益相关者据此来判断银行管理水平和存在的问题，为了获得市场的认同，经理人一般会重点披露这些信息，以增强利益相关者对银行前景的信心，因此，有关产品竞争信息往往最全面、客观、及时而富有质量。

（四）政府治理

政府治理对信息披露的影响最直接，强制性信息披露制度反映了政府的监管意图和态度。强制性披露制度可保护投资者的知情权，减少投资者与银行间的信息不对称；制度对披露格式与内容的统一要求，有助于投资者以最小的成本搜集到最有用的信息；可督促银行充分、有效、公允地信息披露，因此，强制性披露制度是政府在法律层面对披露行为最具实质性约束力的制度安排。政府对信息披露的影响体现在三方面：一是政府可制定信息披露准则。各国都为银行信息披露提出了一系列内容与格式的全面规范。二是政府监管部门可对信息披露准则执行情况进行监督检查，查找信息披露的重大遗漏、错误和不规范行为。三是政府监管部门可对银行的信息披露情况作出奖惩，如通报表扬和批评、限期整改、暂停交易、强制退市以及追究法律责任等。政府治理的关键为构建监管体系，推动强制性信息披露制度的执行。

（五）外部社会治理

外部社会治理主要指律师事务所、会计师事务所、担保公司等社会中介机构的规范程度。律师事务所可对有关股票发行事项的真实有效性、合法合规性等发表公正性意见；会计师事务所可为银行信息的相关性和可靠性提供审计鉴证服务。外部社会治理状况越好，中介机构的信用度越高，信息披露的质量越高。

三、信息披露对银行公司治理的作用

信息披露水平是公司治理和决策的前提条件，对改善公司治理具有重要作用。信息充分披露可降低投资者与管理者之间、大中小股东间的信息不对称。代理理论认为，需要以外部投资者和契约条件压力来激励管理者选择正确的投资策略，而这种压力传导需要以信息披露作保障。信息披露可对管理者和大股东形成约束，减少机会主义的可能性，改善治理状况，缓解代理冲突，维护银行利益相关者的利益，这些都能够直接促进公司治理水平的提升。

信息披露还可间接提高公司治理水平，其主要通过提升经营业绩、获取投资者信赖、树立银行良好声誉等渠道为银行谋取更大的收益，使公司治理进入良性发展态势。银行对财务信息、风险信息、治理信息等披露，有助于投资者为银行的项目投资提供分析意见，从而推动经理人理性评价和选择投资项目，选择更好的方案，降低预期误差，提高银行的业绩，间接提高公司治理水平。

从现实情况来看，各国基本上都颁布了公司治理和信息披露的准则，加强了对制度的研究和监督，体现了对这两方面的高度重视，有的国家要求银行业遵循国际会计准则，以持续稳健经营为目标，从而对信息披露和公司治理提出了更高的要求，也有助于银行持续健康发展，这与股东和利益相关者的利益是一致的。各国对信息披露内容和形式的要求，能较大范围满足投资者、债权人、公众等广大群体的需要，使之对银行产生监督和约束，参与公司治理。各国在公司治理和信息披露上的实践，为国际通行惯例的形成和发展创造了良好条件。

第四节　信息披露的边界和效应

信息披露很重要并不意味着信息越多越好，信息披露是有成本的，信息过于繁杂可能会削弱有效信息的采集和分析。信息披露也并不意味着能让投资者作出正确的投资决策，因为信息在传导过程中也存在漏损，可能偏离了本意，为此，有必要对信息披露的属性进行深入分析。强制信息披露制度就是为了通过系统的、必要的、完善的信息审查和发布制度，保证信息及时、完整、准确、真实地披露，避免严重误导性或虚假性陈述和遗漏，使投资者获得同等的准确信息，据此作出正确的投资判断，形成市场约束。其核心内容就是对信息披露的质量要求。本节首先从银行信息披露的主客观制约因素入手，剖析影响信息质量的干扰因素，引出信息质量的基本要求；其次分析信息披露的边界，并试图找到评判和衡量信息披露状况的有效方法；最后分析了信息披露的效应。

一、信息披露的制约因素和边界

（一）制约信息披露和传递的因素

现实中，普遍存在制约信息披露质量的主客观两方面因素。主观上，披露主体对信息有主观的选择性倾向，信息可能只有部分披露；客观上，信息传递过程中难免出现漏损和变异。这些都直接影响了最终披露信息的有效性。

从主观制约因素分析，出于四个方面的动因考虑，银行可能采取限制性或选择性披露信息策略：一是基于上市融资和降低融资成本等考虑，在股票发行上市承销和路演等环节，为了吸引投资者关注和参与，上市银行会主动披露信息，向投资者宣传、推介银行的投资价值，甚至不惜夸大经营业绩，但对问题和风险等信息则选择将其略去，形成信息选择性披露。二是出于银行业竞争的考虑，银行不愿意披露涉及商业机密和核心竞争力的信息，以避免竞争对手模仿或赶超，这一不完全公开信息的方式，形成了对信息披露的完整性的负面影响。三是基于信息披露成本的考虑，信息披露的成本涉及很多方面，包括信息收集和披露的费用，以及信息披露后形成的不利影响及代价，有时信息披露的成本相当大，为此，银行在信息披露的时间上可能故意拖延，或在内容上有所取舍，这都影响了信息的时效性和完整性。四是出于内幕交易或内部人交易的利益考虑。银行的经理人因自利行为，存在内幕交易或内部人交易的倾向，为此，经理人会利用信息不对称的普遍性，在实际信息披露中主观控制披露时间和内容，甚至散布虚假信息以诱导投资者作出错误判断，经理人则可借此进行内幕交易，获得超额回报。综上所述，由于主观制约因素的存在，信息可能从一开始就不准确、不完整、不真实。

从客观制约因素分析，信息在传导过程中难免出现漏损和变异，至少存在四方面制约因素：一是信息流动速度受制于诸多因素而不均衡。信息的价值有时就体现在时效性上，在资本市场中，信息一旦披露就会通过股价波动而快速反应，信息也由此马上失去再利用价值。但是，信息流动速度可能由于受制于时间和空间的差异、技术的限制、程序和流程的差异等因素而难以同时传递到所有的市场参与者，信息传递通道和传递速度的限制可能导致市场的公平有效难以保障。二是信息流向不均衡是常态。根据辩证唯物主义，任何事物（包括信息）总是在不平衡性状态与平衡状态间循环往复螺旋式上升发展。信息对象的差异与信息传播工具的差异决定了信息不均衡分布是常态，处在信息密度低的区域的投资者将处于投资决策的劣势。三是信息传递因技术手段而存在差异。信息时代技术手段往往是重要制约因素，削弱了信息传播和接收的有效性，造成掌握先进技术手段的投资者具有判断优势。四是信息传递过程中出现变异。由于原始信息繁多庞杂，现实中很多投资者往往偏爱经过分析加工的信息（如专业分析报告），而专业分析师充当了筛选者的角色，按照自己的认识保留、提炼、分析信息，信息经过加工或增减后，可能与原始信息大相径庭。因为信息被深度分析和加工后，信息的内涵可能发生较大变化，其中包含了分析师的理解成分。信息变异的另一种可能性就是信息被恶意制造或篡改，虚构信息、改变本意的现象常见于各类金融交易。如在资本市场中，研究机构与庄家共谋操纵市场，公开散布误导性信息和似是而非的信息，达到操控股价获利的目的；或者庄家干脆通过各种非正当渠道制造和散布虚假信息，短时间内迅速影响股价，待澄清真相后，虚假信息披露者已从中牟取暴利。

因此，强制信息披露制度是一项系统工程，一方面，需要充分考虑银行的自利行为，统一信息披露的形式、口径、内容和标准，减少选择性披露行为，必要时以处罚和法律追究来强制执行，确保原始信息在披露之初就准确、全面、及时；另一方面，需要充分考虑信息在传导中产生漏损和变异的客观事实，加强信息传导渠道建设，建立良好的信息传导机制，提高相关技术手段，监督检查和打击恶意虚假信息散布行为，以确保信息获取的公平、公正。

（二）信息披露质量的要求

信息披露的质量在《巴塞尔新资本协议》中已有充分体现，主要集中于信息的准确性、完整性、时效性和重要性等方面，彼此之间还存在关联性。

准确性是反映信息披露质量的重要标准，信息必须反映真实情况和客观现实，否则就会失去价值。前文所述的信息被恶意篡改和虚假发布的现象，就严重违背了信息准确性的要求。强制信息披露制度对披露形式、内容、口径等方面的规范，就是确保信息的准确性和可比性，这也是监管当局监督检查的重点和难点。

完整性即要求信息不得遗漏和缺损。如果信息不够完整，就难以把握信息的实质内容，很容易形成对信息的误解，为此，信息的完整性与准确性密切相关，重要内容遗漏就是不准确。有的信息披露人为降低了责任被严肃追究的概率，虽然未歪曲或虚构信息，但却通过有意隐藏或遗漏重要信息的方式来获取额外收益，由于其隐蔽性更强，往往难以被追究，因此，信息的完整性和准确性应被置于同等重要的位置。

时效性亦相当重要，因内幕信息交易有时并不需要篡改或虚构信息，只需在信息披露的时间上提前或滞后，就可利用信息优势获取暴利。特别是在证券市场上，信息被第一时间获取往往才具有价值，一旦反映于股价上就失去了价值。为此，一些汇率、利率衍生交易的投资者不惜投入大量财力来配置数据采集渠道，就是为了以最快的速度获取关键信息。政府的责任就是建立信息快速传递的通道，通过技术手段保证信息及时传导，让所有市场参与者具有同等获取信息的机会。

重要性在《巴塞尔新资本协议》中已有所提及，过多冗长无用信息的披露，将影响投资者对于关键信息的把握。但是信息的重要性又是最难界定的，缺少统一的客观标准。一般认为能被投资者当作重要投资决策参考的信息是重要信息；这类信息若被忽略或扭曲，将导致决策错误。但这仍是比较抽象和模糊的说法，在现实监督检查中缺乏可操作性，重要信息的界定还有待各国在实践中逐步摸索。

（三）信息披露的边界

信息披露的质量要求和基本原则，已在内容上确立了信息披露的边界，即信息必备的要素，但是涉及信息披露的具体事件，这种边界则主要由信息披露的成本和收益所决定。

信息披露的成本是指银行信息收集、归纳和加工而付出的费用、劳动力成本以及信息披露后可能形成各种不利影响的代价。一般这种增设组织机构和人员、选聘会计专业人员、支出管理费用和审计费用等有形成本易被计量且容易纳入预算，但是信息披露后对银行形成负面效应的无形成本则难以计量，且可能成本巨大。无形成本涉及诸多方面：一是银行的竞争者利用披露的有用信息，来巩固、加强其竞争地位，对信息披露银行形成竞争压力，提高该银行参与市场竞争的成本；二是业绩欠佳、风险较大的银行因为不利信息的完全披露，可能丧失市场份额或被迫市场退出，形成银行巨大的继续经营压力。此外，无形成本还包括投资者因缺乏专业分析能力而形成的误解和投诉纠纷的处理等众多方面，目前已成为银行信息披露重要的考虑因素。

信息披露的收益是指银行信息披露后获得的收益，从长远看，信息披露的有些收益是持久的，短期未必明显。信息披露的收益至少体现在三方面：一是信息披露可降低银行筹资成本及各种风险。业绩好的银行充分披露其信息，有助于投资者接受其投资价值，形成良好的投资收益预期；信息披露行为本身也有助于形成银行良好的市场声誉，最终都能降低银行的筹资成本和投融资风险，使其扩大市场份额和影响力。二是银行披露其在环境事务、社会责任、创新业务、网点分布等方面的信息，有助于树立银行良好的社会形象，扩大社会影响力，为增强存贷款业务创造条件，从而增加其收益。三是银行披露信息可防止少数人的内幕交易或内部人控制，减少获取不正当利益的概率和对社会造成的不良影响。

由此可见，银行信息披露的边界在相当程度上由信息披露的成本和收益的对比来决定的。王立、向天燕（2003）对银行信息披露的边界进行了研究，认为信息披露的成本和收益是确立信息披露边界的重要因素，并认为信息披露的成本主要是由信息的风险性来决定的，通常披露的财务报表、资产负债表等风险性因素较小，不会对银行成本形成多大影响，但是有关资本充足率、信用评级、风险评估等信息，则可能导致公众对信息的负面解读，由此带来银行客户流失、筹资成本上升等不利影响，增加了银行的信息披露的成本。为此，风险性较大的信息披露需以强制披露制度来贯彻，也要以具有专业分析能力和成熟投资队伍的成熟市场为基础。

的确，信息披露成本和收益的对比决定了信息披露的边界，但可能更多的是对银行自愿性信息披露行为产生影响，或者说是在理论上达到信息披露均衡的一种理想分析模式。在现实中，由于制约信息披露质量的主客观因素，各国还是对信息披露制定了详尽的规范，通过强制披露制度来约束银行的信息披露行为，并发挥着重要的决定作用。强制信息披露制度无定例，各国都在摸索中逐步完善，在制度设计上一般除了参考国际银行业信息披露的监管惯例外，还要考虑银行的相关利益者能理解银行的经营管理状况和风险状况，从而作出正确的投资决策。关键的是，信息披露既然已纳入一国银行监管制度，银行信息披露的边界在更大程度上就主要由银行监管当局对信息披露的监管态度，以及所建立的强制信息披露制度所决定。不过，在推行强制信息披露制度的同时，一国监管当局也应充分考虑银行信息披露的成本和收益状况，使其以最小的成本实现向国际监管标准和惯例靠拢的目标，为银行在信息披露中充分获得收益创造条件。

二、信息披露状况的主要衡量方法

（一）信息披露的次数

信息披露的次数被认为是简便易行的衡量披露质量的指标。披露的次数越多，频率越快，说明公司披露的意愿和主动性更强，信息披露程度就越高。该指标容易取得、使用方便，但缺陷也明显，这种计量方法只从数量反映信息披露行为的一个侧面，而无法完整反映信息披露的水平，将其作为衡量指标有些过于粗糙。

（二）中介评级或资讯公司的披露评价指标体系

一些中介评级或资讯公司建立了信息披露评价指标模型，用于评判企业的信息披露状况。

标准普尔公司 2001 年推出的信息披露指标评价体系，取得了较高市场认同度，其运用主要针对新兴市场和发达国家的企业。在评价指标体系中，标准普尔公司设计了近百项评价指标，主要涉及财务透明度与信息披露程度、所有权结构与投资者权利、董事会与管理结构及过程等三大类信息，形成了一套较全面的衡量评价指标体系，评价指标综合得分越高，表明企业信息披露状况越好。标准普尔公司的评价方法指标覆盖面广、可验证性强、方法透明、操作性强、应用面广、灵活度高，样本均取自公开披露的信息，故获得了市场的广泛关注。

不过，标准普尔的评价模式缺陷明显。一是该评价方法仅评价信息的充分性，没有兼顾信息的真实性和完整性，因此评价结果显得片面，难以体现信息披露的所有要求。披露的信息是否有投资价值，还需投资人自行判断。二是该评价方法只关注指定项目信息的存在性，而不关注其质量。该评价只针对企业年度报告和重大事项报告，对于其他的信息披露情况不作评价。三是该模式不评价信息的重要性，各评价指标权重相同，不考虑各项指标的重要程度。为此，标准普尔公司的评价模式虽自成体系、指标繁多，但简单的分数汇总得出的结论仍受到较多批评。

（三）其他创设的指标

一些学者也探索运用自行设计的指标体系来评价企业信息披露情况，如设计横截面评价方法，该方法对此后的研究形成较大影响（Botosan，1997）。该评价方法以年度报告的自愿信息披露为基础，分为五大类设立明细项，包括历史数据的总结、公司背景信息、预测信息、关键的非财务指标、管理评论与分析等，以各项目汇总得分作为信息披露程度的评价标准。该评价方法忽略了企业日常披露的重要信息，且评价指标未完全公开，影响了后续的深入研究。

（四）专业分析师的评价

上述几种评价方法都局限于简单汇总计算，缺少对信息完整性、重要性、真实性的评价。美国的投资与管理研究协会的评价模式改进很大，该协会组织了评价委员会，由各行业的主要分析师组成，每个分组委员会一般由十名分析师组成，从季报和公告信息、年报信息、投资者关系等三个层面来评价信息披露状况。每个分析师都从信息的及时性、明晰程度和详细程度作出评价，分析过程均设置具体评价标准和权重，由于分析的专业性更强，考察更深入细致，获得了较大的市场影响力。该协会颁布的年度分析报告，因包含了分析师的人工分析判断，其评价结果被广泛引用，市场认可度高。当然，由于评价结果依赖于专业分析师的分析，主观性较强，不同的分析团队评价结果可能存在差异，但其专业视角仍赢得了市场广泛的赞誉。

三、信息披露的市场约束作用

如前文所述，资本市场存在信息披露的激励机制，上市银行信息披露水平越高，其投资者就越能充分、完整地掌握相关关键信息，并作出正确的投资判断；银行良好的信息披露行为将获得更好的市场信誉，从而降低上市银行的融资成本。并且，上市银行加强信息披露，规范披露行为，有助于消除市场的信息不对称情况，增进投资者对其真实情况的全面了解，其股价的市场价值也容易获得较高的投资者认可。由此可见，资本市场具有披露行为的激励机制，能增强上市银行全面、及时披露重要信息的动力，提高信息披露的努力程度。

假定只有两个时期，每个时期上市银行信息披露质量函数如下：

$$Q_t = \alpha_t + \beta + \gamma_t, \ t = 1, \ 2 \qquad (3-1)$$

Q_t 是信息披露质量，α_t 是上市银行信息披露行为的努力程度，β 为上市银行信息披露技术能力，γ_t 表示市场的不确定性，是外生变量。设 β 和 γ_t 均服从正态分布，即均值为零，方差为 σ_β^2 和 σ_β^2，并且 γ_1 和 γ_2 两者独立。

假定上市银行风险为中性，贴现率为零，则上市银行效用函数为：

$$U = f_1 - C(\alpha_1) + f_2 - C(\alpha_2) \qquad (3-2)$$

f_t 是上市银行 t 时期的融资，$C(\alpha_t)$ 是上市银行的披露成本，假设 C 是严格递增函数，且 $C(0) = 0$。

假设资本市场是完全竞争的，上市银行的融资等于预期信息披露质量。

$$f_1 = E(F_1) = \overline{\alpha_1} \qquad (3-3)$$

$$f_1 = E(F_1 \mid F_2) = E(\beta \mid F_1) \tag{3-4}$$

β 和 F_1 服从二元正态分布，均值为 $(0, \overline{\alpha_1})$，方差阵为

$\begin{bmatrix} \sigma_\beta^2 & \sigma_\beta^2 \\ \sigma_\beta^2 & \sigma_\beta^2 + \sigma_\gamma^2 \end{bmatrix}$（假定 $E(\beta) = 0$），令 $\tau = \dfrac{\sigma_\beta^2}{\sigma_\beta^2 + \sigma_\gamma^2}$，则：

$$f_2 = (1 - \tau)E(\beta) + \tau(F_1 - \overline{\alpha_1}) = \tau(F_1 - \overline{\alpha_1}) \tag{3-5}$$

给定 τ，均衡融资 $f_2 = \tau(F_1 - \overline{\alpha_1})$ 意味着时期 1 的信息披露程度越高，时期 2 的融资水平越高。将 f_1 和 f_2 代入，上市银行的效用为：

$$U = \overline{\alpha_1} - C(\alpha_1) + \tau(\alpha_1 + \beta + \gamma_1 - \overline{\alpha_1}) - C(\alpha_2) \tag{3-6}$$

效用最大化的条件为：

$$C'(\alpha_1) = \tau > 0 \ \text{及} \ C(\alpha_2) = 0$$

故 $\alpha_1 > 0$，$\alpha_2 = 0$

这一两时期的分析函数可以推广到对多个时期的分析。假定上市银行存续 T 个时期，那么最末一个时期的努力 $\alpha_T = 0$，除此，前面 $T-1$ 个时期的努力均大于 0，并且可以推断，努力程度随着存续期延伸而递减：

$$\alpha_1 > \alpha_2 > \cdots > \alpha_{T-1} > \alpha_T \tag{3-7}$$

这一分析函数表明：信息披露的影响具有长远性，其收益可以体现在后续的各个时期；在信息披露上越早努力，将越早使银行在市场获得良好的声誉，并对后续的各个时期形成正面影响；后续的信息披露的努力越接近近期，努力形成的声誉效应就越小。换言之，随着时期的推移，上市银行每个时期信息披露的边际努力程度递减，努力程度总量递增。

该函数可从中长期评价上市银行在提高信息披露水平上的努力程度，将原来仅能定性分析的披露行为努力程度，转为用可观测变量来定量表示。根据统计规律，在长时期的数据统计中，可以剔除外生不确定性因素的影响，因此模型对上市银行披露行为努力程度的分析是准确的。

该函数也符合前文代理理论的论述：因存在委托代理机制和经理人竞争市场，上市银行经理人会对其披露行为完全负责，其市场价值取决于已作出的努力，其市场信誉也由此获得，因此经理人可提高未来的报酬，提升其在经理人市场上的竞争地位。该模型表明市场具有隐性约束和激励机

制，能够对代理人提高信息披露水平产生作用。

本 章 小 结

巴塞尔委员会有关市场约束的理念对银行信息披露的要求颇为详尽和严厉，在信息内容上提出了"实质性""重大性""有意义"等概念，体现了对信息质量和信息标准的要求，但这些要求仍比较模糊和宽泛。有关支持和反对强制信息披露的理论争论各执一词，双方均以坚实的经济学理论作为后盾，讨论强制信息披露是否必要，但未取得一致性的结论。不过，各方都从不同角度论证了信息披露的重要性，客观上接受了信息披露须充分明确和内容详尽等观点，认可了信息披露应该有边界，符合完整性、重要性、准确性等要求，争论的焦点主要集中于是否单纯依靠自愿性信息披露即可实现信息充分披露，还是须通过强制性信息披露方式来实现。本章认为自愿信息披露不可少，但对强制性信息披露也持赞同态度，其原因在于银行作为经济微观主体可能存在明显的意图、利益倾向或动机，在信息披露上有所取舍，这种有选择性、限制性的信息披露行为须以强制披露制度来规范和纠正。从银行内部治理的决定性因素和外部治理的市场内在需求来看，银行具有信息披露的内生动力和外在压力，造成信息披露的程度差异主要来自内部治理和外部治理健全程度的不同。

本章通过信息披露的主客观制约因素，以及成本与收益的对比分析，得出自愿性信息披露实现信息均衡只是一种理论上的理想模式，现实中还需依靠强制性信息披露来约束银行披露行为；银行信息披露的边界在更大程度上由监管当局对信息披露的监管政策和态度，以及所建立的强制性信息披露制度来决定。同时，一国政府在建立强制性披露制度时应考虑该国经济、政治、文化、法律等环境对银行及其利益相关者的影响，以及信息披露的成本和收益比较，以最小的成本向国际监管标准和惯例靠拢。随后，本章在对比分析各种信息披露衡量方法利弊因素的基础上，进一步考察了信息披露的边界和评价方法，同时，信息披露质量函数模型表明银行为了自身中长期声誉考虑，其信息披露努力程度总量呈递增趋势，市场对信息披露具有隐性约束和激励机制。其潜在含义是：在现实中，强制性披露制度固然重要，但也应注意发挥市场在信息披露上的监督和导向作用。

第四章　银行的市场约束"监控"机制

次贷危机爆发后，美国颁布了《金融监管体制改革蓝图》，长期目标就是改革规则监管方法，建立一个目标导向监管框架，其内涵即根据市场的发展来调整监管力量，加强与市场的有效沟通，更好地平衡官方监管与市场约束的关系。美联储前主席伯南克（Bernanke）认为，应选择用持续的、以风险为本和原则导向的监管方法来应对金融创新发展。市场约束是防御的第一战线；为确保投资者和管理者作出正确金融决策，监管者的措施应围绕加强市场约束；市场约束并非自由放任政策，市场约束常需要官方监管的支持。美国这一加强市场约束作用的监管思路，对我国银行业监管改革具有积极的意义。

许多学者在讨论市场约束时，都将市场监控和市场影响作为市场约束有效的两个前提条件，前者是利益相关者识别银行风险特征并采取行动，体现于银行贷款利率或债券价格等波动之中；后者是上述价格变化使银行管理者作出反应，采取措施来减轻或改变不利局面（Flannery & Sorescu，1996；Bliss & Flannery，2002；Hamalainen，2004；张强、佘桂荣，2006）。在各种对于市场约束的研究中，对市场监控的研究更为深入和详尽。本章在对市场约束的渊源、意义、定义和研究范围、条件进行概要分析的基础上，重点研究存款人、次级债持有人、理财客户等银行利益相关者观测和判断银行风险状况的变化，并采取相应措施形成市场约束的情况。实证分析主要通过解释银行存款规模变化、次级债券价格波动、理财产品平均收益率升降等方面的影响因素，来检验我国银行的市场约束"监控"机制的效果。

第一节　市场约束概论

一、市场约束的渊源

20 世纪 30 年代的自由银行管理制度中，市场约束就是监管的主要方式，此后因大危机而逐渐淡出，被官方监管所替代。自 1997 年东南亚金融危机以来，国际金融格局的巨大变化，金融自由化、国际化及全球一体化，推动资本流动的加快和风险的快速集聚，全球金融动荡不断发生，官方监管受到严峻的挑战，为适应快速变化的时代，市场约束观念开始受到重视。各国监管当局发现，面对日新月异快速发展变化的金融市场，面对通货膨胀和紧缩的快速更迭，面对经贸摩擦引发的金融动荡，政府对银行全面市场准入管理、市场风险管理、业务创新管理、经营策略等的全面监管往往收效甚微、成本高昂。自学者提出存款保险改革的建议并强调市场约束后，市场约束的作用逐渐被大家所认识（Kane，1983）。当然，市场约束真正受到重视可能还是源于《巴塞尔新资本协议》将其作为银行监管的支柱之一，美国《金融服务现代化法案》也对市场约束重视有加。巴塞尔委员会的系列文件对信息披露提出了详尽的规范，如《增强银行透明度》中强调信息披露的一般原则、标准和范围，以信息披露的综合性、及时性、相关性、可比性、可靠性和实质性等要求，确立了披露规范的基本框架。《有效银行监管的核心原则》则明确市场约束是银行监管的先决条件，是官方监管的必要补充。此后出台的《巴塞尔新资本协议》对信息披露的要求更加系统化，将市场约束与最低资本要求、监督检查并列为银行监管的三大支柱，对市场约束的作用给予了高度肯定。在这样的背景下，市场约束开始日益受到人们的关注。

二、市场约束的意义

（一）市场约束有利于缓解监管的双重困局

银行业具有高负债的脆弱性特点，并在间接融资体系中占据着十分重要的地位，官方监管出于维护公众利益和社会稳定等目的，将银行业的稳健运行作为监管目标之一，但是由于政府具有多重管理目标，在维护社会稳定和处置有问题的风险银行之间，常左右为难。对面临破产倒闭威胁的银行提供救助，可能诱使银行经理人进行高风险的投资，因为若冒险成功，经理人将获得高回报和人力资本的提升，而如果失败，则可以设法倒逼政府来兜底提供援助；但政府若不救助，则可能形成对社会稳定的冲击。政府为银行体系稳定而设计全额存款保险制度和最后贷款人制度，但有可能导致银行的利益相关者忽视对银行的风险信息的评估，遭受投资损失。而市场约束似乎可以解决监管的这种双重困局，有效市场约束的核心是激发存款人等银行的相关利益者对银行监督的动力，以此为思路的一系列制度设计，如部分存款赔偿制度，有利于兼顾各方多重目标需求。

（二）市场约束可避免监管维护低效

公共选择理论认为，公共选择主体并非毫无私利，也会追求效用最大化，这一意图与全社会效用目标并非完全一致，理应质疑。官方监管亦然，可能会过分在意政府利益，而忽视公众利益。监管者在履行职责时会受诸多因素干扰，有时可能更注重与银行的关系，而容忍低效和资源配置扭曲。此时，市场约束可通过银行的利益相关者以存款转移或股票抛售的方式形成对银行的硬约束。一旦监管者没有维护公众利益，就可能引起大规模的挤兑风潮，甚至导致整个银行系统的危机。因此，有效的市场约束能够预防、制约监管陷入误区，也能够对由监管者的道德风险引发的监管不足给予及时的补充甚至纠正。

（三）市场约束可在风险可控前提下推动银行创新

创新是银行核心竞争和发展的源泉，但创新又常常以突破监管法律约束为表现形式，面对银行创新的快速变化，监管一般以事后修正监管法规和改变监管思路来适应，往往存在监管的滞后性，毕竟判断创新事物是政策违规还是新生力量，需要时间来研究并利用监管程序来判断，这在一定程度上削弱了监管的有效性。相比而言，引入市场监督力量，可使银行的创新活动始终处在市场的观测和分析之中，时刻受制于市场的奖优罚劣机制，市场能及时地发觉创新中的危险苗头，发出警示信号，使银行创新活动一直处于风险可控的状态下。市场约束这种对创新的监督和引导作用，逐步受到各国监管当局的重视。

（四）市场约束可以降低监管的成本

监管总是有成本的，执行监管制度和维系监管体系运转都需要投入大量人力和物力。监管部门开展现场检查和非现场监管都成本巨大，且未必能覆盖到银行所有风险领域；监管行动需要权衡和慎重考虑，监管行动总是滞后。若要保证对所有风险领域实施连续、实时的监管，监管成本将骤然上升。而市场约束可以大幅降低监管的成本，有效的市场约束机制能对银行突发性风险迅速作出反应，给监管者提供采取监管行动的依据，在一定程度上弥补监管滞后的缺陷。

（五）市场约束具有约束范围广、强度大、效率高等优点

市场约束以信息披露为基础，其约束力几乎覆盖到银行运行内部流程和外部环境的所有领域，对银行的公司治理具有改善作用，对金融政策环境提出改革需求，甚至连银行企图损害其他银行而获取收益的行为，也会受到市场约束力量的控制。市场约束具有全面、强制、客观、持续和公平的特点，因此作用范围更广、强度更大、效率更高。

一些实证研究发现市场约束能提高银行监管效率。有的实证研究发现，市场对银行资产价值的评价常被视为监管的有效性的标准，因此应关

注市场的监督和评价（Keeley，1990）。有学者提出，应缩小存款保险的范围和规模，使市场约束与官方监管相结合，以提高监管效率（Thomson，1990；Kaufman，1996）。有学者认为市场约束对官方监管相当重要，市场能够及时准确地反映银行风险状况和外部环境，发出市场信号提示监管者关注苗头问题，因此可以提高监管的效率（Flannery，1998）。

三、市场约束的定义和研究范围

目前尚无对市场约束的精确定义，研究者对市场约束核心内容的界定仍存在着较大差异。《巴塞尔新资本协议》认为，市场约束通过信息披露规范，使市场参与者能评估银行的资本、风险状况、风险评估程序以及资本充足率等重要信息。这一观点与巴塞尔委员会一贯强调信息披露有关，但将市场约束几乎等同于信息披露，表述较为片面。一些学者阐释了市场约束的内涵，有学者认为，银行机构承担更高风险时，股东、存款人、其他债权人等面临着更高的成本，他们将依据这些成本来采取行动以制约银行机构（Berger，1991）。具体来说，银行如果风险过大，存款人就会取出存款或要求更高的利率以补偿风险；债券持有人会卖出债券或要求更高的利率，使得次级债券的发行价格或流通价格下跌，进而影响到银行的筹资成本；股东会通过卖出股票对管理者施压以制约冒险行为。银行本是高负债的特殊企业，转移存款对于银行头寸调整形成压力，而提高利率的威胁则增大了银行成本，需较高收益的项目回报以抵补，对于其资产的风险调整不利。有学者把市场影响分为直接影响和间接影响（Wast et al.，1999）。直接影响指投资者通过转移资金、增大风险银行融资成本等方式，促使银行降低投资风险的过程；间接影响指投资者通过释放的资产价格或数量信号，促使监管机构采取行动降低银行风险的过程。也有学者把市场约束分为监督和影响两个部分（Bliss & Flannery，2000）。市场监督是指投资者准确识别判断银行风险的变化，并反映到银行资产价格上的过程。监督中形成的资产价格市场信号有助于监管者判断银行风险并采取行动。市场影响指资产价格的变化影响银行管理和决策的过程，即银行对市场变化作出反应以改变其资产价格的不利局面。有学者认为市场约束可定义为：银行的利益相关者对银行风险状况作出反应，并据此促进监管者认清形势采取适当监管行动的过程（Flannery & Nikolova，2004）。

目前我国有关市场约束定义研究的文献不多，并且受国外研究影响较大。周道许（2000）将市场约束解释为通过收集、评价和发布银行信息来促使其提高资产质量、稳健运行。巴曙松（2003）认为市场约束的运作机制是利益相关者在不同程度上关注相关银行的状况，作出判断和在必要时采取措施的过程。

综合已有观点，作为一种更具体的表述，市场约束是指银行的利益相关者会随时关注银行的风险状况，借助银行、中介机构、监管机构披露的信息，为维护自身利益而作出投资决策判断，在其认为必要时采取一定的措施，影响相关银行利率和资产价格，从而形成对银行的监督和约束作用的过程。银行面临利益相关者转移资金、抛售股票、提高利率的压力，关注潜在的高成本及被逐出市场的威胁，不得不稳健经营。上述定义比较全面地阐明了市场约束的主要运行机制，包括市场约束的依据、主体、目的和途径。本书认为，尽管上述定义从微观角度作出了详尽的解释，但仍不能完全阐明市场约束的全部内涵，存在一定的局限性。

本书认为，从国际政治经济学的宏观角度看，正如一国政治制度和经济制度的设计反映了国家的意志和力量，市场约束这一监督机制同样代表了国家对银行监管制度的考量和抉择。首先，市场约束引入一国银行监管制度，必然有其独特的优越性，是官方监管难以企及的：市场约束可以实时、连续地对银行产生影响；可以弥补创新监管和突发性风险处置滞后的缺憾；可以大幅降低监管的成本；可以抑制银行的道德风险；可以在银行体系的优胜劣汰之中自然发挥作用，逐步形成具有奖罚机制的市场纪律，为此，市场约束才会纳入制度约束之中。其次，市场约束本身也主要来自监管当局的制度安排，比如作为市场约束运行的前提和基础的强制信息披露制度，大多来自监管当局颁布的文件。最后，当银行机构出现问题时，一国政府往往会在采取行政干预手段和市场机制纠错之间作出选择，控制和管理市场体系的仍然是政府，银行监管制度仍然反映了国家的意志。比如在次贷危机引发的金融危机中，市场化程度很高的美国等西方发达国家对有的银行机构积极救助，采取国有化策略；对有的金融机构却任其消亡，这些无不反映了国家意志和国家对市场约束的态度。由此可见，市场约束制度本身也有些官方的属性，从这一角度看，官方监管自然成为银行监管的主要方式，而市场约束居于辅助地位。因为官方监管中包含了国家对整个银行体系监管的意志，并体现于银行监管制度的所有方面，也包括市场约束。

以上观点对市场约束作出了宏观角度的诠释，意味着对市场约束作出了更宽泛的解读，所有市场机制发挥的约束作用均可纳入市场约束的研究之中。比如，当一国经济出现下滑等周期性波动或因遭受意外金融冲击而出现波动时，银行机构采取提高放贷条件、收缩贷款规模、减少投资等行为也可视为市场约束机制发挥作用。若沿用市场约束的微观定义，也可解释为银行经营者在预期银行的投资者面对经济的不确定性而采取撤资可能性（或已成为事实）等因素时，主动或被动采取的防御措施的表现。本章仍主要从微观角度对市场约束机制作出分析。

从微观角度看，市场约束机制主要包括股权人约束机制、存款人约束机制、债权人约束机制、客户约束机制和行业自律机制。

股权人约束机制是显而易见的，股东富有监督和制约银行管理者行为的动力，主要有"用手投票"和"用脚投票"两种干预方式。但是，本书未将股权人约束纳入主要论述范围，其原因在于：其一，由于银行关闭后，股东的清偿顺序位列债权人之后，因此当银行投资风险超过一定限度时，股东就可能持有鼓励管理者的态度，而无视存款人和债权人的利益，即冒更大风险，博取更大利润；其二，大股东凭借资金实力和内部投票权，对管理者的约束直接有力，中小股东因人员分散和搭便车心理等因素，控制力不足，这些主要是涉及内部公司治理的内容；其三，关于股东对经理人的约束问题已有大量研究，本书只着重讨论富有银行特色的市场约束问题。

存款人约束机制主要通过对高风险银行要求更高的存款利率或转移存款方式来实现约束作用。由于存款人的市场约束效果受制诸多因素影响而异常复杂，因而成为市场约束研究的重点。存款人风险意识不一、个体众多、专业能力差异大，风险判断主观性强，在信息不对称的情况下可能选择"搭便车"的方式，因此在很多情况下对银行风险情况的变动反应滞后，约束力似乎不强，但是在比较极端的条件下，如挤兑风潮中，存款人市场约束又是强有力的，因此，对存款人市场约束力的研究也是难点。

债权人约束机制通过对债券收益率的持续关注而实现对银行风险的持续监督，其中以次级债券持有人的市场约束最为典型。次级债券期限不低于五年，只有在银行倒闭清算时或到期时才有索偿权，且索偿权次序排在存款和其他负债之后，该特性决定了次级债持有人会长期关注银行的风险，通过抛售转让次级债对银行形成约束。现实中，银行具有发行次级债的倾向，因为其可以提高资本充足率，避免评级的不利状况；同时，债权融资成本比股权融资低，未涉及内部控制权问题，因此被银行广泛运用，为次级债市场约束机制研究创造了条件，成为是市场约束研究的一个热点。

客户约束机制是比较宽泛的概念，存款业务、贷款业务、理财业务、中间业务等均涉及广泛的客户群体，并不适宜作为单独的分类。客户最关注的是服务价格和质量，客户通常会选择价廉物美的银行产品和服务，而排斥服务差、收费高的产品和服务，由此形成对银行的市场约束力。当前，银行强调以客户为中心的服务理念，在一定程度上就是客户约束机制发挥作用的结果。随着客户的银行服务需求日益多样化，银行机构之间的竞争也更多地集中于提供多样化的产品和服务，换言之，客户约束机制也是促使银行加快业务创新的动力和源泉，银行的服务越来越向全方位、多品种和"一站式"的金融服务方向发展。由于客户约束机制过于广泛，很难综合评估银行产品和服务的"性价比"，为此本章主要分析存款人约束机制和理财客户约束机制，不再对其他客户约束机制进行深入探讨。

行业自律机制可能还算不上真正的市场约束机制，其介于官方监管和市场约束之间，这与不同国家和地区对于行业自律组织的定位有一定的关系，有的地方将其视为纯粹的行业自律和经验交流的平台，而有的地方将其视为半官方机构，作为发布行业规则的平台和传递监管意图的窗口，为此，只能说行业自律机制具有市场约束精神内涵。例如，香港银行公会深受香港特区政府的重视，并被单独作为一个层次纳入其金融监管体系。不少政策意图和事务都由该组织披露或处理，在行业自律和自我调节上，也被赋予较大的权利，如禁止从事非指定业务、执行利率协议、提供票据清算服务等。行业自律机制对银行的约束是非常明显的，由于这种约束机制具有官方监管的意味，本章不将其作为重点论述对象。

四、市场约束的条件

学者们对于市场约束条件提出了各自观点。有学者认为市场约束发挥作用的条件是投资者能对金融机构证券收益和风险专业地、准确地进行评价（Flannery，2000）。有学者将有效的市场约束的前提条件视为市场人士有足够的信息来判断，具备正确判断的能力，以及市场有适当的激励机制（Crockett，2001）。还有学者将市场约束有效运行的必要条件归纳为八个方面：一是信息能准确、及时和连续地披露；二是利益监督者有足够数量，且具有一定专业分析能力；三是对利益监督者有激励机制，援助、延期偿还或保险将削弱激励机制，为此需合理安排"监管制度"；四是利益监督者的投资决策能对银行成本形成影响；五是市场体系较为完善，市场的价格和数量的调整能起到约束作用；六是市场价格能有效地反映银行风险；七是利益监督者对信息反应合理；八是对银行管理者的市场披露行为具有制度约束（Llewellyn，2005）。具体而言，市场约束发挥作用的条件大致包括六个方面：

（一）健全的金融市场体系

价格是形成市场约束的基础，是市场约束机制的核心，银行利益相关者的判断和举措最终通过价格进行压力传导，因此在统一、完整、均衡、开放的金融市场，资金能自由流动，利率、价格等能及时反映资金供求状况的变化，这样市场自发形成的有效价格才能反映银行风险。换言之，任何干预银行风险定价、分割市场的行为，都将阻碍市场约束机制发挥作用。

（二）合格的市场参与者

合格的市场参与者是市场的主体，是市场约束机制发挥作用的前提条件，这涉及银行及其利益相关者。一方面，银行的债权人、存款人等利益相关者应具有一定分析能力来判断银行风险状况以采取相应的行动；另一方面，银行应能对市场信号作出灵敏的反应，并据此作出相应的策略选择，以改善经营管理状况。换言之，银行的利益相关者应具有信息筛选和分析能力，能对银行情况作出判断；银行应具有较强的反应能力，能在市场定位、发展战略、经营重点、业务创新、风险控制等方面保持目标清晰、决策正确。值得一提的是，对银行市场反应能力的要求实质上是对银行的公司治理状况的要求，内部治理状况若不佳，将妨碍银行对风险状况和市场信号的敏感性，市场约束传导因此无效。

（三）有效的信息披露制度

银行的利益相关者只有及时、准确、全面地掌握银行的风险信息，才可能实施有效的监督，这是市场约束机制的关键环节。在多数情况下，银行具有信息优势，是信息的供给者，由于担心市场对其产生不利影响，可能会修改或隐瞒信息，结果让利益相关者误判。因此，披露信息的质量是市场约束机制合理运行的重要一环。除此之外，有效的信息披露还能防止市场约束误入歧途，充分的信息披露能增强市场信心，减少因单个银行倒闭而引发的恐慌性挤兑事件。《巴塞尔新资本协议》对信息披露的重视和强调是一贯的、持续的、系统的，规范银行的信息披露行为对市场约束十分重要，为此各国对强制信息披露制度都相当重视并不断进行完善。

（四）成熟的资信评估

资信评估机构的概念较为宽泛，包括信用评级机构、律师事务所、会计师事务所和市场分析师等。资信评估机构的作用至少有三个方面：一是资信评级对银行形成压力或激励，资信评估机构对经营恶化的银行的评级警告，可促使银行尽快在改善经营与退出市场之间作出选择，这有利于银行体系的稳定；二是对原始信息进行二次加工，为市场提供进一步分析、整理、挖掘和提炼的信息，有助于市场对风险银行作出科学合理的判断；三是为监管机构提供风险参考信息，资信评估、评级结果和分析报告可能被监管者作为参考信息来分析判断银行的风险水平，以便于监管者及时对高风险银行采取监管行动。资信评估对银行的债券和股票价格具有很大的影响力，而市场价格的波动信号，也为监管者实施重点监管提供依据，这些都能形成对银行的间接约束。成熟的资信评估应该能涵盖盈利能力、偿债能力、发展能力和资产管理能力等财务类指标，以及管理状况、信用状况和行业状况等非财务指标，能对银行风险进行动态、全面、标准化的评价和预警，能极大地增强市场约束力量。

（五）有限的政府救助和严格的市场退出机制

若银行相信其面临破产倒闭威胁时政府会全额救助，那么就会加剧其不审慎经营行为，市场约束机制将不起作用，因为在银行为博取高收益而进行高风险投资的同时，其利益相关者也不会关心银行的风险状况。两者在此情形下都会出现道德风险，做出逆向选择，市场约束机制失效。一些国家宽松的最后贷款人制度和全额存款保险制度就容易诱发上述后果。因此，政府有必要限定金融救助的条件和存款保险范围，严格执行市场退出制度，以确保市场约束机制能够发挥作用。

我们认为，在所有市场约束的条件中，有限的政府救助制度和严格的市场退出制度往往是最难构建和执行的，究其原因在于这涉及市场约束和官方监管的边界，在具体情况掌握和处理上存在难度。如果一家声誉良好的银行出现了亏损或资不抵债的情况，按照市场资源最优配置原则，政府应任其在市场约束机制下破产倒闭，但其后果可能是公众对整个银行业缺乏信心，导致银行信用危机的传播和银行体系的崩溃，但政府若出手救助，就等于接受市场低效、不公平竞争的局面。这大概就是历次金融危机中，政府对是否采取金融救助总是迟疑不决的主要缘故。如何确定市场约束和官方监管的边界，一直是理论界和实务界悬而未决的课题。

总体而言，对于经营不善且难以为继的银行，还是有必要借助市场约束机制的力量来促使其退出市场,否则会破坏性地打击市场,对竞争者造成伤害,诱发集体的道德风险,当风险积累到一定程度,将不可避免地导致银行危机的爆发。银行具有高负债的特性,因银行间拆借市场而成为利益共同体,一家银行的支付危机,很容易诱发市场恐慌,形成多米诺骨牌效应。尚未出现极端情况的时候,政府还是应依靠市场机制来作出淘汰选择,政府的责任就是为市场约束机制的良好运行创造条件,具体包括:鼓励银行按照商业性和市场化的原则自主调节,如解散、合并、收购、兼并等措施,采取主动策略,避免强制退出引起的金融动荡;建立部分政府救助方案和部分存款保险制度,避免诱发银行的道德风险;实施严格的市场退出制度和标准,以便及时判断处置原则;政府对于有问题的银行的干预要相机抉择,以不确定性来降低预期,减少银行的道德风险。

(六) 完善的社会监管体系

社会监管机制主要体现在行业准则的规范作用、新闻媒体的监督作用和司法制度的保障作用三个方面。

行业准则在处理银行之间的恶性竞争上作用显著,能较好地协调银行之间的矛盾、纠纷,维持公平、有序的竞争环境,遏制道德风险,规范从业人员的行为,维护银行业的整体利益。行业自律机制具有市场自发协调的性质,逐步被监管机构用来柔性传递监管意图。

新闻媒体的监督具有独特的、无可替代的作用,在权力制衡机制发生问题的地方有可能形成制约力量。新闻媒体可以利用其职业的敏感性,探究事情真相的职业精神,以及法律赋予的特别权利,来提高利益冲突事件的信息披露水平,使社会各个层面能够第一时间获取信息并快速作出反应,从而达到市场约束的效果。新闻媒体可以从根本上提高信息披露的有效性、真实性,增强投资者的信心。

司法制度的公正性和及时性是社会监督作用发挥的前提条件,建立良好的司法介入的时机、方式和程序,加强立法、执法的严肃性和公正性是实现有效银行监管的重要条件。

第二节 存款人的市场约束"监控"机制

一、存款人的市场约束机制

存款人市场约束机制的原理来自于银行高负债的特殊性，其大部分资金来自于吸收存款，资本金比重很低。存款对于银行而言属于被动负债，其变化取决于存款人的支付活动，银行无法直接控制存款的数量、结构及变动，只能根据历史的经验数据与对存款人行为特征的分析来预测存款的变动趋势。不同期限的存款具有不同的流动性，风险偏好不同的存款人的存款稳定性也差别很大，由此，存款人约束机制就在这种不确定性中产生了。

当存款人发现银行的资产风险水平提高时，就会要求提高存款利率，或者从银行中转移存款，这样会促使银行审慎经营，避免过分追求高收益而冒高风险，须综合平衡资产风险状况。但是存款人的市场约束力度又是相当复杂的，其原因在于不同存款人的风险意识是不一样的，在不同环境下作出的反应也是不一样的。如企业存款人的风险意识可能较强，因为其具有专业的财务管理和分析队伍，且对于大量资金的风险更加关注，对银行可能出现的风险概率时刻保持高度警惕，这些有助于形成较强的市场约束力。中小存款人则相反，由于个人专业分析能力有限、资金量小、信息收集成本过高等因素，其往往疏于对银行风险情况的关注和跟踪，存在"搭便车"的心理倾向，对银行风险状况的判断往往滞后，因此市场约束性较弱。但是，从另外一个角度分析，又可能存在相反的情形。由于企业存款人与银行往往存在战略合作关系，除非合作的银行出现重大风险问题，威胁到银行的生存，企业存款人一般不会采取大量提取存款这样的过激行为，即使判断银行业绩下降或风险上升，也仅会采取要求较高的存款利率等风险补偿措施；而中小存款人虽对银行的不良风险信息反应较慢，由于专业分析能力的欠缺而无法判断风险问题的严重程度，但是一旦从正式或非正式渠道获得银行风险上升的信息，就会采取直接提现行为，并且极易出现羊群效应，导致挤兑事件发生，在恶性循环中形成金融恐慌，造成很强的市场约束。

二、银行的挤兑模型——极端的市场约束事件

在银行的各类系统风险中，挤兑风险被认为是最常见、危害最大的一种。戴梦德和戴维格（Diamond & Dybvig，1983）在理论上对挤兑问题进行了深入研究，他们认为，现有的研究缺少解释银行的契约比其他类型契约更不稳定的原因，其根源在于银行的流动性负债和非流动性资产的特征。存款人当然最关心其资金的安全性，追求资金的保值增值。挤兑事件是存款人对银行风险最直接的表达方式，其一旦发现银行风险上升超过其预期，就会要求风险补偿或撤出存款。有学者研究发现 21 世纪初日本公布取消全额存款保险的计划后，该国存款资金出现了向活期存款转移、向大银行转移的趋势。Diamond – Dybvig 模型认为，由于存款人和银行之间信息不对称，存款人可能随时提出其流动性的需求，从而形成银行挤兑。

假设个人厌恶风险并追求消费效用最大化；个人消费效用函数 $U(C)$，假定具有递增的、二阶连续可导和严格凹性的特征，并满足 Inada 条件，即 $\partial U(C) = \infty$，$\partial U(\infty) = 0$。又设阿罗—布莱特相对风险回避度 A_R 总是大于 1，即：$A_R = [-C \cdot U''(C)/U'(C)] > 1$；生产技术假定，投资能在两个期间内进行，如果投资第 1 期之后生产被打断，收益将低于未被打断的情形。

$$U(C_1, C_2, \gamma) = \gamma U(C_1) + (1 - \gamma)\delta U(C_2) \tag{4-1}$$

假定三个时期，$T = 0$，1，2，生产技术相同，且生产单一的同质物品。生产要素在时期 0 投入，若在时期 1 清算，时期 0 的每单位投资可以转化为产量 1；若在时期 2 进行清算，产量为 $R > 1$。又假定，所有消费者可以分为两类：分别只关心时期 1 和时期 2 的消费。在时期 0 时所有的消费者均不确定自己的类型。在时期 0 时，消费效用函数可表述为：

$$E[U(C_1, C_2, \gamma)] = t \cdot U(C_1) + (1-t)\delta U(C_2) \qquad (4-2)$$

式中，γ 为状态变量，若消费者为第一类消费者时，$\gamma=1$；若为第二类消费者时，$\gamma=0$。δ 为时间偏好率，满足 $1 \geqslant \delta > 1/R$。每位消费者在 $T=0$ 时，知道自己在 $T=1$ 时成为第一类消费者的概率为 t，$t \in (0, 1)$，每个消费者有相等和独立的机会成为第一类消费者。这里先假定 t 是常数，有 $E(\gamma)=t$。可推知，追求预期效用最大化的消费者会致力于实现最优解。

求解这个效用最大化问题存在一个资源约束条件，设时期 1 时的消费品在时期 0 的价格为 1，时期 2 时的消费品在时期 0 时的价格为 $1/R$，则此约束条件为：

$$t \cdot C_1 + [(1-t)C_2/R] = 1 \qquad (4-3)$$

利用拉格朗日函数：

$$L = t \cdot U(C_1) + (1-t)\delta U(C_2) - \psi[1 - t \cdot C_1 - [(1-t)C_2/R]] \qquad (4-4)$$

一阶条件为：

$$\partial L/\partial C_1 = tU'(C_1) + \psi t = 0$$
$$\partial L/\partial C_2 = (1-t)\delta U'(C_2) + \psi(1-t)/R = 0$$
$$\partial L/\partial \psi = 1 - t \cdot C_1 - (1-t)C_2/R = 0$$
$$\partial L/\partial C_1 = tU'(C_1) + \psi t = 0$$
$$\partial L/\partial C_2 = (1-t)\delta U'(C_2) + \psi(1-t)/R = 0$$
$$\partial L/\partial \psi = 1 - t \cdot C_1 - (1-t)C_2/R = 0$$

假定消费者可无成本地留存消费品，则设 C_k^i 可以表示个人 i 在时期 k 的消费，可将 C_T 分解为：

$$C_1 = C_1^1 + C_1^2$$
$$C_2 = C_2^1 + C_2^2$$

据定义和对一阶条件进行适当的变换后，可得到最优条件：

$$C_1^{2*} = C_2^{1*} = 0 \qquad (4-5)$$
$$U'(C_1^{1*}) = \delta R U'(C_2^{2*})$$
$$t \cdot C_1^{1*} + (1-t)C_2^{2*}/R = 1$$

由假定 $1 \geqslant \delta > 1/R$，有 $\delta R > 1$，代入上面第二个最优条件，有 $U'(C_1^{1*}) > U'(C_2^{2*})$ (4-6)

由此推知：$C_1^{1*} < C_2^{2*}$。若信息完全，两类消费者在完全竞争的市场上，其消费量分别为：$C_1^1 = 1$，$C_2^2 = R$。但由于现实中的信息不充分，消费者在时期 0 时尚不确定自己归属，因此会乐于接受上述效用最大化安排。而 $C_1^1 = 1$，$C_2^2 = R$ 不符合最优条件。这是因为：

$\because \delta < 1$，$R > 1$

$\therefore \delta R U'(R) < R U'(R) = 1 \cdot U'(1) + \int_{r=1}^{R} \partial[rU'(r)]/\partial r \mathrm{d}r$

$= U'(1) + \int_{r=1}^{R} [U'(r) + rU''(r)] \mathrm{d}r$

$= U'(1) + \int_{r=1}^{R} U'(r)[1 - A_R] \mathrm{d}r$ (4-7)

依假定，$U'(r) > 0$，$A_R = [-r \cdot U''(r)/U'(r)] > 1$，有 $1 - A_R < 0$，所以：

$$\delta R U'(R) < U'(1) \qquad (4-8)$$

而最优条件为：$U'(C_1^{1*}) = \delta R U'(C_2^{2*})$，这意味着 $C_1^1 \neq 1$，$C_2^2 \neq R$。为了得到最优，应该使 $C_1^1 > 1$，$C_2^2 < R$。也就是说，若消费者在时期 1 去提前提款，可以得到一定补偿。在信息不对称的条件下，每个人均可能提前提款，所以上述最优条件会得到所有消费者的支持。有学者的研究结论关键之处在于，其发现由于存款人和银行之间信息不对称，只要存款人预料到挤兑事件，就会参与提款并诱发大规模挤兑，与银行稳健程度无关（Diamond & Dybvig, 1983）。挤兑模型反映了极端的市场约束过程，每个存款人均可从其他人的提款行为中得知市场的看法，一旦判断为挤兑，因担心最后提款可能本息损失，就会毫不犹豫地加入挤兑风潮，导致银行被迫清算资金，极可能形成资金短缺；为了保持清偿力和市场信心，银行只能坐视存款大幅减少或为挤兑者支付高额利息，甚至出售其中长期投资项目，这都会直接威胁到银行的生存。因此，潜在的挤兑风险的存在，有助于银行更加谨慎地经营，市场约束机制由此形成。上述挤兑模型从一个角度说明了存款人对存款损失的担心是市场约束力的基础，也从另一个角度说明

了实施非全额存款保险制度的必要性,这样可使得存款人难以预期存款的损失程度,存款人就没有动力去观测和监督银行,也不会形成挤兑事件。

三、我国存款人市场约束情况实证研究

(一) 国内外实证研究情况

存款人市场约束的实证研究主要集中在两个方面:一是研究银行风险与存款利息率的关系。有学者发现存款人从冒险的银行中提款或要求更高的利率。二是研究银行风险与存款增长之间的关系,当存款利率固定时,存款人会将存款从高风险银行转移到低风险银行。其还发现银行存款与滞后风险变量指标之间存在负相关关系 (Peria & Schmukler, 2001)。还有学者实证分析了多个国家银行存款增长与诸多风险变量之间的关系,未得出存款增长对风险显著敏感的结论 (Demirguc-Kunt & Huizinga, 2002)。国内不少学者对此也作出了分析。何问陶、邓可斌 (2004) 用计量模型估算了资本充足率的变化对我国上市银行收益率的影响,认为这种影响力不明显。张正平、何文广 (2005) 分别从银行存款的实际利息支出和银行存款增长两个方面测算对风险的敏感性,通过实证分析我国 14 家银行市场约束力的情况,得出我国银行的市场约束力较弱的研究结论。

(二) 模型设计

鉴于我国存款利率尚未放开,因此放弃了实证分析银行存款利率对风险因素的反应情况,只通过检验银行存款增长率与银行风险变量间的关联度来考察我国银行业存款人市场约束力情况 (Demirguc-Kunt & Huizinga, 2002),即选择存款增速作为代表性指标。基本思路是通过计算模型中变量间的相互关系和相关程度来描述市场约束状况。初步设立的基本模型为:

$$Y_{i,t} = \alpha_{i,t} + \beta X_{i,t-1} + \varepsilon_{i,t} \quad \varepsilon_{i,t} \sim N(0, \sigma^2) \tag{4-9}$$

式中,$Y_{i,t}$ 为被解释变量、X 为解释变量向量,i 代表不同银行,t 代表

不同时期，$X_{i,t-1}$ 表示滞后一期的风险变量，$\varepsilon_{i,t}$ 为残差项。

根据一般理论，市场约束机制导致高风险的银行吸收的存款相对较少。本章采取滞后一期的风险变量，选取了资本充足率、不良贷款率、风险资产利润率、资产流动性比例、人民币超额备付金率、存贷款比例、最大十家存款客户定期存款占各项存款比重、账面投资收益/亏损率（有市价投资跌价/溢价占有市价投资账面价值的比例）、最大十家客户贷款比例等9个指标来衡量上期的市场风险、流动性风险、信用风险、信贷风险等存量风险（见表4-1），对应的系数分别为 $\beta_1 \sim \beta_9$。一般认为资本充足率越高，银行的股权人权益受保障程度越高；不良率越高，银行的信贷风险越高；风险资产利润率越高，银行风险资产的回报越高；资产流动性越高，银行流动性状况越好；超额备付金率越高，银行主动愿意控制流动性风险的意愿越强烈；存贷比越高，银行流动性风险越大；最大十家存款客户定期存款占各项存款比重越高，银行存款集中度风险越大；账面投资收益率越高，表明银行市场风险越低；最大十家客户贷款比例越高，银行贷款集中度风险越大。根据上述分析，若市场约束发挥作用，β_1、β_3、β_4、β_5、β_8 的符号应当为正，β_2、β_6、β_7、β_9 的系数符号应当为负。

表4-1 　　　　　　　　　　　变量名称、符号及定义

变量名称	符号	定义
存款增长率	$CZL_{i,t}$	（当期存款余额－上期存款余额）/上期存款余额
资本充足率	$ZCL_{i,t-1}$	资本/风险加权资产总额
不良贷款率	$BDL_{i,t-1}$	不良贷款余额/各项贷款余额
风险资产利润率	$ZLL_{i,t-1}$	净利润/风险加权资产总额
资产流动性比例	$ZLR_{i,t-1}$	流动性资产/流动性负债
人民币超额备付金率	$CBJ_{i,t-1}$	（在人民银行超额准备金存款＋库存现金）/人民币各项存款余额
存贷款比例	$CDB_{i,t-1}$	贷款余额/存款余额
最大十家存款客户定期存款占各项存款比重	$DCB_{i,t-1}$	最大十家存款客户定期存款/各项存款余额

变量名称	符号	定义
账面投资收益/亏损率	$SSL_{i,t-1}$	有市价投资溢价（跌价）/有市价投资账面价值
最大十家客户贷款比例	$DDB_{i,t-1}$	最大十家客户贷款余额/各项贷款余额

（三）数据分析和检验结果

选取样本银行17家，其中：大型银行5家（中国工商银行、中国农业银行、中国银行、中国建设银行、交通银行）、中小型银行12家（中信银行、中国光大银行、华夏银行、广东发展银行、深圳发展银行、招商银行、上海浦东发展银行、兴业银行、中国民生银行、恒丰银行、浙商银行、渤海银行）；具体数据的样本期限为2018～2020年各季度，数据来源于银行监管机构非现场监管数据系统，凡是存在调整情况的数据均以调整后的数据为准。

需要说明的是，本章研究使用的数据样本不同于国内其他学者，选取了三四年内的季度数据，而非采用7～10年的银行年度数据，其主要理由为：一是国内学者选取年度数据主要受限于数据的可获得性。一般数据来源于《中国金融年鉴》相应的各期，但本书认为最近几年我国商业银行股权改革和上市流通（目前已有16家银行上市），对银行经营管理、资产负债管理、信息披露管理等都产生了巨大影响，且市场条件也发生了巨大的变化，用跨期超过五年的数据作市场约束分析并不准确，从贴近描述银行业市场约束的最新、最真实状况角度出发，本章选择了权威部门发布的统计数据。二是数据的可比性非常重要。张正平、何文广（2005）研究说明：由于统计口径的变化，导致数据在具体内容上存在一定程度的不一致，也许问题更大的是关于流动资产项目中所包括的内容并不完全相同。自中国人民银行从1996年开始对国内商业银行实行非现场监管以来，我国银行监管的非现场监管指标已经发生了很大的变化，其主要源于国际银行监管理念的快速发展和国内银行对市场风险、信用风险等测量水平的不断提高。若采取不同统计口径的数据，会对实证研究的结果可信度产生很大影响，为此，本章考虑选取 2018～2020 年的季度数据最主要原因之一在于这个区间的数据统计口径完全一致。简而言之，鉴于数据的可获得性、可比性、容量够大、更反映银行市场约束的现状等因素，本章选取了 2018～2020 年的季度数据，同时，样本银行数据明显增多，达到了 17 家。

现将各家银行用数字代号表示，1～5 为大型银行，6～17 为中小型银行（见表 4 - 2）。依据样本，建立 PANEL DATA，并使用 stata 10 进行回归参数估计。

表 4 - 2 样本银行及其代号

银行名称	代号	银行名称	代号
中国工商银行	1	深圳发展银行	10
中国农业银行	2	招商银行	11
中国银行	3	上海浦东发展银行	12
中国建设银行	4	兴业银行	13
交通银行	5	中国民生银行	14
中信银行	6	恒丰银行	15
光大银行	7	浙商银行	16
华夏银行	8	渤海银行	17
广东发展银行	9		

分 3 种情形分别进行回归，第一种情形是将全部样本数据进行回归，第二种情形是对 5 家大型银行的数据进行回归，第三种情形是对 12 家中小型银行的数据进行回归分析，回归结果如表 4 - 3～表 4 - 5 所示。

估计结果显示，模型在情形 1、情形 3 下拟合程度良好，方程整体回归较为显著；在情形 2 下拟合程度较差，显著性明显逊色。表明中小型银行的存款增长率对风险比较敏感，而大型银行的存款增长率对风险变量的反应不够显著。

表 4 - 3　　　　　　　　　　情形 1　对样本银行估计结果

CZL	系数	标准差	t 统计量	P > |t|	95% 置信区间	
ZCL	0.4573 ***	0.1037	4.39	0.000	0.2457	0.6466
BDL	0.5681 ***	0.1748	3.00	0.003	0.1925	0.9247
ZLL	-1.2282 ***	0.5733	-2.12	0.035	-2.3833	-0.0841
ZLR	0.1351 ***	0.0280	3.18	0.003	0.0462	0.2110
CBJ	0.0530	0.1738	0.36	0.622	-0.2852	0.4142
CDB	0.1519 ***	0.0546	2.97	0.002	0.0463	0.2645
DCB	0.1163	0.1142	0.86	0.337	-0.1246	0.3513
SSL	0.1489	0.1424	1.01	0.256	-0.1124	0.4321
DDB	-0.0000	0.0016	-0.02	0.964	-0.0037	0.0035
常数项	-0.1440	0.0530	-2.64	0.007	-0.2514	-0.0383
Number of obs = 191			R - squared = 0.2745			
$F(9, 177) = 7.44$			Adj R - squared = 0.2362			
Prob > F = 0.0000			Root MSE = 0.0570			

注：*** 、** 和 * 分别表示在 1%、5% 和 10% 的统计水平上显著。

表 4 - 4　　　　　　　　　　情形 2　对样本银行估计结果

CZL	系数	标准差	t 统计量	P > |t|	95% 置信区间	
ZCL	-0.3863	0.5367	-0.71	0.454	-1.4655	0.6933
BDL	-0.5545	0.7771	-0.72	0.470	-2.1336	1.0007
ZLL	-0.5052	1.0303	-0.44	0.612	-2.6215	1.6082
ZLR	0.0944	0.1126	0.74	0.305	-0.1342	0.3217
CBJ	0.1624	0.5453	0.31	0.744	-0.9256	1.2715
CDB	-0.0670	0.2351	-0.28	0.751	-0.5320	0.4048
DCB	0.4266	0.7837	0.54	0.547	-1.1510	2.0062
SSL	-0.1182	0.3115	-0.37	0.704	-0.7523	0.5133

续表

CZL	系数	标准差	t 统计量	$P>|t|$	95% 置信区间	
DDB	− 0.0413	0.1484	− 0.27	0.764	− 0.3431	0.2576
常数项	0.1156	0.1574	0.72	0.465	− 0.2011	0.4334
Number of obs = 58				R − squared = 0.0562		
$F(9, 45) = 0.31$				Adj R − squared = − 0.1312		
Prob > F = 0.9676				Root MSE = 0.0402		

表 4 – 5 情形 3 对样本银行估计结果

CZL	系数	标准差	t 统计量	$P>|t|$	95% 置信区间	
ZCL	0.4642 ***	0.1123	4.13	0.000	0.2425	0.6864
BDL	− 0.4083	0.4350	− 0.82	0.350	− 1.2815	0.4725
ZLL	− 1.4571 ***	0.6845 ***	− 2.10	0.037	− 2.8280	− 0.0714
ZLR	0.1274 ***	0.0462	2.72	0.006	0.0355	0.2223
CBJ	− 0.0279	0.1957	− 0.14	0.875	− 0.4142	0.3584
CBD	0.1265 *	0.0853	1.45	0.134	− 0.0435	0.2973
DCB	0.0936	0.1463	0.63	0.524	− 0.1981	0.3868
SSL	0.1115	0.1823	0.61	0.531	− 0.2484	0.4725
DDB	0.0021	0.0021	1.02	0.307	− 0.0020	0.0065
常数项	− 0.0945	0.0843	− 1.10	0.270	− 0.2636	0.0732
Number of obs = 133				R − squared = 0.3176		
$F(9, 122) = 6.36$				Adj R − squared = 0.2695		
Prob > F = 0.0000				Root MSE = 0.0597		

注：***、** 和 * 分别表示在 1%、5% 和 10% 的统计水平上显著。

在情形 1 下，资本充足率变量、不良贷款率变量、风险资产利润率变量、资产流动性比例变量、存贷款比例变量都通过了 1% 水平上的显著性检验。资产流动性比例变量在 3 种情形下都取得了与预期符号相同的估计系数，且在情形 1 和情形 3 下都在 1% 的水平上显著，说明存款人比较重视商业银行的资产流动性比例指标所反映的流动性风险。资本充足率变量在情形 1 和情形 3 下都在 1% 的水平上显著,但在情形 2 中估计系数符号为负,表明大型银行资本充足率不具备风险信号甄别作用,这与现实中国家对大型银行注资、控股、隐性担保,削弱了存款人对大型银行资本充足率指标关注度的情况是吻合的。但不良贷款率变量、风险资产利润率变量、最大十家存款客户定期存款占各项存款比重变量的估计系数符号与预期相反,表明这些指标难以成为风险信号。一方面,可能是因为贷款五级分类在具体操作上还是存在主观因素,降低了银行之间的可比性,风险资产的计算存在类似问题;另一方面,最大十家存款客户定期存款比例变量在三种情形下,估计系数符号均与预期相反,且不显著,可能是因为最大十家存款客户定期存款对于一家银行存款增速会产生正反两方面的影响,既可能作为风险指标降低存款增速,也可能由于最大十家定期存款对银行存款影响较大,该占比变量指标上升是因为这十家存款增长快形成的,由此导致两者同向变动。此外,超额备付金率变量、账面投资收益率变量、最大十家客户贷款比例变量都取得了预期的系数符号,且估计系数均不显著,说明这三个指标对存款人有一定的风险信号甄别作用,但指标仍存在局限性。超额备付金率可能随着近些年法定存款准备金率较为频繁的调整而削弱了其观测价值;银行的市场投资收益受金融市场大幅波动而存在不确定性,且不是银行的主营业务,因此指标的关注度有限;最大十家客户贷款比例随着近些年原中国银监会力推银团贷款,以及一些贷款转让交易的大量出现,该指标的参考价值被削弱了。

在情形 2 下,所有变量系数都不显著,说明大型银行的存款增长率对其风险变量指标的敏感性较差,这与大型银行因拥有较多的隐性存款担保而削弱了市场约束机制作用有关。

在情形 3 下,方程的拟合程度和解释能力均高于情形 2,说明中小型银行存款增长率受市场约束影响较大,这与中小型银行拥有较少的国家隐性存款担保有关。资本充足率变量、资产流动性比例变量都通过了 1% 水平上的显著性检验;风险资产利润率变量通过了 5% 水平上的显著性检验。不过,不良贷款率变量、超额备付金率变量、存贷款比例变量、最大十家存款客户定期存款比例变量、最大十家客户贷款比例变量等指标的估计系数与预期相反。由于中小型银行网点较少，吸收存款能力远低于大型银行，因此其存贷比普遍大于大型银行存贷比，况且，该变量偏离监管要求（75%）的幅度一般不大，不像一些外资银行的大幅偏离现象，该指标对于中小型银行风险甄别功能弱化。其他几项指标局限性同上，不再赘述。

（四）主要结论

（1）在多数情况下，我国商业银行的市场约束虽然比较弱，但还是显著存在的，特别是资产流动性比例变量指标，风险甄别功能较强，这与张正平、何广文（2005）的研究结论不太一致，主要原因可能在于本章在样本选取、风险变量选取上均有较大差异。本章的样本银行数量更多、数据更新、数据可比性更强、样本容量更大，方程的拟合程度更高，变量系数显著性更高，因此结论更符合当前情况。

（2）理论观念认为我国大型银行由国家注资、通过股份制改革上市，受国家隐性担保影响，其市场约束要比中小型银行差，实证结果也验证了这一理论分析，特别是两类银行在资本充足率变量指标所体现的差异性。

（3）在风险变量中，资产流动性比例变量的估计结果最为理想，说明存款人较为关心银行的流动性风险，这与银行的高负债特性、流动性风险变化快等因素有关，也可能与该指标较容易获取和观测有关。资本充足率变量在情形 1 和情形 3 下都在 1% 的水平上显著，但在情形 2 中符号与预期相反，表明该指标可用来显著区分大型银行和中小型银行市场约束力的差异，这与何问陶、邓可斌（2004）的实证结果也存在差异。

第三节　次级债的市场约束"监控"机制

本节在对次级债定义和性质、次级债市场约束机制及其优势、条件、局限性、影响因素进行阐述的基础上，重点实证分析次级债的市场约束"监控"机制。

一、次级债的定义及其性质

自巴塞尔委员会允许银行发行次级债用来补充资本以来,这一提高资本充足率的方式就引发了各国对于次级债的逐步重视。《巴塞尔新资本协议》将银行资本分为核心资本和附属资本两类,次级长期债务就作为附属资本,与资产重估储备、非公开储备、普通准备金和普通呆账准备金、混合资本工具等具有相似的资本属性和功能,当然对长期次级债的比重作出了限制,不得超过核心资本的50%,后来巴塞尔委员会又增加了三级资本的概念,由全额支付、无担保的短期次级债务组成。巴塞尔委员会的相关规定加快推进了各国对次级债的重视和研究,也推动了次级债市场的逐步形成。

次级债一般根据债务的清偿顺序来定义,是一种偿还次序低于一般公司债务、优于公司股本权益的特殊债务形式。各国对银行次级债的规定比较具体,如次级债不能被担保,期限为五年以上;除非发债行破产,次级债不能提前兑付;破产清偿时,其偿付次序列在其他债权人之后等。根据原中国银监会的规定,我国次级债期限为五年以上,不得用于银行经营损失,倒闭清算时,其索偿权列在存款和其他负债之后,可计入附属资本,但不得担保,且不得超过核心资本的50%。

从理论上分析,银行的次级债的市场约束作用优势独特:一是与股权资本相比,次级债名义利率固定,不因银行高风险活动而有高回报,无保险、无担保,且偿付次序靠后,其持有人可能因银行高风险活动而遭受损失,因此,次级债持有人比股东和其他债权人,对风险更敏感,更有强烈的动机去监控和约束银行。二是与存款人相比,次级债市场约束机制更清晰,即使存款未纳入存款保险的范围,由于专业能力限制、信息不对称和偿付次序靠前等因素,存款人可能选择"搭便车"而较少关注银行风险。并且一旦发生挤兑事件,存款人的这种市场约束就会产生极强的破坏力。相比之下,次级债约束更温和、更明确。

此外,次级债还能改善资本结构,不会影响流通股股东的利益和股东的股权份额，使银行财务杠杆空间增大，股东也乐于接受。次级债发行条件和程序受限制较少，比配股、增发、发行可转债券等更便利、低廉。次级债市场价格信号可以为监管者提供很好的参考信息，用于判断银行的违约风险。

二、次级债的市场约束机制

次级债作为风险敏感性工具，其持有人具有评价发债行风险的强烈动机，通过收集、分析发债行的各类信息后，通过买卖次级债体现对发债行的风险判断，从而对发债行的经营管理产生监控和约束的作用，这就是次级债的市场约束机制。夸斯特等（Kwast et al.，1999）提出次级债直接和间接市场约束的概念，但对其含义未加以明确。有的学者将直接约束视为次级债持有人施加的约束，通过监管者等其他渠道施加的影响力为间接约束（Bliss，2004）。有的学者持类似的观点，认为直接约束起到审慎监管的替代作用（Rochet，2004）。对于直接与间接约束的概念，各学者表述有所不同，夸斯特以监督和影响是否同一主体施加作为划分标准。本章不对学者们的具体争论和分歧进行评论，任何划分方式都有其可取之处，关键是厘清次级债市场约束的主要矛盾，以及市场约束机制发挥作用的主要渠道。本章认为，在一级市场和二级市场都有次级债持有人和监管机构施加约束力的渠道和机制，不必将参与主体作为直接和间接约束的划分标准。鉴于一级市场上次级债投资者对其发行定价上产生作用，可称之为直接约束；而二级市场上，次级债的价格具有非常复杂的形成机制，价格波动并非完全由次级债持有人来决定，可称之为间接约束。这两个市场都具有相当的市场影响力。

（一）一级市场约束机制

次级债投资者对不同风险发债行提出不同的发行收益率的要求，银行风险预测和融资成本预期联系起来，对次级债的结构设计和发行定价形成了直接压力，这就是次级债一级市场约束。具体而言，若银行经营管理不当，风险等级较高，发债融资时，就会面临投资者要求较高的收益率；若风险状况很差，则面临无法发债的情况，为此，银行有动力控制风险资产的比重，以降低发债融资成本。现实中，次级债券的定价与银行实力和信用评价有关，但具有非常复杂的定价机制，可能对银行的评价更全面、深入。一些信用评级等次差别不大的银行，发行次级债的利率却可能差别很大；同时，次级债定价也可能更关注市场声誉，信誉良好的大银行的次级债利率往往与正常债务相当接近。次级债的定价能够比信用评级更加灵敏地反映银行的风险状况。银行信用评级下调固然会导致银行次级债评级下调；但有时即使银行的信用评级不变，当次级债投资者判断银行风险上升较快时，仍会导致发债行不得不为发债支付更高的利息。次级债券发行的这种风险补偿机制，能够推动银行限制高风险交易的行为，争取良好的市场声誉，以降低融资成本。次级债的发行价格也给了监管者观测发债行风险的机会，以便其适时调整监管策略，这一压力也始终让银行警惕避免从事高风险的活动，一级市场约束机制就这样形成了。

为了便于观测次级债发行价格所反映的银行风险状况，一级市场约束机制要求银行筹资中次级债的占比足够大，具有较高的发行频率以使发债价格能持续地反映银行不断变化的风险。

（二）二级市场约束机制

次级债二级市场的特征是投资者可随时买卖次级债，投资者可依据次级债二级市场价格的波动情况，评估发债行某阶段风险水平，并采取与价格信号相联动的买卖行为，从而对发债行经营管理形成压力，这就是次级债二级市场约束。现实中，投资者可观察比较银行次级债价格与国债或其他基准债券利息的差距，预测银行的风险状况和盈利能力。二级市场上银行次级债收益率上升，意味着发债行风险上升，说明次级债的投资者要求更高的收益回报以抵补高风险；若次级债持有人判断银行风险超过其可接受程度，就会大肆抛售所持债券，导致银行声誉受损，融资成本骤升。监管者可以从二级市场上次级债价格的连续波动判断银行的风险状况，适时确定监管方式、强度和频率，二级市场约束机制就这样形成了。

为了能在二级市场上持续观测和对比各银行次级债收益率的波动情况，二级市场约束机制需要各银行次级债高度标准化，以增强各种次级债收益率的可比性。

（三） 对股东的市场约束机制

正如前文所述，银行的次级债投资者对银行股东的冒险动机形成了较强的约束力。银行的股东具有冒更大风险以获取高收益的倾向，次级债持有人无法因承担高风险投资而获得高回报，且受偿权仅排在股东之前，可能遭受巨大的损失，因此，次级债的投资者有动力监督股东，避免其制定高风险经营战略。此外，当银行情况恶化而倒闭时，银行的股东因不愿巨额损失成为现实，可能会拖延破产，并以冒险方式来挽回损失，但有可能导致风险和亏损更大。此时，次级债投资者则会要求尽快关闭问题银行，防止损失扩大，这有利于及时处置有问题的银行。

（四） 对银行经营管理的市场约束机制

次级债一般在五年以上，期限较长对于形成持续的市场约束更为有力。次级债市场约束能对银行经营管理形成广泛的影响。首先，次级债能对银行经营行为产生持续、持久、稳定的约束力量。次级债投资者难以在较短的时间内从风险较大的银行撤回其投资。即使银行可能破产，投资者也需要从长远角度判断银行化解风险、获得转机的可能性。在此过程中，次级债投资者对银行风险信息的需求量很大，以有利于判断和决策，这会对银行的信息披露等经营行为产生压力。如果信息难以获得或银行披露行为不规范，投资者就将要求更高的收益回报，或者选择放弃投资。面对这一潜在压力，发债行只有加大信息披露力度，更加审慎地经营，才能让市场参与者充分了解其经营管理状况，降低发债成本。其次，次级债对于陷入困境的银行也能产生持续的约束力量。当银行遇到困境时，其次级债券价格波动和交易量均会加大，流动性提高，由于次级债没有到期，最终总会有投资者持有该债券。作为利益相关者，这些投资者必然会要求银行尽快制定化解风险的经营方案，采取各种措施改善资产质量，以降低投资者的可能损失。综上所述,次级债持有者作为重要的利益相关者,有足够的动力对银行信息披露等经营行为施加市场约束压力。

(五) 通过监管行为形成的市场约束机制

次级债价格波动信号给银行监管者提供了连续观测分析银行风险状况的渠道,监管者可对比不同银行次级债的价格,或者对比某家银行次级债分别在一二级市场的表现,了解市场对银行风险的判断,提供监管决策的参考,在必要时可及时采取监管行动。监管者往往也是次级债市场的管理者,监管者对市场制度的建设和产品创新,推动次级债流动性、可交易转让性、发行频率的提高等行为,都有助于次级债市场的发展和次级债约束机制作用的发挥,这都是政府所具有的独特的不可替代的监管功能。总之,次级债的发行和流通给监管者提供了用以观测银行风险状况的市场信号的机会,通过监管压力和市场建设对银行机构形成了间接的市场约束。

三、次级债市场约束的优势

(一) 次级债约束能防止监管偏差,提高监管效率

次级债约束机制对银行监管的促进作用是多方面的:一是降低监管成本。次级债市场约束作用的发挥,可以缓解和分担监管压力,还可以为监管提供相当丰富的观测银行风险变化的市场信号——次级债波动价格,为监管提供参考,这两方面都降低了监管的成本。二是弥补创新监管的滞后性。当前,银行业的创新发展随着综合化经营、全球化趋势而日益加快,创新监管的重要性和复杂性越来越必要,监管对于控制创新中的风险有益,但监管不当可能遏制银行创新活力,监管的决策和执行的程序化则可能导致创新监管缺乏效率。次级债约束能对银行风险时刻予以关注,能促使银行在创新中的风险始终处在较低水平,从而提高创新监管效率。三是防止监管误入歧途,出现偏差。监管机构出于多方面目标的权衡,在处理问题银行时可能会有些迟缓,面临兼顾社会稳定、政府利益集团压力、银

行体系稳定等多重目标选择，由此产生监管行为的犹豫迟缓，可能会造成问题银行风险扩大。次级债投资者在利益考虑上比较单纯，为避免发债行破产，具有强烈愿望促使监管者尽早采取措施处置风险银行，这有利于缓解对银行体系的冲击。

（二）相比存款人等，次级债约束方向与监管目标更吻合

相比于其他市场参与者和银行利益相关者，次级债的市场约束作用与银行监管的目标更为接近，次级债的收益固定，契约条款一经确定就决定其投资者不因银行冒险而共同享受高额回报，次级债具有风险厌恶偏好，能持续对银行的风险状况实施监控和判断，避免其随时调整经营策略，承担过大的风险。而其他利益相关者，如存款人、一般债券投资者等对风险的偏好是复杂的，对银行的市场约束的持续性、目标性均不像次级债能对银行的稳健经营起促进效果，在督促银行审慎经营上，次级债的约束方向与监管目标是一致的。

（三）次级债的约束力更温和、稳定、持久

次级债市场价格波动对风险非常敏感，发债行风险的任何变化都会对其价格产生连续的变化，投资者对银行风险状况判断的任何变化都能在次级债的价格调整中反映出来，这就给其他投资者以时间作出自己的分析判断，也使银行能根据市场信号及时作出经营调整，避免市场投资者由于盲目跟风"搭便车"而形成的市场冲击和对银行风险管理的被动性。而存款人的市场约束一旦以挤兑方式实现，大量存款人在短期内的提款行为将对银行产生极大的冲击，破坏银行流动性安排和资产结构管理，形成市场过度恐慌反应，甚至导致部分原本风险较高的银行倒闭。次级债约束力的温和还表现在其受偿权次序在存款人等之后，使之有时间来客观判断银行风险，避免非理性或过激反应，次级债的这一缓冲功能能确保市场约束的稳定性。

（四）次级债约束能回避监管制度设计的复杂性

在银行监管中，任何制度设计都需考虑兼顾多重目标，受到诸多条

件的制约，其有效性往往存在不尽如人意之处。如监管机构为增强市场约束效果而推出部分存款保险制度，但如何控制保险存款比重、确定差额保费等制度设计面临很大困难。次级债市场约束未涉及这些复杂的制度设计，可在一定程度上避免监管制度的设计困局，弥补存款保险制度的缺陷。

（五）次级债的价格信号更细腻，能更有效兼顾短期判断和远期预测

根据次级债价格在一级市场和二级市场对风险的敏锐表现，以及其五年以上期限结构所形成的中远期风险考量，市场参与者可以对银行风险作出短期和中长期的判断，较好地实现对银行未来盈利发展前景和危机可能性的预测。实践证明，在发达的次级债市场，次级债的价格往往能比银行的存贷款增长率、利润状况等指标更好地预测银行的未来发展。

四、次级债市场约束作用有效发挥的条件

次级债约束作用是否能够有效发挥取决于次级债市场的成熟程度、有效的信息披露制度、投资者的专业能力和风险意识，以及银行对市场信号的反应程度等方面。其中成熟的次级债市场包括了次级债产品结构丰富、次级债交易活跃流动性好、市场信息披露水平高等特点。

（一）次级债市场的成熟程度

次级债市场约束的有效性首先取决于次级债券市场的效率和成熟度。一是市场上有足够多各种期限、种类和数量的次级债券发行与流通，只有不同期限结构和大量的次级债发行和流通，才可能在市场上形成稳定、持续观测的价格信号，这一价格信号才可能符合发债行的真实风险状况。若银行发债规模小，其市场价格就不足以反映其客观的风险状况。二是次级债市场作为金融市场的组成部分，不应存在市场壁垒，市场之间资金可自由任意流动，这是形成资金价格的基础条件。只有统一、开放的次级债市场，不存在人为干预因素，利率、价格等才能对资金供求和风险状况作出

合理反应。三是市场的制度健全，具有相当的约束力。次级债市场运行效率还取决于市场的管理制度是否完善，是否对参与市场各方行为产生应有的威慑力，避免内幕交易、操纵市场等行为。

（二）有效的信息披露制度

信息披露对于市场约束的重要性已在前文中大量论述，对于次级债市场而言同样如此。次级债市场价格的形成来自于投资者掌握足够多的信息后作出的投资决策，信息不充分、不真实、不完整等都可能造成投资者的错误判断，形成投资亏损，影响市场信心，最终造成市场规模萎缩。换言之，次级债价格信号的价值是建立在高质量的信息披露基础之上的，否则失真的价格不具有判断风险的参考价值。因此，让所有次级债投资者拥有同等机会获得低成本的足够信息，是次级债市场约束的基础，也是评判信息披露制度有效性的主要标准。为此，需要建立强制信息披露制度，要求所有发债行及时、准确、完整、全面地披露信息，防止其隐瞒和扭曲信息，进而高风险经营的道德风险。

（三）投资者的专业能力和风险意识

次级债投资者对银行风险的持续关注和判断是次级债市场约束的重要环节。次级债投资者的专业分析能力和风险管理能力是其作出科学判断的重要基础，在一些发达的次级债市场，机构投资者众多，其专业分析判断能力一般较强，因此市场约束效果较好。当然，次级债投资者队伍的专业判断和风险意识还与一国监管制度紧密相关。存款保险制度降低了投资者对于银行风险的警惕性和关注度，投资者即使具有专业分析能力，也会因为监督积极性的丧失而导致市场约束无效。只有保留投资者在银行违约时遭受损失的预期，投资者达到相当的规模时，次级债的数量约束机制和价格约束机制才能发挥作用。

（四）银行对市场信号的反应程度

银行能否对投资者行为和市场的价格信号作出反应，是市场约束起作用的重要条件。若一家银行面对融资成本的上升和投资者退出，面对市场信号对其风险过大的判断时，依然无动于衷，则市场约束未达到降低银行风险的预期目的，该银行可能因高风险而以惩罚式的方式退出市场，与市场约束机制的初衷偏离。银行的适度、及时反应则要求银行具有良好的公司治理结构，这就是第三章强调公司治理的原因，也是第五章考量银行对市场反应程度的理由。

五、次级债市场约束的局限性

现实中，次级债市场约束作用的发挥除依赖于上述条件因素外，还存在一些局限性，主要表现如下：

（一）监管制度的设计和金融救助很容易削弱次级债约束效果

现实中，各国监管制度各不相同，但官方监管基本上还是占据主要位置，监管制度的设计要完全与一国政治、经济、法律相匹配并不容易，监管制度要兼顾各方利益集团，并非针对市场约束机制而设计。因此，两者的冲突难免对市场约束产生负面影响。比如，当银行面临财务困境、濒临倒闭时，监管机构出于对银行体系稳定性的考虑，可能对其给予流动性支持和多种救助手段，但这会影响次级债持有人因银行亏损而遭受损失的预期，次级债约束效果可能因此丧失。银行的高负债性导致了银行体系的脆弱性和风险的易传导性，因此政府救助发生的概率还是比较大，但这一突发救助行为可能导致构建不易的市场约束运行机制由此受到冲击，由于金融救助的界限和条件一直较为模糊，这种模糊的预期和政府隐性担保的预期，都妨碍了次级债市场约束作用的发挥。有研究表明，若次级债的违约风险很小，次级债持有人的风险溢价要求下降，那么债券价格可能无法反映银行真实风险，价格信号作用因此受到限制。

（二）次级债约束易形成对监管的干扰，政府未必以此作为重要约束方式

次级债市场约束持续作用可能对监管形成干扰，对监管权威性提出了

挑战。一是监管机构在对风险银行处置上可能受制于次级债持有人压力，快速处置风险，在不恰当的时候选择不恰当的处置方式；二是次级债价格的大幅波动会引起社会舆论压力，在一定程度上削弱监管的可信度和权威性；三是市场信号并非总是准确反映银行真实风险状况，监管机构被迫随着市场反应而快速应对，在增大监管难度的同时，也很容易出现错误判断和监管偏差，监管权威性也会受到很大影响。基于上述因素，代表政府利益的监管者可能并不支持次级债市场约束机制的构建，妨碍其成为市场约束的重要渠道。

（三）价格信号的扰动因素较多，容易影响次级债约束的效果

在现实中，影响次级债价格的波动因素并非只有投资者对风险的判断，还可能来自于其他很多方面，如货币政策的调整、国内外复杂多变的经济形势、金融市场流动性状况的变化等因素，都会对次级债价格信号形成干扰，而这种次级债价格波动与发债行风险并无关联。但是，次级债投资者和监管者在信息不对称的情况下，可能据此作出错误判断，采取错误的行动，反而影响银行业的稳健发展。次级债约束对价格信号的依赖程度高，导致其难以被政府作为主要的市场约束手段，影响了次级债市场约束的实践。

（四）次级债约束过于依赖公司治理状况，实现条件较高

次级债市场约束作用的发挥对银行的公司治理状况要求较高，如果次级债的价格和数量约束机制不能促使银行改变经营行为，则市场约束机制无效。由于次级债约束比较柔性，不像存款人还可能通过转移存款或挤兑的方式来强制约束。次级债约束对银行的公司治理的状况过于依赖，造成其难以成为主要的市场约束方式。此外，在一些法律法规尚不健全的国家，市场价格常被银行等内部人暗中操纵，或信息有限披露形成误导，这些都会导致次级债市场约束无法发挥作用。

六、次级债市场约束的影响因素——次级债产品设计要素

就次级债产品设计本身而言，次级债的期限结构、种类、规模等因素

都会对其市场约束的效果产生相当重要的影响，因此，设计合理的次级债产品显得相当重要。

（一）次级债的期限结构宜长短结合，以短期债券频繁发行、长期债券滚动发行为主

次级债的期限结构是决定其流动性的重要因素，也决定了投资者观测银行风险的宽容程度和紧密程度。有研究表明，短期次级债和长期次级债分别在一级市场和二级市场具有优势。短期次级债价格受风险因素影响较大，在二级市场上价格信号可能难以客观反映银行风险，相比之下长期次级债的市场表现要稳定得多。但是在一级市场上，短期次级债若较为频繁地发行，其发行价格有利于向市场传递银行风险信息，使银行高风险策略受到市场约束。在二级市场上，长期次级债的优势在于其会形成更持续、有效的约束，其投资者会抱着与银行共命运的态度，从促进银行长远发展角度来审视银行的风险状况，不会过于在意眼前的风险波动情况。此外，要求银行为长期风险支付更高利率的压力，可以促进银行避免单纯追求短期利益，而从长远布局谋篇。有研究发现，相比于长期次级债，短期次级债更容易受到风险以外其他因素的影响，表现不够稳定；但短期次级债价格对银行风险更敏感（Fan et al., 2003）。因此，次级债期限结构的设计应该是短期和长期次级债合理匹配，确保一二级市场有效的前提下，频繁发行短期次级债，滚动发行长期次级债，同时发挥短期和长期次级债的优势。

（二）次级债的发行规模与市场约束效果正相关

银行次级债发行的总量越大，市场的流动性一般越好，价格信息的噪声越少；吸引更多的专业投资者，对银行风险评估将更准确，市场约束的效果越好。此外，银行对次级债融资依赖程度越高，其融资成本与风险状况相关度越高，银行反应更敏感和迅速，市场约束的效果越好。

（三）保持次级债的一定存量或可卖出选择权有利于增强市场约束效果

有学者提出了次级债可卖出选择的方案：银行需保有一定量未到期且

期限超过 90 天的次级债，当投资者提出卖出债券 90 天以内，银行必须兑
付债券；银行次级债数量不能小于最低标准，否则再次发行将受限（Wall，
2000）。这一建议具有一定的参考价值：一是次级债在市场上保有一定存
量，意味着有投资者在持续关注银行风险，有利于形成对银行持久的约束
力；二是银行倒闭时，在一定期限内投资者有较强发言权来增强市场约
束；三是对监管者形成压力以尽快处置问题银行。同时，该方案也有负面
影响：当银行出现挤兑时，可卖出条款相当于加快了次级债的到期，导致
银行压力骤增；况且，大范围卖出债券要求可能源自次级债收益率变化，
而非银行风险骤增，因此建议次级债采用浮动利率。

（四）发行成本是关键因素之一，次级债适宜于大型银行发行

次级债发行与其他融资方式一样是有成本的，银行是否选择次级债融
资取决于与其他融资方式相比，成本孰低。有经验表明，在一些发展中国
家，政局不稳，金融波动特征明显，银行体系脆弱，市场流动性差，次级
债面临较高的违约风险，推高了次级债发行成本，导致发债规模受到严重
限制，市场约束力不强。即使在金融市场发展较好的西方发达国家，次级
债的发行成本也是制约其规模的重要因素。大银行对银行体系冲击大、银
行风险复杂程度高，从规模经济降低成本考虑，大银行适合发行次级债来
加强市场约束，而小银行相对而言不经济（Evanof & Wall，2000）。由此
可见，综合各种收益和成本因素，在金融市场条件较好的情况下，依托大
型银行发行次级债建立市场约束机制较为可行。

七、次级债的约束模型

本书在莱兰和拓德（Leland & Tort，1996）的公司财务模型以及米尔
恩和沃尔利（Milne & Whalley，2001）的银行模型基础上建立一个动态模
型，假定存在两类银行，$\rho = L$，H，即能对其资产进行有效监督的银行 H
和难以有效监督的银行 L。单位监督成本是固定的，设为 rc。其中，c 是各
时期对银行资产监督成本的净现值；银行的资产价值为 V_k，被保险存款的

现值（present value，PV）为 D_k；银行股权价值为 E_k；次级债的市场价值为 S_k。银行资产产生的现金流为 x，贴现利率 $r > \mu_H$。μ_H 表示 H 类银行贴现利率的算术平均值，μ_L 同理。

对银行 H，有 $\dfrac{\mathrm{d}x}{x} = \mu_H \mathrm{d}t + \sigma_H \mathrm{d}W$。对银行 L，有 $\dfrac{\mathrm{d}x}{x} = \mu_L \mathrm{d}t + \sigma_L \mathrm{d}W$。其中

$\mu_L = \mu_H - \Delta\mu \leqslant \mu_H$，且 $\sigma_L^2 = \sigma_H + \Delta\sigma^2 \geqslant \sigma_H^2$，假设 $\sigma_H^2 < \dfrac{\mu_H \mu_L}{2}$，可以看出，当 $\Delta\sigma^2 = 0$ 时，银行完全努力监督其资产，当 $\Delta\sigma^2 > 0$ 时，银行 H 向 L 转变。

若银行被关闭，设银行资产出清价值为 τx，τ 是外生的，且 $\dfrac{1}{r-\mu_L} < \tau < \dfrac{1}{r-\mu_H}$，$\tau > \dfrac{1}{r-\mu_L}$ 表示对于银行 L，关闭比让其继续经营更为有利，$E\left[\int_0^{+\infty} e^{-rt} x_t \mathrm{d}t \mid L\right] = \dfrac{\beta x_0}{r-\mu_H} < \tau x_0$，$\tau < \dfrac{1}{r-\mu_H}$ 意味着外部人仅能得到银行资产形成未来现金流的部分 $\tau(r-\mu_H) < 1$，由于监督成本 rc 是固定的，当 x_0 很小时，银行 L 的出清①总是最优的。对于银行 H，其净现值是 $E\left[\int_0^{+\infty} e^{-rt}(x_t - rc) x_t \mathrm{d}t \mid H\right] = \dfrac{\beta x_0}{r-\mu_H} - c$，因此在 x_0 不是很小的任一时间，银行不会被关闭。

银行 H 和银行 L 所产生的经济盈余，对于银行 H 有 $\dfrac{x_0}{r-\mu_H} - \dfrac{c}{r} > \tau x_0 \Leftrightarrow x > \dfrac{c}{\gamma_H - \tau}$，其中 $\gamma_H = 1/r - \mu_H > \tau$，同样可以类推银行 L 的 $\gamma_L = 1/r - \mu_L < \tau$，当 x 大于关闭临界点 $\dfrac{c}{\gamma_H - \tau}$ 时，银行 H 产生正的经济盈余，而银行 L 为负的经济盈余。

考虑银行发行一定数量的次级债务 q，其更新的频率为 n。这里，q 和 n 是监管者的政策变量。为便于分析比较，假设外部融资总量是固定的，则被保险的存款总量为 $d = 1 - q$，假设次级债无限延期，但必须进行更新，

---

① 出清即 market clearing，指银行破产倒闭被迫关闭后，进入完全清偿后的状态。

即次级债务以面值偿还以后，还必须以 $S_H(x)$ 的价格再融资，设更新频率 n 服从泊松分布，则次级债务的平均到期日为 $\int_0^{+\infty} td[e^{-nt}] = \dfrac{1}{n}$。

若监管当局设定的关闭临界点为 x_R，则

$$V_H(x) = V_H x - c + \left[c - (V_H - \tau) x_R \right] \left(\frac{X}{X_R} \right)^{1-a_H}, \qquad (4-10)$$

$$DH(x) = 1 - (1 - \tau x_R) \left(\frac{X}{X_R} \right)^{-a_H}。 \qquad (4-11)$$

因假设次级债务必须更新，故 SH 可由下式求出：

$$rS_H(x) = qr + n(q - S_H(x)) + \mu_H x S_H(x) + 1/2 \sigma_H^2 x S_H(x) \qquad (4-12)$$

$$S_H(x_R) = 0 \qquad (4-13)$$

联立可得，$SH(x) = q \left[1 - \left(\frac{X}{X_R} \right)^{1-a_{H}(n)} \right]$ \qquad (4-14)

其中 $a_H(n) = \dfrac{1}{2} + \dfrac{\mu_H}{\sigma_H^2} + \left[\left(\dfrac{\mu_H}{\sigma_H^2} - \dfrac{1}{2} \right)^2 + \dfrac{2(r+n)}{\sigma_H^2} \right]^{1/2}$

可以看出直接市场约束的效果：当 n 增加时，$1 - a_H(n)$ 下降，因此，S_H 的价值随 n 增加，股权价值为：

$$E_H(x) = V_H(x) - D_H(x) - S_H(x) = \gamma_H x - L - 1$$
$$+ (c + d - \gamma_H x_R) \left(\frac{X}{X_R} \right)^{1-a_H} + S \left(\frac{X}{X_R} \right)^{1-a_{H}(n)} \qquad (4-15)$$

$$E_L(x) = \gamma_L x - 1 + (d - \gamma_L x_L) \left(\frac{X}{X_L} \right)^{1-a_L} + S \left(\frac{X}{X_L} \right)^{1-a_{L}(n)} \qquad (4-16)$$

其中，$a_L = \dfrac{1}{2} + \dfrac{\mu_L}{\sigma_L^2} + \left[\left(\dfrac{\mu_L}{\sigma_L^2} - \dfrac{1}{2} \right)^2 + \dfrac{2(r+n)}{\sigma_L^2} \right]^{1/2} \dfrac{\mu_L}{\sigma_L^2}$

因此，消除银行由 H 变为 L 的必要条件是 $x[E_H(x_R) - E_L(x_R)] \geqslant 0$，又：

$$x_R E_H(x_R) = a_H \gamma_H x_R - (a_H - 1)(d + c) - q[a_H(n) - 1]$$

$$x_R E_L(x_R) = a_L \gamma_L x_R - (a_L - 1)d - q[a_L(n) - 1]$$

故 $\Delta x[E_H(x_R) - E_L(x_R)] = (a_H \gamma_H - a_L \gamma_L) x_R - (a_H - a_L)d + (a_H - 1)d + (a_H - 1)c + q[a_H(n) - a_L(n)]$

可得以下结论：

在有次级债约束的情况下，防止银行由 H 变为 L 的最低资本要求为：

$$x_R(n) = \frac{(a_L - 1)c + (a_H - a_L)d + q[a_H(n) - a_L(n)]}{a_H(1 + \gamma_H) - a_L(1 + \gamma_L)}, \text{ 等同于：}$$

$$x_R(n) = \frac{X_R(0) + q[a_H(n) - a_L(n)] - (a_H - a_L)}{a_H \gamma_H - a_L \gamma_L} \qquad (4-17)$$

（1）当 $\Delta\sigma^2 > 0$ 时，$x_R(n)$ 是 n 的一个 U 形函数，存在一个最小的 n^*；

（2）当 $\Delta\sigma^2 = 0$ 时（即对资产完全努力监督时），$n^* = +\infty$，意味着 $x_R(n)$ 对于所有的 n 都是递减的；

（3）当 n 和 $\Delta\sigma^2$ 较小时，市场约束可以降低银行关闭的资本需求。

八、我国银行次级债市场约束情况实证分析

（一）基本原理和 Imai 模型

次级债市场约束实证分析的基本原理是基于次级债的收益率与发债银行的整体风险是直接关联的。对不同风险等级的银行，次级债投资者对其所发行次级债的预期收益率要求不同，对风险比较高的发债银行要求较高的风险溢价水平，这会加重银行的发债成本，促使发债行采取行动降低风险资产的占比或取消高风险业务，从而形成市场约束作用。鉴于我国银行次级债交易市场还不成熟，次级债的期限结构、种类、数量还比较有限，且转让交易活跃度不足，难以在二级市场上形成稳定的、可持续观测的价格信号；况且，二级市场上次级债价格波动的扰动因素很多，价格波动的原因可能并非来自银行风险状况的变化，而是来自金融市场政策环境、经济形势等变化，或者来自投资者在信息不对称下作出对风险状况的错误判断，因此，本章只对银行次级债一级发行市场约束状况进行实证分析。

根据今井麻美（Masami Imai，2001）的研究方法，通过检验次级债券的利差与银行风险变量的关系来考察银行的市场约束情况，其建立的基本模型为：

$$R_{it} = f(Moody_{it}, \ NPL_{it}, \ Loan_{it}, \ Liquidity_{it}, \ ROA_{it}, \ Capital_{it}, \ Size_{it},$$
$$Maturity_{it}, \ Currency_{it}) + \varepsilon_{it} \qquad (4-18)$$

模型中，各变量的含义分别为：R_{it} 是次级债券收益率与伦敦同业拆借市场的利率 $LIBOR$ 之间的利差，$Moody_{it}$ 为穆迪评级结果，NPL_{it} 为不良贷款占贷款总额比例，$Loan_{it}$ 为贷款总额占资产总额比例，$Liquidity_{it}$ 为现金在短期负债中的占比，ROA_{it} 为资产收益率，$Capital_{it}$ 为资本充足率，$Size_{it}$ 为银行总资产的自然对数，$Maturity_{it}$ 为债券的期限，$Currency_{it}$ 为债券的发行规模。

今井麻美通过不良率、贷款比重、现金比重、资产收益率、资本充足率等变量指标来反映银行的资产质量、流动性、收益状况和资本充足性，从而综合衡量银行的整体风险水平。根据今井麻美的预期，若市场约束存在，由于不良率和贷款占总资产比例与银行风险状况呈正相关，因此其估计系数的符号为正；而流动比率、资产收益率和资本充足率与银行风险状况呈负相关，因此其估计系数的符号为负。一般而言，银行规模越大则抗风险能力越强，且能享受政府隐性担保，因此代表银行规模的总资产变量的估计系数符号预期为负。穆迪评级反映了社会力量对银行风险的综合评价，引入用以增强对银行风险信息反映的综合性，而债券期限和债券规模被作为控制变量加入模型中。

（二）模型设计

本节基于今井麻美的研究方法，建立以下多元回归模型来考察我国银行次级债市场约束力情况，即次级债收益利差与发债行风险之间是否存在相关性：

$$Y_{i,t} = \alpha_{i,t} + \beta X_{i,t-1} + \gamma Z_{i,t-1} + \varepsilon_{i,t} \quad \varepsilon_{i,t} \sim N(0, \sigma^2) \quad (4-19)$$

式中，$Y_{i,t}$ 为被解释变量，代表银行次级债的收益率差 SPREAD，其计算以同期发行的且具有相同偿还期限的国债收益率为基准收益率。X、Z 为解释变量向量，$X_{i,t-1}$ 表示滞后一期的风险变量，$Z_{i,t-1}$ 表示银行次级债的特征变量，i 代表不同银行，t 代表不同时期，$\varepsilon_{i,t}$ 为残差项。

根据一般理论，市场约束机制导致高风险的银行在发行次级债时须以更高的风险溢价来抵补。本节采取滞后一期的风险变量，选取了不良贷款率 $BDL_{i,t-1}$、贷款率（贷款余额占总资产比率）$LOAN_{i,t-1}$、流动性比率（现金与存放央行款项之和占总资产比率）$ZLR_{i,t-1}$、资本充足率 $ZCL_{i,t-1}$、

资产收益率 $ROA_{i,t-1}$、总资产对数 $SIZE_{i,t-1}$ 反映的银行规模变量等指标，来衡量上期的信贷风险、流动性风险、信用风险等存量风险，对应的系数分别为 $\beta_1 \sim \beta_6$。同时，选取了银行次级债期限和发行规模等次级债特征变量指标，对应的系数分别为 $\gamma_1 \sim \gamma_2$。根据今井麻美的理论分析，若市场约束发挥作用，β_1、β_2 的符号应当为正，β_3、β_4、β_5、β_6 的系数符号应当为负。

需要说明的是，我们对今井麻美模型中所采用变量作了适当的取舍：一是用与次级债同期发行且具有相同偿还期限的国债利率，代替 LIBOR 作为市场基准利率。二是用次级债发行上一年度的财务风险指标来反映银行的整体经营管理状况。三是鉴于国内各银行所聘请的信用评级机构各不相同，评级中介的资质存在差异，信用评级的可比性不够强，因此未采用评级结果作为解释变量。况且，一般我国评级机构所依据的评级标准主要就是模型所涉及的银行财务等指标，将评级结果引入模型容易引起多重共线性问题。四是鉴于一般次级债附加的赎回权发生在距离初始期限（10 年或 15 年）还有 5 年时间的最后一次利息支付日，且都以面值赎回，加之赎回收益率的计算比较复杂，我们假定具有赎回权的次级债都在到期前 5 年被以面值赎回。换言之，实际期限的计算为发行时期限减掉后面可赎回的 5 年时间，对应的国债期限也以此为准。五是一般相关模型引入虚拟变量，当发债银行是国有银行时取 1，否则为 0，但通过回归分析并不显著，可能是因为我国银行业是特许行业，中小型银行因"搭便车"同样享有国家隐性担保。同时，为避免各银行信用评级差异太大对利差 SPREAD 解释性不足、实证分析可信度不高等影响，本节尽量采用了传统意义上的国有商业银行和全国性股份制商业银行。即除上海银行外，渤海银行、南京银行、浙商银行虽然也发行了次级债，但未纳入样本统计。最终选择的变量名称、符号和定义如表 4-6 所示。

表 4-6　　　　　　　　　　变量名称、符号及定义

变量名称	符号	定义
收益率差	$SPREAD_{i,t}$	次级债票面利率 - 同期发行的且具有相同偿还期限的国债利率
不良贷款率	$BDL_{i,t-1}$	不良贷款余额/各项贷款总额

续表

变量名称	符号	定义
贷款率	$LOAN_{i,t-1}$	贷款余额/总资产
流动性比例	$ZLR_{i,t-1}$	(现金＋存放央行款项)/总资产
资本充足率	$ZCL_{i,t-1}$	资本/风险加权资产余额
资产收益率	$ROA_{i,t-1}$	净利润/总资产
总资产对数	$SIZE_{i,t-1}$	总资产的对数值
次级债期限	$TERM_{i,t-1}$	该次级债票面利率对应的偿还期限
次级债规模	$SCALE_{i,t-1}$	该次级债的发行规模

(三) 数据分析和检验结果

选取样本银行14家，其中：大型银行5家（中国工商银行、中国建设银行、中国农业银行、中国银行、交通银行）、中小型银行9家（浦东发展银行、中国民生银行、光大银行、招商银行、华夏银行、兴业银行、中信银行、广东发展银行和上海银行）。数据来源于公开披露的2017～2020年的银行年报数据和万得资讯。鉴于浮动利率次级债券要根据市场基准利率加利差点来浮动确定，若仅对比其发行价格与同期国债的利差并不准确，因此对于我国银行次级债的浮动利率和固定利率两种形式，本节仅对固定利率次级债券进行分析。

考虑到我国的次级债券发行历史，用时间序列纵向比较并不合适，本节以收集到的次级债券样本作为截面数据，采用 stata 10 软件进行回归参数估计，如表4－7所示。

表4－7　　　　　　　　　　样本银行的估计结果

$SPREAD$	系数	标准差	t 统计量	$P > \lvert t \rvert$	95% 置信区间	
BDL	−0.1456	0.1000	−1.45	0.148	−0.3472	0.0545
LOAN	−0.0102	2.2142	−0.00	0.985	−4.4737	4.4532
ZLR	−1.0467	4.7373	−0.22	0.825	−10.5964	8.5015

续表

SPREAD	系数	标准差	t 统计量	$P > \lvert t \rvert$	95% 置信区间	
ZCL	−0.0247	0.1052	−0.23	0.815	−0.2373	0.1884
ROA	−75.6321	54.5614	−1.37	0.174	−184.6061	35.3410
SIZE	−1.1183 ***	0.3854	−2.80	0.005	−1.8967	−0.3406
TREM	−0.0424	0.0435	−0.97	0.331	−0.1305	0.0441
SCALE	0.0027	0.0014	2.47	0.016	0.0005	0.0043
常数项	7.9031	2.1223	3.62	0.001	3.6255	12.1815
Number of obs = 55				R – squared = 0.5542		
$F(8, 44) = 6.75$				Adj R – squared = 0.4717		
Prob > F = 0.0000				Root MSE = 0.5816		

注：***、** 和 * 分别表示在 1%、5% 和 10% 的统计水平上显著。

　　估计结果显示，银行总资产对数代表的银行规模 SIZE 指标通过了 1%
水平上的显著性检验，且取得了与预期符号相同的估计系数，表明我国银
行的规模越大，对于其较低的成本发债越有利。次级债的发行规模指标通
过了 5% 水平上的显著性检验，与该次发行的次级债收益率差 SPREAD 呈
正相关，表明发债银行从金融市场融资的规模越大，市场对其发债成本的
约束越明显，这与理论分析观点也比较一致。此外，流动性比率、资本充
足率、资产收益率等指标取得了与预期符号相同的估计系数，但在统计上
不够显著。

　　由上述实证分析结果可见，银行的某些特征变量会对次级债券的利差
产生影响，如大型银行在发行次级债上处于更有利的位置，其同档次发债
利差将小于中小型银行。银行的资产规模可以显著地降低次级债的价格，
可能是市场对"大而不倒"的预期反应。表明我国政府对大型银行的国有
控股或参股，使其享有更多的政府隐性担保政策，导致投资者对银行风险
状况敏感性减弱，次级债的价格水平与发债银行间风险大小的相关性降
低，市场约束弱化。又如，次级债发行利差可能会随着流动性比率、资本
充足率、资产收益率的上升而下降，但这种影响并不显著。而不良贷款率

和贷款率却没有对次级债券的发行价格起到预期的影响。从整体上看，我国次级债券的市场约束作用仅在一定程度上存在，但其约束效应不够明显。这可能与次级债一级市场的成熟度有关，一些学者在对美国次级债市场约束的效应进行实证研究后发现，美国次级债发行早期时，次级债的市场约束效应并不存在，直到 1989 年后其次级债的市场约束效应才逐步显现。为此，本书将继续跟踪分析我国银行次级债市场的发展，根据市场发展成熟度，作出阶段性的实证分析，以探求我国次级债的市场约束效应。

需关注的是，我国银行次级债券的市场约束作用比较微弱，还可能与银行发债目的和交易对手等因素有关。我国商业银行发行次级债券的目的大多是提高资本充足率，而忽视了其在次级债风险管理上的效用，这导致在 2009 年原中国银监会颁布次级债新规之前，各银行互相持有次级债的情况比较严重，蕴含着巨大的道德风险和系统性风险，不利于次级债市场约束作用的发挥。

（四）主要结论

（1）我国次级债市场约束整体上比较微弱，除银行规模指标和发债规模指标外，诸项相关特征指标与发行次级债收益率差 *SPREAD* 无显著相关性。

（2）多数学者的研究表明，政府的显性或隐性担保对削弱次级债的市场约束功能影响较大，本节印证了这一观点。银行规模与 *SPREAD* 显著负相关，而不良贷款率和贷款率等与 *SPREAD* 无显著相关性，表明我国政府对大型银行的隐性担保政策降低了其发债成本，而不良贷款率和贷款率等风险指标没有起到应有的风险提示作用。

（3）次级债市场约束作用发挥的确需要基于诸多条件，国内外学者对其前后期实证研究也存在差异，本节分析结果不显著，可能与市场成熟度有关。我们将继续跟踪我国银行次级债市场的发展，持续作出市场约束力状况的实证分析。

九、相互持有次级债的问题

在一些国家，金融机构之间相互持有对方的次级债是被允许的，如日本允许银行与同一金融集团的保险公司之间互相持有次级债。原中国银监会2004年颁布的《商业银行次级债发行管理办法》中也允许商业银行相互持有次级债。当时这一政策主要是为了尽快解决我国商业银行资本严重不足的问题，以达到《巴塞尔新资本协议》的资本充足标准。但是，允许商业银行相互持有次级债容易形成其他风险问题。

（一）互持次级债导致市场约束功能丧失

次级债市场约束的基础来自投资者对银行风险的判断，使稳健经营的银行融资成本降低，以鼓励和约束银行风险管理。允许商业银行相互持有次级债，仅能满足最低资本充足率，银行本身作为投资者没有动力去监督对方。互持次级债意味着实际上仅少量资金划转，若彼此次级债发行期限、利率、金额等方面相同，甚至根本不需资金划拨，只需账面登记，双方根本不会关心彼此的风险情况，导致次级债约束功能消失，出现道德风险。

（二）互持次级债潜在系统性风险

我国次级债发债行规模较大，出现重大风险的概率低，且对于发债规模占比有所控制，但在理论上，在互持次级债的银行群体中，任何一家银行爆发支付风险，都将很容易对其他银行造成支付风险蔓延的连锁反应，形成多米诺骨牌效应，进而导致系统性风险。

（三）互持次级债强化了"大而不倒"和隐性担保意识，削弱了次级债市场约束的效果

前文已述，监管机构对问题银行的救助、政府隐性担保、"大而不倒"的信念等将削弱次级债市场约束的效果。其主要原因是，次级债投资者一旦相信政府会保护银行避免陷入困境，就不会再关心银行风险，市场约束机制由此失效。在银行互持次级债的条件下，公众对监管机构采取救助行动的预期明显增大。因为银行互持次级债意味着各发债行已捆绑在一起，政府不会坐视风险彼此传散和蔓延形成大面积的系统性风险。一家发债银行的破产倒闭，在次级债互持情况下，将导致买入银行的资产价值大幅缩水，进而可能形成资不抵债和存款人挤兑的情况。这种现象一旦发生，将引发市场的恐慌情绪，引发银行体系危机。一旦次级债持有人相信政府为避免这种困境而提供金融救助，就会放弃监督银行的风险，形成道德风险，削弱次级债的约束作用。

基于上述因素，原中国银监会于 2009 年颁布了《关于完善商业银行资本补充机制的通知》，限制了次级债券在银行间的交叉持有，以将风险转移到银行体系以外。次级债新规降低了风险在银行间的传染性和商业银行系统性风险。同时，增强了单个银行抵御风险的能力，通过切实提高银行资本金质量，达到增强存款人和投资者对银行体系的信心的效果，有利于银行良性、持续增长。

第四节　理财客户的市场约束"监控"机制

相比于存款人和次级债市场约束被国内外很多学者所接受，目前对理财客户市场约束机制鲜有学者研究。本节之所以研究理财客户市场约束机制，就在于我国理财市场的"火山口"现象所折射出的市场约束比较典型。

我国属于经济金融大国，根据世界银行报告，2021 年中国 GDP 已占全球 18.5% 的比重，同时，我国又是高储蓄国家，即居民的大部分财富在银行体系循环和沉淀，以寻求资金稳健的保值增值，换言之，我国银行体系规模和体量巨大，并不逊色于美国等西方发达国家，从进入全球前一百强的中资银行数量就可见一斑，就好比地壳下地球蕴藏的能量一样巨大。然而，西方发达国家市场发展成熟，资源在利率市场化作用下可快速重新配置，风险与收益都能较好地匹配，就好比地壳是均质的，不容易形成某个业务突然暴增的"火山喷发"现象。而我国大部分金融领域利率基本处于管制状况，资源配置远未达到自由、快速流动状态，类似贷款结构不合理等结构性问题渗透于金融经济各领域，居民投资渠道和品种远没有西方发达国家丰富。在此情形下，银行推出以理财资金池为运作特点的理财业务，无疑为向客户提供富有弹性收益率的产品创造了条件。银行间市场为争夺和吸引客户资金的竞争，推动理财产品收益率逐步市场化。事实上，在我国存款等利率普遍管制状态下，银行理财产品已演变成为收益率放开的"类存款"产品。在存贷差的利益驱动下和规模考核指标激励下，银行间理财市场的竞争态势不会消退。在我国金融领域中，这种局部理财收益率放开竞争与大部分领域存款等利率管制形成鲜明的反差，形成我国银行业理财产品募集额的爆发式增长。这一"火山口"现象是在我国投资渠道较窄、资源要素有限配置的条件下，一旦局部利率事实上放开将形成的特有现象，也为我们观测理财客户市场约束情况创造了条件。在"火山口"，内外因素均发生巨大变化，理财客户高度关注各银行理财产品的收益率及其风险状况，通过不断选择不同银行不同收益率理财产品达到资金稳健地保值增值的目的，由此可能形成对银行风险状况的"监控"机制；而银行也高度关注理财客户对其的风险评价，通过理财资金募集量变化、同业比较等渠道来感知和分析理财客户的态度，并作出敏锐的反应，及时调整风险策略，以改变在同业竞争中的不利局面，由此可能形成市场约束"影响"机制。

综上所述，银行体系中理财业务形成的"火山口"现象可能是我国金融领域向利率市场化过渡阶段所特有的情形，在西方发达国家反而不存在形成理财客户市场约束典型性特征的基础条件，这大概是相关研究文献较少的原因。在国内，由于理财业务的数据统计不够完善等因素，有关市场约束的研究也很少，本节为此尝试做出一些探索性的研究。

一、理财客户市场约束机制

理财客户市场约束机制属于前文已述的客户约束机制范畴，即客户关注银行提供产品和服务的价格与质量，选择价廉物美的银行产品和服务，由此形成对银行的市场约束力。换言之，作为提供银行服务的商业机构，银行必须向社会体现其价值，若银行在服务质量未改变的前提下提价，或在价格未改变的前提下降低服务质量，就会降低其产品和服务的性价比，失去对应的客户群，形成潜在的市场约束。

客户约束机制广泛存在，并因银行越来越重视中间业务客户群体而趋增强。在当前银行业竞争日趋激烈的情况下，银行纷纷大力拓展中间业务，以满足社会经济活动对信用中介的多样化需求。随着社会经济活动发展越来越复杂，信用关系也越来越复杂，形成多边的、错综复杂的、跨地区或跨越国界的信用关系。原有的单纯以存贷款为主要内容的银行与客户之间的债权债务关系已经难以反映这种多边的信用关系，也难以满足社会经济活动的信用需求。为此，商业银行日益重视中间业务发展，不断扩大以信用中介为特征的承诺、担保、信用证、承兑等中间业务，中间业务收入占比不断上升，已成为衡量银行综合竞争力的重要指标之一，在此过程中，中间业务的客户群正逐步成为制约银行的一支重要力量。中间客户群的壮大推动银行更加关注具有良好前景的客户群体，尽其所能满足客户的需要，注重产品营销和业务创新，以确保在市场竞争中处于有利地位。

我国银行业2008~2022年理财业务爆发式增长，为理财客户市场约束发挥作用创造了条件。据统计，我国银行理财产品募集资金总额从2008年的3.7万亿元人民币上升到2022年的28万亿元人民币，年均增长15.4%，增速迅猛。与之形成鲜明对比的是，开放式基金市场的资产规模整体缩水；新基金的发行数量增多，但新募资金量频现地量，在一些新募基金的发行过程中甚至出现基金公司自己大量买入或专业"大户资金"救场的现象。原中国银监会理财业务政策的调整已成为专业分析师考量资本市场资金压力的重要因素之一；而理财产品已成为客户追求低风险、稳定收益的重要资金运用渠道，日益成为银行提高中间业务收入、吸引客户资金的有效途径，从而促进了理财业务的大跨度发展。

理财客户市场约束机制的基本原理是：当理财客户发现银行风险处于较高水平时，就会要求银行理财产品支付较高的风险收益率，由此导致银行吸收资金的成本增大；如果一家银行风险超出客户承受范围，理财客户就会选择赎回理财产品并将资金转移到风险较低的银行。除了理财业务的规模效应外，理财产品的特殊性也决定了理财客户可能具有较强的市场约束力，主要理由如下：

一是我国居民受限于金融产品的匮乏，可投资的渠道较窄，在低风险的存款产品和高风险的股票基金产品之间的风险层次的金融产品较为短缺，银行理财产品自然成为兼顾风险与收益平衡的理想产品，因此理财业务可能成为银行客户的主要投资渠道而具有持续旺盛的生命力，理财客户群体因此而不断壮大，使其市场约束作用显著成为可能。

二是银行理财产品的结构和设计往往比较复杂，理财客户在缺乏很强专业知识和专业分析能力的情况下，是很难做出取舍的。大多数理财客户可能选择将理财产品的风险收益率与银行履约情况、声誉情况、风险状况等因素进行简单的关联，而非针对理财产品本身的分析，由此形成理财客户对银行经营管理状况和风险状况主动进行监督的动力。

三是相比于储蓄存款客户，理财客户对风险和收益更为敏感，既不愿承受股票、基金等产品的高风险性，也不愿忍受储蓄存款的低收益，这符合我国传统高储蓄率特征的大多数居民的财富心态。理财客户对风险和收益的持续关注，以及所具有的一定专业知识水平和专业分析能力，有利于形成理财客户对银行风险变动状况的监督，从而形成市场约束作用。

四是相比于储蓄存款，理财产品的期限结构更为丰富，由此形成理财产品买入赎回交易非常活跃的特点，因此相比于存款资金大量沉淀的特性，理财产品资金的流动性更强，换言之，理财客户在面临经常性赎回后再选择购买时，通常会再次评估银行和理财产品的风险性，这种较为频繁的评估风险的行为，有利于形成理财客户市场约束机制；理财业务交易日趋活跃之时，也培育出了不可忽视的市场约束力量。

五是美国次贷危机后引发的美元中长期贬值的趋势，我国为应对通货膨胀的压力，采取了持续的紧缩金融政策，我国各银行的流动性趋紧，因此有动力以较高的预期收益率来大规模发售理财产品以吸纳资金。即使忽略金融经济环境的因素，银行也会权衡理财客户心理预期收益率的高低以及银行风险的实际状况，在成本收益对比分析的基础上，作出是否发行理财产品的决策。因此，理财产品的实际平均收益率和银行的募集理财产品的发行可以成为银行风险的监测指标，直接的市场约束机制由此形成。此外，监管者根据银行理财产品收益率和募集行为所体现的银行风险信息，随时可能采取监管行动，这种压力会对银行经营管理形成间接的市场约束力。

综上所述，虽然我国银行理财产品资金余额占同期存款的比重并不高，大约只占同期存款余额的 11.15%（按 2022 年数据），但是由于理财业务交易的频繁性和客户群体风险敏感性等因素，以及我国利率市场化尚未放开的特殊性，理财客户已逐步成为强有力的银行市场约束力量。2021年，我国银行理财产品扩张规模之大、发行增速之快，均史无前例，市场约束的基础愈加坚实。

二、理财客户市场约束的研究现状

由于理财业务的数据统计制度尚不健全、统计数据缺乏等因素，目前尚未发现有关理财客户市场约束机制的实证研究文献，现有研究主要针对理财业务特征及其风险属性。姚良（2009）以金融创新及其风险特征作为切入点，剖析了银行理财产品的创新风险特征，认为银行加强产品创新的基础是在微观上建立企业产品设计、管理机制、制度创新与战略意识四维度的风险管理体系。

一些学者对理财产品的分类作出了研究。张晶（2010）根据收益特征将理财产品划分为固定收益类、打新股类和结构类等。固定收益类理财产品实质上是储蓄存款的变种；打新股类理财产品是为中小投资者获取参与新股申购中签收益而设计的，其通过集合大量资金而提高新股申购中签率，以保证申购中签收益的稳定性。结构类理财产品是融合固定收益与衍生交易证券特征的新型理财产品，其风险低于股票和基金，收益高于定期存款，是介于期权、股票、基金和定期存款之间的投资工具，可以满足客户多元化的投资需求。张萍、刘善新（2011）根据募集资金投资方向的不同，将理财产品分为固定收益型、信托型、挂钩型、合格境内机构投资者（QDII）型以及新股申购型。通过对实际平均收益率的比较分析，他们认为固定收益型、信托型、新股申购型、QDII 型和挂钩型产品的风险收益依次递增。金洳伊（2011）认为我国理财产品的规模和数量在不断扩大的同时，其增速有所放缓，产品结构趋于复杂、产品种类不断丰富、投资范围逐渐扩大。同时，银行风险随着理财产品结构和宏观经济的错综复杂带来的不稳定性而日渐增大。

一些学者对银行理财产品风险和定价标准作了研究。有学者提出基于风险价值（VaR）夏普比的定价方法，用于投资绩效的评估和组合资产的优化配置权重的计算，其因方法明确、便于计算而获得理论和实务界的广泛认可（Cambell et al.，2001）。有实证分析了银行零售产品的市场风险定价，并在建立理财产品定价模型上作出了尝试，认为由于风险定价的复杂性，一价定律在产品市场难以成立（Carlin，2009）。孙兆学（2009）对一种挂钩黄金价格的结构性理财产品进行了敏感性分析，认为该产品具有保底的收益率，并兼有浮动及或有收益的特征。黄国平等（2010）重点研究了结构性理财产品标的资产的或有权益与定价之间的关联性，在此基础上对这类产品作了综合风险评估。陆敏等（2011）以我国 23 家银行的理财产品为样本，建立了理财产品的风险评价指标体系，认为客户应谨慎权衡理财产品的收益率及其对应的风险承受度。

三、我国理财客户的市场约束情况实证研究

（一）基于样本选择偏差修正的 Heckman 两阶段实证模型设计

本节迁移和运用了存款人市场约束的基本研究原理，通过检验银行理财产品的实际平均收益率与银行风险变量间的关联度来考察我国银行理财客户市场约束力情况，即选择实际平均收益率[①]作为代表性指标，考察其对风险因素的反应情况。基本思路是通过计算模型中变量间的相互关系和相关程度来描述市场约束状况。针对样本的选择偏差，可利用 Heckman 两阶段方法进行修正。引入两个模型：式（4-20）为不同类型银行理财产

[①] 各银行理财产品实际平均收益率的计算以当期该类发售所有理财产品实际收益率的加权平均，产品募集额为权重。

品平均收益率的决定方程，式（4-21）为产品募集行为的决定方程。

$$Y_{i,t} = X'_{i,t}\beta + \mu_{i,t} \qquad (4-20)$$

$$P^*_{i,t} = Z'_{i,t}\gamma + \varepsilon_{i,t} \qquad (4-21)$$

式中，$Y_{i,t}$ 为被解释变量——银行理财产品的实际平均收益率，$X_{i,t}$ 和 $Z_{i,t}$ 为解释变量向量——银行风险状况指标、宏观经济风险指标以及一些与银行和理财产品特征相关的控制变量。$P^*_{i,t}$ 作为不可观测变量对应一个可观测变量 $P_{i,t}$，当 $P^*_{i,t} > 0$ 时，$P_{i,t}$ 的值为 1；当 $P^*_{i,t} \leq 0$ 时，$P_{i,t}$ 的值为 0；理财产品的募集行为只有在 $P_{i,t} = 1$ 时才能被观测到，基于募集行为的决定方程（4-21）可得 $Y_{i,t}$ 的条件期望为：

$$\begin{aligned}
E(Y_{i,t} \mid X_{i,t},\ P_{i,t} = 1) &= E(Y_{i,t} \mid X_{i,t},\ P^*_{i,t} > 0) \\
&= E(X'_{i,t}\beta + u_{i,t} \mid \varepsilon_{i,t} > -Z'_{i,t}\gamma) \\
&= X'_{i,t}\beta + E(u_{i,t} \mid \varepsilon_{i,t} > -Z'_{i,t}\gamma) \qquad (4-22)
\end{aligned}$$

如果 $\mu_{i,t}$ 和 $\varepsilon_{i,t}$ 相互独立，则式（4-22）最后一项可简化为 $E(u_{i,t}) = 0$，应用 OLS 法对理财产品平均收益率的决定方程（4-20）回归可以得到 β 的一致估计。然而，若两个误差项相互不独立，则需要考虑样本的选择性偏差问题。

$$u_{i,t} = \sigma\varepsilon_{i,t} + \xi_{i,t} \qquad (4-23)$$

假设 $\varepsilon_{i,t}$ 和 $\xi_{i,t}$ 相互独立且服从于二元正态分布，则将式（4-23）代入式（4-22）可得：

$$\begin{aligned}
E(Y_{i,t} \mid X_{i,t},\ P_{i,t} = 1) &= X'_{i,t}\beta + E(u_{i,t} \mid \varepsilon_{i,t} > -Z'_{i,t}\gamma) \\
&= X'_{i,t}\beta + E\big[(\sigma\varepsilon_{i,t} + \xi_{i,t} \mid \varepsilon_{i,t} > -Z'_{i,t}\gamma) \big] \\
&= X'_{i,t}\beta + \sigma E\big[\varepsilon_{i,t} \mid \varepsilon_{i,t} > -Z'_{i,t}\gamma \big] \\
&= X'_{i,t}\beta + \sigma\lambda(Z'_{i,t}\gamma) \qquad (4-24)
\end{aligned}$$

其中，$\lambda(Z'_{i,t}\gamma) = \phi(Z'_{i,t}\gamma)/\Phi(Z'_{i,t}\gamma)$。经样本选择性偏差修正后的理财产品收益率方程形如下所示：

$$Y_{i,t} = X'_{i,t}\beta + \sigma\lambda(Z'_{i,t}\gamma) + \eta_{i,t} \qquad (4-25)$$

其中，$\eta_{i,t}$ 为误差项，式（4-25）可以应用 Heckman 两阶段法进行估计。首先，由于 $Pr[P^*_{i,t} > 0] = \Phi(Z'_{i,t}\gamma)$，可以运用 *Probit* 模型对理财产品募集行为决定方程（4-21）进行回归得到 $\hat{\gamma}$，继而得到逆密尔斯比的估计

值 λ（$Z'_{i,t}\hat{\gamma}$）。其次，运用 OLS 法对式（4 - 25）进行回归得到一致估计 $\hat{\beta}$。此外，关于误差项是否相关以及是否需要对样本选择偏差进行修正，可以通过逆密尔斯比估计值 $\lambda_{i,t}$ 系数 $\hat{\sigma}$ 的 Wald 统计量检验结果进行判断。

在模型的解释变量的选取上，本节比照埃瓦诺夫等（Evanoff et al.，2011）的方法构筑模型的解释变量空间，如宏观经济因素的消费者物价指数 CPI、沪深 300 指数收益率 SS300、银行间隔夜拆借加权平均利率 INTERBANK——表示国内金融市场的资金供求状况，一般而言 INTERBANK 升高，实际平均收益率也会随之上升。与此同时，选择银行风险状况指标权益资产比 CAR、拨备覆盖率 PCR、不良贷款率 NPLOAN 以及不良资产率 NPASSET（由于理财数据样本针对各商业银行上海分行，因此缺少资本充足率和资产流动性比例等良好风险指标）。

根据理论分析，伴随银行风险的增大，银行理财产品的实际平均收益率将相应上升。除了宏观经济和银行风险指标之外，本节还设立了一些与银行个体有关的控制变量，包括银行的总资产对数 ASSETS（见表 4 - 8），银行资产规模与实际平均收益率之间可能存在相反的关系，因为银行越大，越有可能导致其经营风险减小，"大而不倒"因素的作用不可忽视；资产收益率 ROA；虚拟变量 D_BANK（为国有银行时取 1，否则为 0），试图兼顾我国银行业的特殊性；虚拟变量 D_ISSURE（如当季募集理财产品时取 1，否则为 0），试图解读理财产品的募集行为本身对银行实际平均收益率的影响；银行流动性指标存贷款比例 LDR 和中间业务收入比例 IBIR，大多研究文献认为 LDR 受到约束或 IBIR 升高时，银行风险就会降低；同时，还引入了银行风险状况与流动性指标的交叉项，以捕捉可能存在的非线性关系。

鉴于理财产品类别风险特征的差异性，共分四种情形分别进行回归。第一种情形是对债券及货币市场工具类理财产品实际平均收益率 BMPY 数据进行回归，该类产品包括保证收益类、保本浮动收益类以及非保本浮动收益类产品。第二种情形是对信托类理财产品实际平均收益率 TMPY 数据进行回归，该类产品按收益特征划分，包括保证收益类、保本浮动收益类以及非保本浮动收益类产品，而按信托资金投向划分，则包括信贷资产类、资本市场类以及其他类产品。第三种情形是对结构性理财产品实际平均收益率 SMPY 数据进行回归，该类产品按收益特征划分，包括保证收益类、保本浮动收益类以及非保本浮动收益类，而按挂钩标的划分，则包括挂钩汇率类、挂钩利率类、挂钩信用类、挂钩股票类、挂钩商品类、挂钩基金类以及其他类。第四种情形是对全部理财产品的综合实际平均收益率 CMPY 数据进行回归。

表 4 – 8 　　　　　　　　　变量名称、符号及定义

变量名称	符号	定义
实际平均收益率	BMPY、TMPY、SMPY、CMPY	该银行当期发售相关理财产品实际收益率的加权平均，以募集额为权重
资产收益率	ROA	净利润/平均资产总额
权益资产比	CAR	所有者权益/总资产
拨备覆盖率	PCR	贷款损失准备/不良贷款余额
不良贷款率	NPLOAN	不良贷款余额/各项贷款总额
存贷款比例	LDR	贷款余额/存款余额
中间业务收入比例	IBIR	中间业务净收入/营业收入
不良资产率	NPASSET	不良贷款余额/总资产
总资产对数	ASSETS	总资产的对数值
虚拟变量	D_BANK	国有银行取 1，否则为 0
虚拟变量	D_ISSURE	当季募集理财产品时取 1，否则为 0

（二） 数据选取

选取样本银行 15 家，均为在沪中资商业银行上海分行，其中大型银行 5 家（中国工商银行、中国农业银行、中国银行、中国建设银行、交通银行）；中小型银行 10 家（华夏银行、招商银行、兴业银行、中国民生银行、浦东发展银行、深圳发展银行、广东发展银行、中信银行、光大银行以及浙商银行）。考虑到数据的一致性，各指标面板数据的样本期限为

2018～2020 年各季度，数据来源于上海银行监管机构的理财业务区域特色统计报表、非现场监管季报表、中国金融统计年鉴等。

需要说明的是，本节研究使用的数据样本主要来自上海银行监管机构辖内理财业务数据，其有三个主要理由：一是近些年是我国银行业理财产品发展最快的时期，上海银行监管机构在系统内率先建立了按风险等级分类的、较为全面的理财产品数据统计报表，数据数量、宽度和广度等能较好地支持实证研究。二是上海是我国的金融中心，上海银行业理财市场竞争比较充分，具有代表性。上海各银行开发的理财产品的市场销售量和欢迎度，一般优于其他设计产品，这与上海市场竞争激烈等因素有关，换言之，上海银行理财业务的市场化程度高，在很大程度上增强了样本数据的代表性和实证分析的可信度。三是本节未选取在沪外资法人银行的理财业务数据，其原因在于有实力的外资银行虽已成为自担风险、自负盈亏的独立法人，但与其母国总部之间仍具有相当密切的联系，包括产品研发、风险管理、人员培训等各方面，与中资银行相比，外资法人银行在理财业务创新、风险定价上能获得母国总部的支持，具有明显优势。同时，在理财产品特征和结构上也存在差异，外资法人银行的理财产品一般以结构性和挂钩国际金融市场标的类居多，其他类，如债券及货币市场工具类、信托类理财产品较少，而中资商业银行的各类理财产品几乎齐头并进。为增强各银行数据的可比性和典型性，本节只选择了理财业务规模较大的在沪中资商业银行的样本数据。

（三）数据分析和检验结果

1. 银行风险对债券类理财产品平均收益率影响的检验结果

以债券类理财产品季度实际平均收益率 $BMPY$ 为被解释变量，以消费者物价指数 CPI、沪深 300 指数收益率 $SS300$、资产收益率 ROA；银行风险状况指标权益资产比 CAR、拨备覆盖率 PCR、不良贷款率 $NPLOAN$；银行流动性指标存贷款比例 LDR 以及与上述风险状况指标的交叉项为解释变量，构筑面板数据模型。纠正样本选择偏差后的估计结果如表 4 - 9 所示。

表 4 – 9   情形 1 的估计结果——银行风险对债券类理财产品收益率的影响

BMPY	系数	半鲁棒性标准差	z 统计量	P > |z|	95% 置信区间	
CPI	0.0375	0.0132	2.62	0.007	0.0095	0.0636
SS300	− 0.0011	0.0017	− 0.63	0.535	− 0.0051	0.0023
CAR	− 0.2518	0.2711	− 0.92	0.354	− 0.7835	0.2787
PCR	0.0028	0.0021	1.41	0.153	− 0.0012	0.0063
NPLOAN	0.9336	0.4825	1.94	0.054	− 0.0123	1.8835
ROA	− 0.2337	0.0535	− 4.38	0.001	− 0.3374	− 0.1285
LDR	0.0136	0.0143	0.94	0.346	− 0.0145	0.0423
LDR × NPLOAN	− 0.0161	0.0071	− 2.26	0.022	− 0.0297	− 0.0021
LDR × CAR	0.0063	0.0044	1.37	0.167	− 0.0025	0.0147
LDR × PCR	− 0.0067	0.0032	− 2.20	0.027	− 0.0127	− 0.0008
常数项	− 0.1714	1.0968	− 0.15	0.873	− 2.3234	1.9814
逆密尔斯比 λ	− 0.4582	0.4555	− 1.01	0.313	− 1.3516	0.4331
$Wald\ \chi^2(10) = 283.47$				$Prob > \chi^2 = 0.000$		

表 4 – 9 的实证研究显示，逆密尔斯比 λ 作为模型估计第二阶段修正参数的检验结果证明了原样本不存在选择性偏差。尤为重要的是，银行风险状况指标不良贷款率 NPLOAN 对债券类理财产品平均收益率产生了显著的推升作用，影响系数为 0.9336，说明债券类理财产品发行的风险收益可以有效提示银行的风险程度。同时，流动性状况的改善会使银行风险指标的边际影响程度发生变化，LDR 与 NPLOAN 和 PCR 交叉项的影响系数分别为 − 0.0161 和 − 0.0067。

此外，当处于一个膨胀的宏观经济周期之中时，CPI 上升会明显推升银行的实际平均收益率，影响程度为 0.0375。

2. 银行风险对信托类理财产品收益率影响的检验结果

以信托类理财产品季度实际平均收益率 TMPY 为被解释变量，以消费者物价指数 CPI、沪深 300 指数收益率 SS300、银行间隔夜拆借加权平均利

率 *INTERBANK*、资产收益率 *ROA*、中间业务收入比例 *IBIR*、虚拟变量 *D_BANK*（为国有银行时取 1，否则为 0）；银行风险状况指标不良贷款率 *NPLOAN*；以及银行流动性指标存贷款比例 *LDR* 与风险状况指标的交叉项为解释变量，构筑面板数据模型。纠正样本选择偏差后的估计结果如表 4 – 10 所示。

表 4 – 10 　　情形 2 的估计结果——银行风险对信托类理财产品收益率的影响

TMPY	系数	半鲁棒性标准差	*z* 统计量	*P* > |*z*|	95% 置信区间	
CPI	0.0368	0.0184	2.07	0.037	0.0023	0.0735
SS300	0.0035	0.0027	1.28	0.189	− 0.0017	0.0092
INTERBANK	− 0.1986	0.1665	− 1.18	0.234	− 0.5243	0.1276
NPLOAN	0.5461	0.3044	1.78	0.071	− 0.0513	1.1426
ROA	− 0.0475	0.0318	− 1.46	0.142	− 0.1133	0.0161
IBIR	− 0.0072	0.0076	− 0.97	0.344	− 0.0221	0.0074
LDR × NPLOAN	− 0.0074	0.0042	− 1.75	0.075	− 0.0156	0.0007
LDR × CAR	0.0023	0.0011	2.16	0.033	0.0003	0.0045
LDR × PCR	7.81×10^{-6}	3.02×10^{-6}	2.50	0.007	1.93×10^{-6}	0.0001
D_BANK	0.0887	0.0684	1.31	0.195	− 0.0446	0.2225
常数项	0.3933	0.2249	1.74	0.076	− 0.0469	0.8361
逆密尔斯比 *λ*	− 0.2385	0.3715	− 0.65	0.518	− 0.9669	0.4879
Wald $\chi^2(10) = 91.75$				*Prob* > $\chi^2 = 0.000$		

表 4 – 10 的实证研究显示，逆密尔斯比 *λ* 作为模型估计第二阶段修正参数的检验结果证明了原样本不存在选择性偏差。不良贷款率 *NPLOAN* 的上升会在一定程度上提高银行信托类理财产品的实际平均收益率，影响系数为 0.5461。同时，流动性状况的改善会使银行风险指标的边际影响程度发生变化，*LDR* 与 *CAR* 和 *PCR* 交叉项的影响系数分别为 0.0023 和 7.81×10^{-6}。

3. 银行风险对结构性理财产品收益率影响的检验结果

以结构性理财产品季度实际平均收益率 SMPY 为被解释变量，以银行间隔夜拆借加权平均利率 INTERBANK、银行总资产的对数 ASSETS、资产收益率 ROA、中间业务收入比例 IBIR、虚拟变量 D_BANK（为国有银行时取 1，否则为 0）、虚拟变量 D_ISSURE（当季募集结构性理财产品时取 1，否则为 0）；银行风险状况指标不良资产率 NPASSET；以及银行流动性指标存贷款比例 LDR 与风险状况指标的交叉项为解释变量，构筑面板数据模型。纠正样本选择偏差后的估计结果如表 4 – 11 所示。

表 4 – 11   情形 3 的估计结果——银行风险对结构性理财产品收益率的影响

SMPY	系数	半鲁棒性标准差	z 统计量	$P > |z|$	95% 置信区间	
INTERBANK	0.8658	0.3751	2.32	0.022	0.1323	1.6001
ASSETS	− 0.7389	0.5935	− 1.24	0.214	− 1.9029	0.4242
NPASSET	1.8786	0.8523	2.21	0.027	0.2059	3.5522
ROA	− 1.0153	0.6112	− 1.65	0.085	− 2.2131	0.1815
IBIR	0.0556	0.0451	1.25	0.217	− 0.0311	0.1428
LDR × NPLOAN	− 0.0248	0.0125	− 2.11	0.035	− 0.0487	− 0.0021
LDR × CAR	0.0015	0.0034	0.48	0.601	− 0.0042	0.0068
D_BANK	− 0.1574	1.0078	− 0.17	0.856	− 2.1326	1.8189
D_ISSURE	− 0.0072	0.3756	− 0.03	0.979	− 0.7428	0.7279
常数项	5.5726	4.9469	1.14	0.261	− 4.1226	15.2682
逆密尔比例 λ	− 2.3345	2.4581	− 0.94	0.343	− 7.1531	2.4846
$Wald \chi^2(9) = 18.35$				$Prob > \chi^2 = 0.0311$		

表 4 – 11 研究发现，逆密尔斯比 λ 作为模型估计第二阶段修正参数的检验结果证明了原样本不存在选择性偏差。尤为重要的是，银行风险状况指标不良资产率 NPASSET 对结构性理财产品平均收益率产生了显著的推升作用，影响系数为 1.8786，说明结构性理财产品发行的风险收益可以有效

提示银行的风险程度。同时，资产收益率 *ROA* 的提高会引致理财产品平均收益率的下降，影响程度为 −1.0153；流动性状况的改善会使银行风险指标的边际影响程度发生变化。此外，国有银行属性与当期的募集行为并不会影响结构性理财产品发行的实际平均收益率。

4. 银行风险对理财产品综合实际平均收益率影响的检验结果

以理财产品季度综合实际平均收益率 *CMPY* 为被解释变量，以消费者物价指数 *CPI*、沪深 300 指数收益率 *SS300*、银行间隔夜拆借加权平均利率 *INTERBANK*、银行总资产的对数 *ASSETS*、资产收益率 *ROA*、中间业务收入比例 *IBIR*、虚拟变量 *D_BANK*（为国有银行时取 1，否则为 0）、虚拟变量 *D_ISSURE*（当季募集结构性理财产品取 1，否则为 0）；银行风险状况指标拨备覆盖率 *PCR*；银行流动性指标存贷款比例 *LDR* 以及与风险状况指标的交叉项为解释变量，构筑面板数据模型。纠正样本选择偏差后的估计结果如表 4 – 12 所示。

表 4 – 12　　情形 4 的估计结果——银行风险对理财产品综合收益率的影响

CMPY	系数	半鲁棒性标准差	*z* 统计量	*P* > |*z*|	95% 置信区间	
CPI	0.0173	0.0189	0.91	0.358	− 0.0215	0.0546
SS300	0.0015	0.0035	0.61	0.502	− 0.0028	0.0059
INTERBANK	− 0.1547	0.1084	− 1.42	0.149	− 0.3688	0.0573
ASSETS	0.1221	0.0634	1.96	0.047	− 0.0011	0.2451
PCR	− 0.0045	0.0024	− 2.11	0.034	− 0.0079	− 0.0014
ROA	0.0052	0.0543	0.09	0.929	− 0.1053	0.1147
IBIR	− 0.0221	0.0047	− 4.35	0.005	− 0.0319	− 0.0123
LDR	− 0.0134	0.0068	− 1.75	0.093	− 0.0258	0.0017
LDR × CAR	0.0016	0.0009	3.58	0.001	0.0011	0.0028
LDR × PCR	0.0001	0.0000	2.13	0.036	$4.65 * 10^{-6}$	0.0001
D_BANK	0.0637	0.0776	0.85	0.411	− 0.0891	0.2146
D_ISSURE	0.4221	0.0487	8.45	0.001	0.3225	0.5187

续表

CMPY	系数	半鲁棒性标准差	z统计量	P > |z|	95%置信区间	
常数项	0.2582	0.7231	0.35	0.723	−1.1586	1.6752
逆密尔比例 λ	−0.2005	0.1634	−1.25	0.218	−0.5212	0.1189
Wald χ^2(12) = 182.35				Prob > χ^2 = 0.0000		

从表4−12中可以发现，逆密尔斯比 λ 作为模型估计第二阶段修正参数的检验结果证明了原样本不存在选择性偏差。尤为重要的是，银行风险状况指标拨备覆盖率 PCR 的提高会显著降低理财产品的综合实际平均收益率，影响系数为 −0.0045，说明理财产品发行的综合实际平均收益率可以有效提示银行的风险程度。同时，流动性状况的改善会降低银行风险指标的边际影响程度，LDR 与 CAR 和 PCR 交叉项的回归系数分别为 0.0016 和 0.0001。此外，中间业务收入比例 IBIR 的回落以及当季的募集行为本身会直接引致综合实际平均收益率的上升。

（四）主要结论

（1）在多数情况下，我国银行理财客户的市场约束虽较弱，但还是显著存在的，特别是不良贷款率或不良资产率变量指标，风险甄别指标功能较强，与理论观点相一致。具体而言，不良贷款率 NPLOAN 的上升对债券类理财产品的平均收益率产生了显著的推升作用，在一定程度上影响了信托类理财产品的平均收益率；相比信托类理财产品，债券类理财产品的实际平均收益率能更好地反映银行的风险程度；不良资产率 NPASSET 的上升对结构性理财产品的实际平均收益率产生了显著的推升作用，即其实际平均收益率可以有效提示银行的风险程度。

（2）资产收益率 ROA 的提高会引致理财产品平均收益率的下降。尤为重要的是，银行风险状况指标拨备覆盖率 PCR 的提高会显著降低理财产品的综合实际平均收益率，说明理财产品的综合实际平均收益率可以有效提示银行的风险程度；流动性状况的改善会降低银行风险指标的边际影响程度；中间业务收入比例 *IBIR* 的回落会引致综合实际平均收益率的上升。

（3）当处于一个膨胀的宏观经济周期之中时，*CPI* 的上升会明显推升银行的实际平均收益率。

需要说明的是，实证检验结果证明了原样本不存在选择性偏差；国有银行属性不会影响理财产品发行的实际平均收益率。

四、理财客户市场约束机理及其对监管有效性的影响

（一）债券类理财产品的内在机理及对监管的影响

即使对于较低风险的债券类理财产品而言，其平均收益率水平也是随着市场的波动而变化的，体现了市场风险与收益的密切关系。债券类理财产品的内在机理特点如下。

一是债券类理财产品平均收益率与银行间拆借利率之间呈现出了一定程度上的关联特征，其原因在于我国银行间拆借利率的市场化程度较高，而债券利率同样对市场风险变化相当敏感，并接近于市场化利率水平，由此形成债券类理财产品收益率水平与银行间拆借利率正向关联波动的现象。市场的风险必然通过各种渠道传导到银行，这也是相比于信托类理财产品而言，债券类理财产品的实际平均收益率能更好地提示银行的风险程度的原因所在。换言之，这也是债券类理财客户的市场约束力强于结构性理财客户的约束力的原因，这与实证分析的结论是一致的。同时，由于市场风险的传导机制，银行的表内风险与表外风险完全有可能实现相互印证。

二是债券类理财产品风险收益率的变动可以揭示银行表内的风险状况。由于债券市场利率对于宏观经济波动的敏感性能及时反映市场的整体风险水平，而银行表内资产负债结构和风险状况等方面与宏观经济周期波动是密切相关的，尤其是信贷业务的规模和风险情况，与企业的经营状况和经营业绩等相关。由于存在这种传导机制，债券类理财产品的平均收益率完全可能反映银行表内业务的风险水平，这与实证分析的结论也是一致的。

　　三是债券类理财产品收益率的变化能较好地反映银行资金的供需缺口状况，直接提示银行的风险程度。一方面，我国债券市场平均利率水平能较为敏感地反映市场的流动性状况，并间接地显示银行的流动性风险水平；另一方面，在通货膨胀预期不断强化的时期，即使是低风险偏好的客户也会放弃储蓄存款，而追逐风险较低、收益率相对较高的债券类理财产品，因此对银行资产负债结构和流动性管理形成较大影响。由于债券类理财产品与储蓄存款存在一定程度上的替代现象，债券类理财产品的风险收益率将会引起该类理财产品客户的敏感反应，因此债券类理财客户可能形成较强的市场约束作用。

　　四是人民币升值趋势会使银行面临较大的汇率风险，人民币汇率形成机制的改革使得汇率波动的幅度和频率大大上升，直接影响银行的外汇敞口头寸，银行持有的外汇存款与同业外币拆借等都将面临严重缩水的可能。而外币债券型理财产品的收益率也与汇率波动呈正相关，因此高水平的实际平均收益率往往提示银行风险程度的上升。

　　债券类理财产品的上述内在机理和实证分析结论对银行监管可能产生以下影响：一是债券类理财产品平均收益率水平的变化，为监管者观测市场风险和银行风险状况提供了良好的指标，若债券类理财产品平均收益率在一定时期内大幅快速上升，监管者就应警惕地观察银行信贷风险、流动性风险等变化趋势，及时采取监管行动防范相关风险。二是在理财业务中，债券类理财产品客户具有较强的市场约束作用，敏感性可能超过存款人的市场约束行为，为此，监管者应注意监测各银行债券类理财产品规模和收益率的变化，以及由此形成的客户群体对银行风险整体状况的判断，警惕突发大规模债券类理财产品的赎回可能波及储蓄存款，形成挤兑现象。换言之，监管者应充分关注债券类理财产品规模和收益率这些市场约束机制的先行指标的作用和意义。三是监管者在观测债券类理财产品平均收益率水平时，应充分考虑宏观经济形势带来的影响，即扣除宏观经济因素后分析所得的风险收益率变化曲线才可能客观反映银行风险状况的变化。四是外币债券型理财产品收益率水平提供了观测汇率风险的渠道，为监管者提示银行防范汇率风险创造了条件。

（二）信托类理财产品的内在机理及对监管的影响

信托类理财产品一般由信托贷款项目演化而来，其平均收益率水平可能更多地反映市场中长期项目的盈利情况和风险情况；若其由资金信托计划演化而来，则会反映市场资金松紧状况，从而体现风险与收益的关系。信托类理财产品的内在机理特点如下。

一是信托类理财产品平均收益率与银行的表内风险存在一定程度的关联性。银行如因信贷额度紧张或其他原因无法直接发放贷款，就会设法发行信托类理财产品，其目的就是募集资金并与信托公司订立信托计划，给银行指定的客户发放信托贷款。由于信托产品大多利用银行回购和担保作为销售支撑，实际上并未实现风险转移，但银行却通过此种模式实现存量信贷资产的"表外化"，因此短期内不会影响银行的资本充足率，也不用计提相应的坏账准备金，造成风险管理措施与实际面临的风险不匹配的现象。由此形成中长期信托类理财产品的平均收益率与银行的表内风险的关联性，实证分析的结论印证了这一机理。

二是信托类理财产品可能出于逃避信贷规模和授信额度的目的应运而生，由此形成银行表内风险和表外风险的快速转换。银行可能出于对一家企业授信审批额度的限制，而对企业的部分项目贷款采取信托贷款方式，也可能因信贷规模的限制而对企业均采取信托贷款方式。换言之，当企业融资项目偿还贷款发生困难时，信托类理财产品所涵盖的信托贷款完全可能与银行发放的贷款进行转换，这种转换根据银行—信托公司—企业之间的博弈和管理需求而形成，由此增大了对银行表内风险和表外风险监管的难度。这也是信托类理财产品收益率能在一定程度上反映银行表内风险变化的原因。

简言之，银行通过理财产品将存款表外化，同时又通过信托将贷款也表外化。由于此类双重表外业务的扩张，且又缺乏有效的风险对冲机制，一旦表外贷款无法偿还，银行必将动用表内贷款偿还理财资金，表外风险快速转移至表内，直接引致银行的表内风险上升。

三是信托类理财产品的实际平均收益率可能会受宏观经济形势等因素

的影响而大幅波动。企业中长期项目的风险往往与宏观经济因素密不可分，也与企业自身经营管理情况直接相关。若宏观经济紧缩，社会需求下降，企业项目风险可能大幅上升；此外，由于采取信托贷款方式，银行只对信托项目承担担保责任，缺乏对融资项目的直接监督管理，难以遏制借款企业利用虚假信息恶意融资的行为。上述因素均可能在导致信托贷款到期后难以及时归还，理财产品不能及时兑付，直接导致银行风险陡增。与此同时，信托类理财产品的实际平均收益率也会随之大幅攀升。

四是信托类理财产品很容易出现与信托项目的期限错配现象，导致信托类理财产品收益率变化存在不可测因素。信托贷款项目一般为中长期，但由此演化的理财产品期限可能为了满足市场需求，而采取短期模式。银行出于盈利考虑，配置于长期资产的资金过多，当银行面临客户要求赎回的资金压力增大的情况时，就可能会用表内资金垫付。因此，信托类理财产品的实际平均收益率变动不可测因素较多，并在一定程度上提示了银行资产负债期限结构错配风险。

信托类理财产品的上述内在机理和实证分析结论对银行监管可能会产生以下影响：一是监管者应对银行表内业务和表外业务等同监管，防止表外风险快速向表内转移的可能性。虽然大多数信托类理财产品能按预期收益率到期兑付，但并不意味着信托项目风险较小。相反，监管者应对表内业务和表外业务所对应的企业进行并表监管，防止银行逃避信贷规模或授信额度限制的行为，避免银行隐藏和操控风险的可能性。二是监管者应督促银行提高对信托项目的监督广度和深度，不应停留于一般性的担保职责；应督促银行切实关注融资企业的还款能力和还款意愿，有效降低信托项目的风险。三是在美国次贷危机演变的全球持续衰退这一复杂多变的经济形势下，监管者应关注宏观经济因素对信托类理财产品收益率水平和到期兑付的影响，深入分析信托类理财产品收益率水平异常变动的原因，究竟是宏观经济因素还是企业生产管理因素。四是监管者应关注信托类理财产品和信托项目的期限结构，防止由银行垫付资金形成的风险。

（三）结构性理财产品的内在机理及对监管的影响

结构性理财产品本质上是固定收益类产品、股权类产品和金融衍生品的投资组合，投资标的通常包括两部分，一部分资金可能投资于收益率较低但风险也较低的货币市场，用于保证或部分保证本金；另一部分则投资于利率市场、股票市场或汇率市场的衍生交易产品。这些因素决定了结构性理财产品的结构一般较为复杂，可能获得高出一般理财产品数倍的收益，但也可能出现大幅亏损，毕竟金融市场波动太大。结构性理财产品的内在机理特点如下。

一是结构性理财产品平均收益率可能因投资标的物市值的大幅波动而变化较大，银行被迫垫付资金的风险加大。由于结构性理财产品的风险收益与投资标的物在特定时间段内的走势相关，其高收益率是以投资高风险资产为代价的。鉴于目前市场上大多结构性理财产品为保本浮动收益型，一旦结构性理财产品到期达不到预期收益率，银行就不得不用表内资产兑付表外投资报酬，由此形成结构性理财产品平均收益率与表内资产风险有一定的相关性，这与实证分析结论是一致的。

二是结构性理财产品的设计方式对银行的风险影响较大。结构性理财产品是一个模糊笼统的表述方式，其内在的产品结构、设计思路可能差异很大，并决定了该类产品的风险收益率水平。特别是在美国次贷危机演变的全球金融危机后，国际金融市场大幅波动，结构性理财产品常挂钩的标的物，如利率、汇率、股市、基金、黄金、原油、农产品、新兴市场债券基金等也出现了大幅超预期的变动，更何况随着竞争的激烈，结构性理财产品的标的物更为多元化，如挂钩国际基金指数、气候变化指数、艺术品、水资源以及碳交易等，这些都增加了结构性理财产品的实际风险收益率的不可测性，商业银行的风险敞口也会相应增大。

三是结构性理财产品设计的复杂性决定了其收益率变动的不确定性和对其监管的难度。结构性理财产品往往涉及银行风险定价能力和产品创新能力，以及银行在国际金融市场上投资风险的管理能力。为了保证结构性理财产品获得预期收益率，一旦在投资期内收益率没有达到阶段性目标，银行就有可能寻找新的投资标的，改变投资目标，但若不能准确判断市场变动方向，就可能扩大亏损程度，并殃及银行表内的资本状况。

结构性理财产品的上述内在机理和实证分析结论对银行监管可能产生

以下影响：一是由于结构性理财产品设计的复杂性和收益率的不可预见性，监管者应限定银行发行自己不熟悉的结构性理财产品，缩小高风险的结构性理财产品的规模。换言之，银行应发展与其风险管理能力、产品定价能力相匹配的结构性理财产品，并将亏损限制在一定范围内。二是监管者应加强对银行在国际金融市场资金投资和运用的监管，由于银行对吸收的理财资金都采取资金池管理方式，监管者须监督银行有关资金的投资是否严格按照资金来源的风险结构和期限结构进行管理，是否将自营交易和代客交易严格分离，避免表外业务风险向表内业务传递。三是监管者应督促银行履行信息披露责任，充分考虑结构性理财产品的风险性，应强制要求在产品存续期内定期披露产品的风险收益率水平，以增强投资者的监督和市场约束效应。四是监管者应监督银行是否将结构性理财产品销售给合适的投资者，即具有金融风险专业知识、专业判断能力和风险承担能力的人，避免对投资者形成无法预料的巨大损失。

本 章 小 结

目前对市场约束尚无精确定义，但国内外学者对市场约束的研究轮廓逐步清晰，如从市场约束"监控"机制角度实证分析存款人和次级债持有者的市场约束作用。本章从市场约束的定义、研究范围和条件入手，重点实证分析我国银行业市场约束"监控"机制状况。市场约束发挥作用大致需要六方面条件，包括健全的金融市场体系、合格的市场参与者、有效的信息披露制度、成熟的资信评估、有限的政府救助和严格的市场退出机制、完善的社会监督体系等。实证检验市场约束力状况，实际上是从一个侧面评价我国银行业上述六方面条件的健全程度，况且"监控"机制已成为当前国内外学者研究市场约束的主要内容，由此奠定了本章此书最核心内容的地位。

存款人的市场约束机制在极端挤兑事件下显而易见，由于羊群效应和恶性循环等因素，挤兑事件的约束作用可能很强，甚至是破坏性的。而潜在的挤兑风险的存在，会促使银行审慎经营、控制风险，由此形成常态下的市场约束机制。国外已不乏对存款人市场约束的大量研究，但仍有学者质疑这种约束的有效性，实证研究结果也存在较大差异。存款人群体虽然庞大，但由于缺少专业知识和分析能力，其风险判断和行动举措可能相当盲目，挤兑行动有时就是"搭便车"心理使然，因此，有学者质疑这种常态下杂乱的、庞大的如原子量级的分子运动能产生何等市场约束作用。中国银行业监管机构在数据标准化、规范化上的不懈努力，大幅提高了数据可比性和一致性，使得本章利用季度数据建模分析，避免了国内一般学者采用跨期五年以上的年度数据来分析我国现状的无奈之举，更为重要的是，样本银行数据统计口径完全一致在很大程度上增强了本书实证研究的可比性和可信度。研究结果表明，虽然我国银行业市场约束力较弱，但还是显著存在的。特别是资产流动性比例变量指标，风险甄别功能较强。同时，大型银行的市场约束力要比中小型银行差，并集中体现于资本充足率指标的风险甄别效果上。与国内现有的实证研究相比，这是一项新发现。这些结论表明我国银行监管不仅要关注资本充足率，还应当关注资产流动性比率。此外，有些解释变量在实证分析中不显著，但也能说明一些问题，如不良率指标，由于五级分类在具体操作上存在主观因素，因此削弱了该指标的风险信号作用。

次级债市场约束机制具有温和稳定持久、与监管目标更吻合等多种优势，主要基于其独特的特点：不能被担保、期限五年以上；除非发债行破产，次级债不能提前兑付；破产清偿时，其偿付次序位于其他债权人之后；一二级市场价格信号细腻等。次级债作为风险敏感性工具，其持有人具有评价发债行风险的强烈动机，这已被国内外越来越多的学者所认可。然而，次级债市场约束机制常易被人与股权人约束机制相提并论、相互比较。事实上，若银行关闭，股东的清偿顺序位列次级债持有人之后，因此当银行投资风险超过一定限度时，股东就可能鼓励管理者冒更大风险，以博取更大利润；而次级债名义利率固定，不因银行高风险活动而获高回报。因此，次级债约束作用是更具有银行特色的市场约束机制。本章在对比分析次级债市场约束优势及其局限性的基础上，揭示了次级债产品的设

127

计要素，并运用财务动态模型分析了次级债市场约束机理。对一级市场约束的实证研究表明，我国银行次级债券的市场约束作用比较微弱，可能是政府隐性担保政策削弱了次级债的发行价格与发债行风险的关联度；从指标显著性情况来看，银行规模与次级债收益率差 $SPREAD$ 之间呈显著负相关，印证了大型银行在发行次级债上更有利的理论观点；同时，次级债的发行规模与 $SPREAD$ 呈显著正相关，表明市场对大规模发债的成本约束效应明显。

理财客户市场约束机制是具有我国特色的市场约束机制，其原因在于我国大部分金融领域存在利率管制，而理财市场却处于事实上利率放开状态，形成理财业务规模逐年爆发式增长的"火山口"现象，为我们观测其市场约束作用创造了条件。通过实证研究我国银行风险变量指标与债券类、信托类、结构性、综合类等四类理财产品实际平均收益率的关联度，得出了理财客户市场约束作用虽然较弱，但还是显著存在的结论；不良率或不良资产率变量指标风险甄别功能较强，与理论观点相一致；资产收益率 ROA 和风险状况指标拨备覆盖率的提高，会显著降低理财产品平均收益率水平，说明理财产品的实际平均收益率水平可以有效提示银行的风险程度；流动性状况的改善会降低银行风险指标的边际影响程度；中间业务收入比例 $IBIR$ 的回落会导致综合实际平均收益率的上升；处于一个膨胀的宏观经济周期之中时，CPI 上升会明显提升银行的实际平均收益率。以此为基础，本章最后还分析了债券类、信托类、结构性等三类理财产品市场约束内在机理对监管有效性的影响。

值得一提的是，本章虽主要从微观角度进行实证研究，但也作出了对市场约束的宏观解读，认为从国际政治经济学的角度看，正如一国政治制度和经济制度的设计反映了国家的意志和力量，市场约束这一监督机制同样折射出国家对银行监管制度的考量和选择，市场约束本身在很大程度上也取决于监管当局的制度安排，如金融市场的建立和强制信息披露制度的颁布等。并且，在面对银行机构问题时，采取行政干预还是市场机制纠错，依然由监管当局来决定，以上均反映出国家对市场约束的态度，因而市场约束制度本身也有些官方的意味，这就在一定程度上拓展了市场约束的研究视野。

第五章　银行的市场约束
"影响"机制

　　相比于银行的市场约束"监控"机制的研究，有关"影响"机制的研究比较分散、定性评价为主、定量分析较少。本章主要从宏观视角和微观视角对市场约束"影响"机制进行实证检验，并通过理财产品市场上银行的反应程度来检验银行在具体业务上的市场约束"影响"机制的效果。

第一节　宏观视角的市场约束"影响"机制

一、实证研究情况

　　从国外文献的研究思路看，市场约束机制被视为信息传导、处理、反馈等系列控制的过程。有学者认为市场约束由监督和影响两个环节构成（Bliss & Flannery，2000）。监督主要体现于投资者观测银行风险，并将判断结果体现在证券价格上；影响主要体现为银行对市场信号作出反应，采取调整行为以扭转不利局面。这是弗兰纳里等（Flannery et al.，1996）提出的识别和控制两个部分观点的进一步延续和深化。张强、佘桂荣（2006）提出市场约束的两个前提条件：市场监控存在和市场影响存在，与上述观点基本一致。

　　本章认为，监控和影响可以从市场约束的微观和宏观两个层面得到体现。前文所述存款人、次级债持有人、理财业务客户市场约束机制反映了

"监控"机制，这些更多地体现于微观层面。而银行对市场作出的反应机制则更加复杂，除非存在挤兑等极端情形，一般在大多数条件下，银行面对的是广大的市场参与者，所采取的行动往往也是基于综合权衡评价市场作出的整体反应，而非对单一相关利益者的评价做出反应。因此，相比于"监控"机制，"影响"机制的效果更多地体现于宏观层面。

国内外学者对"影响"机制的研究大多从银行的公司治理角度入手，根据银行公司治理状况来判断银行对市场信号的反应程度，这一分析思路的优点是能够从根本上解决银行激励和约束机制不足问题，并间接判断银行能否对市场信号作出敏锐反应；但缺点是难以从整体上以实证研究证据来判断银行对市场的反应程度。这大概是目前尚未见到我国国内有关市场约束机制中实证分析银行反应程度的原因。

若从宏观角度评估市场约束的"影响"机制，其难度是不言而喻的。银行面对众多纷纭复杂的市场参与者或银行的利益相关者，又面对复杂多变的市场环境，后者与经济周期波动、经济政策等诸多因素有关，特别是随着东南亚金融危机和全球金融危机对世界经济造成动荡，市场情况变化很快。因此，在分析银行的证券价格波动因素时，很难区分银行利益相关者的"贡献度"和市场环境因素的"贡献度"究竟各占多大比重。换言之，很难判断银行对市场的反应是出于对利益相关者的考量还是对市场变动因素的考虑。

我们认为，由于银行利益相关者和市场环境因素的复杂性，从单一角度分析"影响"机制会存在片面性。况且，银行利益相关者的行动在一定程度上是受市场环境因素影响的，而非单纯出于对银行风险状况的判断。同时，从另一角度来看，银行利益相关者的判断和举措本身也是市场综合因素的重要组成部分。因此，对市场约束的"影响"机制更应从宏观角度进行分析，这也是本节对从宏观视角进行市场约束的"影响"机制效果进行实证分析的主要原因。

二、模型设计

我们建立以下的计量经济学模型，来考察市场约束功能中的影响机制。

$$Y_t = \alpha_t + \beta X_t + \varepsilon_t \quad \varepsilon_t \sim N(0, \sigma^2) \qquad (5-1)$$

式中，Y_t 为被解释变量，X 为解释变量向量，t 代表不同时期，X_t 是宏观经济变量的向量，ε_t 为残差项。

根据货币扩张乘数理论，基础货币的扩张效应来自于银行放贷的贷款乘数，若经济形势趋好，社会将扩大固定资产投资，企业会扩大生产规模，银行会放松银根，倾向于大量投放贷款，以取得较好的收益回报。若经济形势走坏，全社会将缩小投资规模，企业缩小生产规模或投资难以收回形成坏账，银行将收紧银根，收缩贷款规模，否则将面临不良贷款大幅上升，市场约束机制对银行产生作用。随着社会经济形势的迅速变化，银行能否及时调整经营管理策略，主动控制贷款规模和增长速度，反映了银行对市场信号的反应程度。因此，本模型的被解释变量，选取全社会金融机构汇总的贷款增长速度①；解释变量选取了 CPI 环比、宏观经济景气一致指数、社会消费品零售总额环比、定期 1 年存款利率、流通中现金（M0）/存款余额等 5 个指标，来衡量市场宏观经济形势，分别对应的系数为 $\beta_1 \sim \beta_5$。一般认为，前三个指标能反映宏观经济走势；定期 1 年存款利率反映了政策对中长期宏观经济形势的态度；M0/存款余额反映了公众相对于存款而持有现金的偏好。如果存款人认为银行体系的系统性风险上升了，那么就可能在根本不考虑具体某家银行基本经营状况和风险状况的情况下取出存款，流通中现金与银行体系存款的比值会相应上升。经济增长一般伴随温和的通货膨胀，为此定期 1 年存款利率应上调，以避免实际利率为负数。据上述分析，若市场约束发挥作用，β_1、β_2、β_3、β_4 的符号应当为正，β_5 的系数符号应当为负。变量的具体解释见表 5 – 1。

表 5 – 1　　　　　　　　　变量名称、符号及定义

变量名称	符号	定义
贷款增长速度	$LOAN_t$	（当期贷款余额 – 上期贷款余额）/上期贷款余额
CPI 环比	CPI_t	（当期居民消费物价指数 – 上期居民消费物价指数）/上期居民消费物价指数

---

① 此处借鉴了检验存款增长率与银行风险变量间的相关性的研究方法。在我国银行业规模考核指标影响下，贷款增长速度是反映银行市场反应程度的代表性指标。

续表

变量名称	符号	定义
宏观经济景气一致指数	PRO_t	反映企业家对整体经济形势的判断,经济趋好,该指数上升,反之表明预期经济下滑
社会消费品零售总额环比	EXP_t	(当期社会消费品零售总额－上期社会消费品零售总额)/上期社会消费品零售总额
定期1年存款利率	$RATA_t$	国家公布的当期1年期定期存款利率
流通中现金（M0)/存款余额	DEP_t	中国人民银行公布的货币发行 M0/当期银行业金融机构存款余额

我们共分3种情形分别进行回归。第一种情形是将全部样本数据进行回归,第二种情形是对 1997～2006 年的数据进行回归,第三种情形是对 2007～2011 年①的数据进行回归分析。这样分期的原因在于:1997 年东南亚金融危机爆发,对全球金融经济产生了较大冲击;2007 年美国次贷危机爆发,形成全球金融危机,这两次重大金融危机对于国际金融经济发展格局都产生了很大影响。对银行而言,这意味着市场环境发生了巨大变化,这给予了我们机会来考察银行在特殊市场条件下的反应程度。

三、数据分析和检验结果

选取样本为银行业金融机构;具体数据的样本选定为 1997～2011 年各月的数据,数据来源于各期《中国金融年鉴》和 Wind 资讯。依据样本,建立面板数据模型,并使用 Stata 10 进行回归参数估计。

表 5-2～表 5-4 的估计结果显示,在情形 1、情形 3 下模型的拟合程度较好,方程整体回归系数较为显著。在情形 2 下,模型的拟合程度较差。由此可见,我国银行业在 2007～2011 年对市场信号的反应程度较为显著,整体上银行对市场信号的反应程度呈现加强的趋势。而 1997～2006 年银行

---

① 2007～2011 年是金融危机对银行影响最大的时期,选择这个期间进行分析更能测试出银行对市场信号反应是否敏锐。

业金融机构贷款增长率对市场信号的反应程度不够显著。

表 5 - 2 　　　　　　　　　　**情形 1　对样本的估计结果**

LOAN	系数	标准差	t 统计量	P > |t|	95% 置信区间	
CPI	0.0016 *	0.0010	1.62	0.107	- 0.0004	0.0036
PRO	- 0.0008 **	0.0003	- 2.17	0.031	- 0.0014	- 0.0001
EXP	- 0.0152	0.0128	- 1.18	0.239	- 0.0405	0.0102
RATE	0.0010	0.0006	1.66	0.099	- 0.0002	0.0022
DEP	- 0.1447 ***	0.0528	- 2.74	0.007	- 0.2490	- 0.0405
常数项	0.0978	0.0376	2.60	0.010	0.0236	0.1720
Number of obs = 166				R - squared = 0.054		
F(5，160) = 1.84				Adj R - squared = 0.0247		
Prob > F = 0.1086				Root MSE = 0.0102		

注：*** 、** 和 * 分别表示在 1%、5% 和 10% 的统计水平上显著。

在情形 1 下，$M0/$存款余额的变量（DEP）通过了 1% 水平上的显著性检验；宏观经济景气一致指数变量（PRO）通过了 5% 水平上的显著性检验。CPI 环比变量（CPI）接近通过 10% 水平上的显著性检验。宏观经济景气一致指数变量（PRO）在情形 1 和情形 3 下都通过了 5% 水平上的显著性检验，但其估计系数符号与预期相反，这可能与数据选择的时期有关。1997 年东南亚金融危机后和 2007 年全球金融危机后，企业家判断危机很快能够结束，经济探底回升，因此预期向好，导致该变量上升。但银行作为遭受金融危机冲击最大最直接的机构，对经济形势的预期要比企业家悲观得多，因此该指标变量对银行业贷款增长率解释呈负相关，这也从一定程度上表明银行经营管理的审慎态度趋强。$M0/$存款余额的变量（DEP）在情形 1 和情形 3 分别通过了 1% 和 5% 水平上的显著性检验。在情形 1 中，系数的符号与预期相同，但情形 3 与预期相反。这可能是由于 $M0$ 受国家货币政策的影响很大，特别是在金融危机后我国为刺激低迷的经济采取了扩张性的货币政策。这在一定程度上降低了该指标反映公众对银行体系风险判断的作用,况且在政府隐性担保的作用下,公众预期银行业发生全面危机的概率很小。社会消费品零售总额环比变量(*EXP*)的估计系数在情形 1 和情形 3 下其符号都与预期相反,且不显著。这可能与我国特定的消费需求结构相关联。由于医疗教育保障制度不够健全,以及受住房消费的挤出效应影响,我国现有的居民消费主要用于满足基本生活需求,因此这种消费存在较大的刚性。由此可知,消费品零售总额环比变量指标或许不能很好地反映宏观经济形势对银行经营管理的态度的影响。

表 5 - 3　　　　　　　　　情形 2　对样本的估计结果

LOAN	系数	标准差	*t* 统计量	*P* > |*t*|	95% 置信区间	
CPI	0.0002	0.0011	0.19	0.850	− 0.0019	0.0023
PRO	0.0006	0.0005	1.22	0.227	− 0.0004	0.0015
EXP	0.0076	0.0136	0.56	0.577	− 0.0193	0.0345
RATE	0.0008	0.0007	1.21	0.228	− 0.0005	0.0021
DEP	0.0654	0.0831	0.79	0.433	− 0.0993	0.2300
常数项	− 0.0534	0.0514	− 1.04	0.301	− 0.1553	0.0485
Number of obs = 120			R − squared = 0.0415			
$F(5, 114) = 0.99$			Adj R − squared = − 0.0006			
Prob > F = 0.4292			Root MSE = 0.0092			

注:***、**和*分别表示在 1%、5% 和 10% 的统计水平上显著。

在情形 2 下,模型的所有变量系数都不显著,说明 1997 ~ 2006 年银行的贷款增长率对其宏观经济变量指标的敏感性较差,这可能与当时银行市场化程度不强有关。

表 5 - 4　　　　　　　　　情形 3　对样本的估计结果

LOAN	系数	标准差	*t* 统计量	*P* > |*t*|	95% 置信区间	
CPI	− 0.0002	0.0028	− 0.09	0.930	− 0.0059	0.0054
PRO	− 0.0015 **	0.0006	− 2.42	0.020	− 0.0027	− 0.0002

LOAN	系数	标准差	t 统计量	P > |t|	95% 置信区间	
EXP	− 0.0199	0.0300	− 0.66	0.512	− 0.0806	0.0408
RATE	− 0.0051	0.0026	− 1.94	0.060	− 0.0104	0.0002
DEP	0.5457 **	0.2432	2.24	0.030	0.0541	1.0373
常数项	0.1408	0.0622	2.26	0.029	0.0151	0.2665
Number of obs = 46				R − squared = 0.3563		
F(5，40) = 4.43				Adj R − squared = 0.2758		
Prob > F = 0.0027				Root MSE = 0.0105		

注：*** 、** 和 * 分别表示在 1% 、5% 和 10% 的统计水平上显著。

在情形 3 下，方程的拟合程度和解释能力均高于情形 2，说明 2007 ~ 2010 年我国银行监管的深化和股改上市等举措，提高了银行对宏观经济数据和风险因素的敏感度。但各变量估计系数与预期差异较大，可能是因为变量主要反映公众消费领域物价、消费量和对宏观经济形势的判断等情况，缺少企业因素变量情况的考量，同时，我国银行贷款增长受国家货币政策和财政政策影响较大。

四、主要结论

第一，2007 ~ 2010 年，我国银行体系对宏观经济形势的敏感性和对市场信号的反应程度趋强，尤其是金融危机后审慎态度趋强，这与现实中随着我国风险监管和审慎监管的深入，银行风险防范意识明显增强的情况是一致的。市场约束的"影响"机制还是存在的。

第二，从宏观变量的估计系数情况来看，我国银行业贷款增长率受选取的解释变量以外的因素影响可能较大，包括受国家对经济的刺激力度、调控政策等因素影响，因此选取的宏观变量在解释性方面仍显不足。

第三，在实证分析中我们采取了不同时期区间分段估算的方法，优点在于可以对银行市场约束的"影响"机制效果进行对比分析，缺点是数据的收集和变量选择受到了一些限制，如 GDP 即使采用季度数据也只有较少的观察值，全社会固定资产投资变量也因数据数量和可得性问题而被放弃。这些缺憾，有待于在今后完善。

第二节　微观视角的市场约束"影响"机制

一、实证研究情况

上节从宏观角度实证分析了银行面对众多银行利益相关者的复杂"监控"和经济周期波动、经济政策等市场环境的变化，及时采取扩张或收缩贷款规模策略的反应程度，从而评估市场约束的"影响"机制。本节则从微观角度出发，分析银行做出上述反应行动的内在决定因素，以及影响其反应敏锐程度的因素。本书第三章第三节"银行公司治理条件下的信息披露"中，曾经对银行内部治理中各主要因素对信息披露行为的影响作出了详细分析，包括股权集中程度、管理者持股比例、控制权实现方式、董事会成员结构、公司特质等方面，并进而认为银行内部治理所决定的公司决策权和控制权能够对其信息披露行为产生直接影响，这种影响程度由公司实际决策者和控制者的认识程度来决定。事实上，不仅是信息披露这一行为，所有银行经营管理的行为都与公司实际决策者和控制者的认识程度有关，换言之，银行内部治理状况对其市场反应程度产生决定性作用，并成为市场约束"影响"机制的微观基础。

若要对银行良好的市场反应进行量化评估，可用其经营绩效来表述，国内外不少学者对银行内部治理机制与银行经营绩效间的关系进行了深入研究。其中，较多研究集中于董事会的规模、董事会的结构、董事会的独立性等方面，同时，也有学者对监事会规模及结构、高管层持股比例、高管薪酬等因素与银行绩效的关联作了深入分析。本章归纳了主要文献成果。其一，从董事会规模分析对绩效的影响。有研究表明，银行控股公司的董事会相对于一般公司董事会而言，在惩罚管理者上显得不够果断（Prowse，1997）。宋增基、陈全、张宗益（2007）认为，我国银行机构的董事会规模对绩效存在负效应。然而，李维安、曹廷求（2004）和王朝弟（2007）的研究不同意上述观点，认为我国银行机构的董事会具有一定的监督功能，董事会规模与银行业绩呈正相关。有学者对董事会结构和规模与银行绩效的关系进行了分析，采用了美国银行1959～1999年的数据，发现董事会规模大的银行在投资价值（Tobin's Q值）上表现得更好（Admas & Mehra，2003）。其二，从外部董事情况分析对绩效的影响。有学者研究认为，银行外部董事的独立性是很难保证的，因为银行董事可能需要获取贷款（Brook，2000）。有研究认为，外部董事出于维护自身声誉考虑而有动力去监督经理层（Falna & Jensen，1983）。有学者认为，外部董事占主导地位的董事会在业绩下滑时，更有可能更换总经理，从而印证了理论观点，即外部董事的占比越高，董事会决策的专业性、独立性和客观性越强，对高管层的监督能力也越强（Weisbach，1988）。然而，一些实证研究并不支持这一观点。有研究表明，银行外部董事比例与Tobin's Q值之间不存在显著的相关性。其三，从董事会会议频率分析对绩效的影响。因为会议频率可以反映董事会的活动状况。有学者认为，董事面临的问题是缺乏时间去履职，增加会议频率有助于提高董事会效率（Lipton & Lorsch，1992）。但是，也有学者指出，董事会会议可能是被动的，其程序化的安排反而有可能限制了外部董事对高管的监控，频繁开会可能是董事会对绩效下滑作出的反应（Jensen，1993）。有实证研究表明，董事会会议频率与上年度业绩下滑以及下年度业绩改善之间存在显著的正相关关系（Vafeas，1999）。其四，从股权结构分析对绩效的影响。李维安、曹廷求（2004）对山东省和河南省城市商业银行的实证分析表明，股权集中对银行绩效具有明显的积极作用。杨德勇、曹永霞（2007）认为，银行第一大股东持股占比过大会导致其低效率。施东辉（2003）运用生产函数回归模型，研究发现第一大股东持股比例与其产出呈"U"型关系。谢军（2006）认为，股权集中可增强大股东参与改善管理的动机和能力，从而对公司绩效起到促进作用。孙月静（2006）利用我国9家股份制商业银行2001～2004年的数据，对治理结构与银行绩效的关系进行了实证分析，其结果表明股权集中对银行绩效具有负面影响。有研究认为，机构持股与业绩有正向关系，但股权过于集中对公司业绩有负面影响（Uma，2006；Brickley，1998）。一些学者的实证研究表明，所有权的适当集中有利于绩效的提高（Morck，1998；Mcconnell & Serraces，1990；孙永祥和黄祖辉，1999；林凌和黄红，2000）。而一些学者对五百余家大公司的实证研究表明，所有权的集中与会计利润间无显著相关性（Demsets & Lehn，1985）。其五，境外机构投资者对绩效的影响。有学者认为，中东欧转型国家银行业改革成功的重要因素之一在于 20 世纪 80 年代后期普遍、有选择地引入境外战略投资者（李石凯，2006；Abel & Siklos，2004）。还有学者基于美国银行业的研究发现，引入境外机构投资者能促进银行治理和运行效率（Berger & Bonaccorsi di Patti，2006）。胡祖六（2005）认为，我国银行业引入境外战略投资者，有助于引进国外先进管理经验和产品技术，增强市场信心。

二、模型设计

从上述实证研究情况和第三章第三节的相关理论分析可知，银行内部治理与经营绩效之间的关系存在多重复杂的因素，为检验我国银行业内部治理对绩效的实际贡献程度，以评估市场约束的"影响"机制多大程度来自银行内部治理，本章沿用当前常用分析思路对内部治理与绩效的相关性进行实证分析。

我们建立以下的计量经济学模型，来考察市场约束功能中的影响机制：

$$Y_{i,t} = \alpha_{i,t} + \beta X_{i,t-1} + \varepsilon_{i,t} \quad \varepsilon_{i,t} \sim N(0, \sigma^2) \tag{5-2}$$

式中，$Y_{i,t}$ 为被解释变量，X 为解释变量向量，i 代表不同银行，t 代表不同时期，$X_{i,t-1}$ 表示滞后一期的风险变量，$\varepsilon_{i,t}$ 为残差项。通过检验银行治理绩效与银行内部治理变量间的关联度来考察我国银行的市场反应程度。基本思路是通过计算模型中变量间的相互关系和相关程度来描述微观角度的市场约束"影响"机制。

有关绩效指标的选择，本章选取净资产收益率作为被解释变量，其原因在于：虽然 Tobin's Q 是衡量绩效的一个有效指标，能较好地反映出公司由于内部治理变化而改变的价值，常被国外学者采用，但由于本章样本为上市银行，其资产的重置成本难以估计，因此采用 Tobin's Q 这个指标的效果并不理想。在反映内部治理的变量上，鉴于董事会特征、股权结构特征和监事会特征等是当前实证研究银行内部治理的主要方面，因此本章选取这些方面的情况作为解释变量。具体如下：选取第一大股东和前十大股东持股比例等指标，来考察股权集中度对绩效的影响；选取董事会规模、独立董事会规模以及董事会会议次数等指标，来考察董事会状况对绩效的影响；选取监事会规模和监事会会议次数等指标来反映监事会特征。

基于公开数据的可获得性和可比性，本章数据样本选取遵循的原则为：一是时间区间为 2014～2020 年各期上市银行的年报数据；二是采用上市银行自上市后第二年开始的年报数据。选取样本上市银行 15 家，其中：大型银行 4 家（中国工商银行、中国银行、中国建设银行、交通银行）、中小型银行 11 家（华夏银行、交通银行、中国民生银行、上海浦东发展银行、深圳发展银行、兴业银行、招商银行、中信银行、北京银行、南京银行和宁波银行）。数据来源于 Wind 数据库和原中国银监会监管数据，凡是存在调整情况的数据均以调整后的数据为准。依据样本，将这些原始样本数据混合为截面数据，进一步剔除数据缺失项后，最后得到 64 个全部观察值，并使用 stata 10 进行回归参数估计。

为了减小由于变量之间的多重共线性带来的影响，我们对变量间的相关系数进行了测算，发现第一大股东持股占比与前十大股东持股占比有较强的相关关系，董事会规模与独立董事规模间有较强的相关关系，董事会规模与监事会规模间有较强的相关关系，相关系数均在 0.5以上。为此，这些因素在建立模型时予以考虑，保证各变量两两之间相关系数都较小；并对具有解释能力的解释变量，通过 stata 10 进行了大量的回归分析，最终选取了以下指标和代表性的方程。变量的具体解释见表 5－5。

表 5 – 5 变量名称、符号及定义

变量名称	符号	定义
净资产收益率	roe_t	净利润/净资产
第一大股东持股比例	$sone_t$	第一大股东持股数量/总股份数量
第一大股东持股比例平方	$sone2_t$	上述第一大股东持股比例的平方
前十大股东持股比例	$sh10_t$	前十大股东持股数量/总股份数量
户均持股比例	per_t	总股份数量/总股东户数
董事会规模	$bsize_t$	董事会人数
董事会会议次数	$bcon_t$	年内董事会会议召开的次数

共分两种方程分别进行回归。

第一个方程为：

$$roe_t = \alpha_t + \beta_1 sone_t + \beta_2 sone2_t + \beta_3 per_t + \beta_4 bsize_t + \beta_5 bcon_t + \varepsilon_t \qquad (5-3)$$

第二个方程为：

$$roe_t = \alpha_t + \beta_1 sh10_t + \beta_2 per_t + \beta_3 bsize_t + \beta_4 bcon_t + \varepsilon_t \qquad (5-4)$$

三、数据分析和检验结果

从回归结果来看（见表 5 – 6 和表 5 – 7），在各解释变量中，第一大股东持股比例、董事会规模、董事会会议次数等指标通过显著性检验，其余指标都没能通过显著性检验。在两个方程中，董事会规模都与银行业绩具有显著的正相关关系，这说明我国银行的董事会制度等内部治理对其经营发展具有促进作用。

表 5 – 6 方程 1 对样本银行的估计结果

ROE	系数	标准差	t 统计量	$P > |t|$	95% 置信区间	
SONE	0.4285 ***	0.1579	2.72	0.012	0.1131	0.7468
SONE2	– 0.0054 **	0.0024	– 2.39	0.018	– 0.0089	– 0.0011
PER	75.2015	185.4614	0.35	0.715	– 278.0874	402.5

续表

ROE	系数	标准差	t 统计量	P > |t|	95% 置信区间	
BSIZE	0.8223 **	0.3287	2.51	0.016	0.1629	1.4814
BCON	0.2969	0.1873	1.53	0.115	− 0.0767	0.6761
常数项	− 3.9679	5.1722	− 0.75	0.453	− 14.3187	6.3832
Number of obs = 64				R − squared = 0.3187		
F(5, 58) = 5.45				Adj R − squared = 0.2601		
Prob > F = 0.0005				Root MSE = 4.5067		

注：*** 、** 和 * 分别表示在1% 、5%和10%的统计水平上显著。

表 5 - 7　　　　　　　　　　方程 2 对样本银行的估计结果

ROE	系数	标准差	t 统计量	P > |t|	95% 置信区间	
SH10	0.0458	0.0315	1.43	0.156	− 0.0167	0.1123
PER	141.2315	179.5116	0.62	0.453	− 212.1853	476.3576
BSIZE	0.6785 **	0.3443	1.94	0.056	− 0.0124	1.3723
BCON	0.4443 **	0.2012	2.21	0.027	0.0447	0.8463
常数项	− 0.5912	5.2732	− 0.13	0.923	− 9.1896	9.7634
Number of obs = 64				R − squared = 0.2523		
F(4, 59) = 4.95				Adj R − squared = 0.2103		
Prob > F = 0.0018				Root MSE = 4.683		

注：*** 、** 和 * 分别表示在1% 、5%和10%的统计水平上显著。

在方程 1 中，第一大股东持股比例指标通过了 1% 水平上的显著性检验，第一大股东持股比例平方、董事会规模通过了 5% 水平上的显著性检验。从上述实证分析中可得到以下结论：其一，第一大股东持股比例的一次方系数（SONE）显著为正，二次方系数显著为负，表明银行业绩（ROE）与第一大股东持股比例（SONE）之间关系为一个开口向下的二次函数（凸函数）。换言之，银行业绩随第一大股东持股比例先上升，而后下降，呈现出明显的倒"U"型。由此可见，第一大股东持股比例与银行业绩之间存在非线性关系，既非第一大股东持股比例越高、银行业绩越好；也非第一大股东持股比例越高、银行业绩越差。股权集中度和上市银行绩效之间的倒"U"型曲线关系，意味着当股权集中度较低时，增大股权集中度能增强股东对管理者的监督，但当股权集中度超过一定的程度后，可能增加发生"隧道"行为的可能性，反而会降低上市银行业绩。其二，我国上市银行的董事会规模与银行业绩呈正相关，与传统观点不大一致。有学者认为，当董事会的成员数超过10人时，由于董事们之间难以有效沟通和协调，会导致董事会效率低下（Jensen，1993）。而我国多数银行的董事会规模都大于10人，因此不少学者认为，董事太多将导致决策流程冗长、信息传递失真和组织效率较低，并据此得出董事会规模与业绩负相关的结论。不过，进行深入分析后发现，这种推断失之偏颇。本节之所以得出董事会规模与业绩正相关的结论，可能在于现代信息技术和通信手段的运用，大幅降低了各种组织成本和协调成本，使传统情形发生了很大变化。比如从各银行董事会会议的方式看，不少银行有接近半数的董事会会议采取了现代通信方式对重大议题进行表决，而非单纯采用现场会议的方式。换言之，现代通信手段大幅提高了信息传递的数量和质量，缩短了决策流程的时滞，由此董事会成员数量的增加不仅不会降低组织效率，反而有利于提高决策的民主性和代表性，以及内部权力制衡和监督机制的完善，从而提高银行绩效。

在方程2中，董事会会议次数、董事会规模通过了5%水平上的显著性检验，且均与银行业绩呈正相关。其原因与上述相同，即现代通信方式使得董事会会议在不大幅提高组织成本的同时，能及时对重大议题进行表决，提高决策的科学性，从而促进银行经营业绩的提高。

四、进一步思考

上述实证分析指标虽在研究公司治理中已被普遍运用，相对比较成熟，但对于复杂的内部治理影响因素而言，这些量化指标仍不能反映银行内部治理状况的全貌。一些指标或因量化后样本数过少而未被采用，如合格境外机构投资者（QFII）持有上市银行股份比例，是反映内部治理的重要指标，但样本数不超过 20 个；一些指标或因无法量化而未被实证分析采用，但在定性分析中却是反映内部治理状况的良好指标。为此，在阐述上述实证分析局限性的同时，我们还从定性角度剖析了现实中对我国银行业绩产生影响的内部治理相关因素，以进一步印证市场约束"影响"机制与银行内部治理的相关性。

（一）QFII 机构持股、董事会的领导结构、独立董事兼职状况等因素未在实证研究中反映出来，却是与银行业绩相关的重要的内部治理因素

1. QFII 等机构持股对银行业绩产生影响

QFII 作为境外发达市场的投资者，具有成熟的市场机构投资，对上市银行股票流通性、业绩稳定、公司规模、分红派现等能力要求较高，对银行经营管理产生引导；QFII 带来的资本、技术、知识和管理能提高我国银行业的效率和竞争力，有利于银行业长期稳定发展；外资银行采用国际惯例的信息披露制度和会计标准，具有示范作用，有利于我国银行业与国际接轨。QFII 对银行内部治理的影响可通过对银行投资价值的合理评估来实现，也可通过向银行高管层提出议案的方式来实现。同时，QFII 持有某家银行股份对其高管层也是一种很大的鼓励，能够使高管层有动力加强经营管理，提高银行业绩。因此，我国银行业参照国际做法，往往采用拍卖、招标、特别邀请等形式，以直接出售、转让银行股权等方式引入 QFII。QFII 对银行业绩的影响可能更多地从长远起促进作用，其投资和管理理念对我国银行管理者产生持续影响；而短期内，则可能主要反映于上市银行股价上，我国上市银行股价上涨一般早于 QFII 进入的时间，表明市场对 QFII 的选择具有预期效应，QFII 的选择结果往往有很强的示范效应。此外，证券投资基金等机构投资者对银行业绩也会产生类似的影响。

2. 独立董事状况对银行业绩产生影响

有学者认为，独立董事不像内部董事一样可能受制于控股股东和公司高管层，因此有助于董事会对公司事务的独立判断；独立董事的专业背景，可促进董事会决策科学化，使经营决策和方略更为有效（Short &

Keasey，1999）。独立董事出于维持其专家身份和提高自身声誉的目的，有足够的动力监督公司管理层，使得管理层经营管理行为符合股东利益最大化目标。资源依赖理论认为，外部董事在不同公司拥有董事席位可看作是公司与外部资源相联系的重要渠道。外部董事兼职有利于积累工作经验，提升社会声誉和形象（Vafeas，1999）。

但在现实中，由于独立董事对银行管理、营运、风险及财务等方面了解可能不如内部人员，信息不对称造成独立董事比例提高并不会显著提升董事会监督效率。外部董事拥有过多的董事席位，势必分散其精力和时间；过度兼职使其无法专注于单一公司事务，造成董事会的效率大打折扣（Beasley，1996）。由此可见，独立董事的作用建立在专业、勤勉和诚信等基础之上，须付出必要时间和精力去关注银行事务，按股东利益最大化原则谨慎行事。若独立董事不具备上述基础条件，或在外兼职过多导致履职不到位，势必会影响到独立监督的成效。独立董事的这些情况对银行业绩都会产生重要影响。

3. 专门委员会状况对银行业绩产生影响

各银行董事会一般下设战略发展委员会、审计委员会、风险管理委员会、薪酬委员会、关联交易控制委员会等多个专门的委员会，每年根据相关重要事项进行讨论和表决，以保证董事会内部分工明确，责任义务明晰，以及董事会运作的独立性、专业性和有效性。因此，专门委员会的数量和运作成效应与银行绩效之间具有正相关关系。但专门委员会运作成效与各委员专业素质、决策管理等诸多因素有关，存在不确定因素。有研究认为，专门委员会数量与总资产收益率之间不存在显著的相关性。但无论如何，专门次级委员会的设置及其运作成效会对董事会专业性、独立性及其对利益、成本与风险之间的权衡产生重要影响，并成为银行内部治理的重要因素之一（Fich & Shivdasani，2006）。

除上述因素外，有研究表明，总经理的任职年限可能会影响董事会的独立性，通过对董事会施加影响力使董事会对高管层赋予更高的薪酬，并难以解雇不理想的内部经理人（Hermalln & Weishach，2003；Weisbach，1988；Core，1999）。

（二）有效的激励和约束机制是良好的内部治理的重要标准，绩效考核机制可能是现实中银行内部治理状况最集中的体现

上述实证分析采用净资产收益率作为绩效指标，缺少对银行风险状况的度量以及风险因素对未来银行绩效的影响分析。一些学者采取综合绩效指标分析方法，将银行流动性风险、市场风险、信用风险和盈利能力等一并考虑在内，建立了综合绩效指标体系，但这仍不能充分反映银行未来风险状况。银行风险的暴露常常并非仅滞后一年，而是潜伏很长时期，一旦爆发其根源常需追溯至多年前，这在银行业案件爆发上可得到体现。2010～2011年，受宏观调控、银行信贷规模控制、社会资金面偏紧等因素影响，内外部环境不利因素叠加，银行业案件反弹态势明显，呈现重大、恶性案件高发态势，区域性同质同类案件频发，信贷管理不到位，骗贷和违法放贷案件数量占较大比重，票据业务领域连续爆发重大案件，这都是多年来风险管理薄弱之处的累积效应。由此可见，银行业绩指标并不能完全反映银行经营管理成效的全貌，实证分析中选取的银行内部治理的变量也不能完全反映银行公司治理的实际情况。近些年，随着我国"管法人"银行监管理念践行的深入，监管者关注银行董事会、监事会等内部治理状况，及时与银行董事会和高管层沟通风险监管情况，提高其对银行整体风险控制的责任和义务，并对银行重大事项决策前施加影响，这在很大程度上提高了银行公司治理的成效。但由于利益的驱动，银行内部治理仍存在许多风险管理的不足之处，这在银行的综合绩效考核指标中得到了集中体现。

一般我国大型银行对分行的综合绩效考核机制涵盖考核指标体系、考核程序和薪酬激励约束体系等三部分，考核指标基本覆盖效益类指标、风险类指标、规模类指标和管理类指标等四类，绩效考核的结果直接与薪酬激励挂钩，在分配上采用绩效奖金激励、费用与业绩挂钩两种方式。除此之外，大型银行总行还会另行下达具体的经营计划指标，主要包括利润、存款、贷款、不良贷款、中间业务收入等传统业务指标，实施所谓的"双线运行"考核。客观而言，随着银行业改革发展的深入以及风险控制管理水平的提升，我国商业银行的绩效考核机制已经有了较大的改观，改变了

过去单纯依靠规模指标考核的局面，通过综合绩效考核来全面引导综合竞争力的提高。综合绩效考核的优点在于：突出了经济资本和经济增加值在绩效考核中的核心作用；扩展了考核的维度内容，兼顾中长期发展目标，如加强对分行结构优化调整的引导等；考核结果作为业务授权和资源分配的核心依据，发挥了重要的引导作用。但同时应该注意到，当前我国商业银行"双线运行"的考核机制仍然残留了过去追求发展规模、抢占市场份额的考核机制的痕迹，现行这种考核机制仍然影响了考核效果，经营计划指标以规模类的总量指标为主，导致"规模情结"和为了片面追求规模扩张而形成的一些不理性、不审慎的经营行为难以从根本上遏制。此外，规模指标占绝对权重、风险指标权重过低，考核以即期为主，对长期发展指导不够，考核指标趋同，同业竞争压力等因素容易引致集体非理性经营行为。各银行普遍重视存贷款、中间业务等业务指标的市场份额、总量和增量，重视业务规模的市场排名和同业竞争表现指标，在产品设计、产品定价、服务方式等业务决策上一般以市场，特别是主要竞争对手的情况为主要参考依据，由此形成银行经营同质化、对重点客户过度妥协、低技术含量的价格战等市场竞争格局。比如在一些创新业务领域，没有形成鼓励创新、追求差异化市场竞争、个性化市场定位的正向激励，我国银行业理财业务市场就是典型的例子。理财业务一直是银行业产品创新的活跃领域，能够较好地平衡风险与收益的理财产品具有旺盛的市场生命力，然而在规模情结之下，各银行抢占市场份额的冲动，演变成理财产品同质化的倾向非常明显，产品设计大同小异，缺乏内涵和创新，或者干脆直接转卖其他银行的产品，以直接吸收更多的客户资金作为最终目的。由于绩效奖励与风险暴露的期限不匹配，考核的长效约束机制缺失，部分业务的风险暴露期限较长，导致"利益当期回报、风险隐患留存"的问题突出，其负面影响已经开始在银行的中长期项目贷款和房地产贷款业务领域有所显现。由于过于强调"即期创利"，注重利益短期回报、缺乏风险弥补及约束的考核机制折射出了银行内部治理的缺陷。个别考核指标脱离实际，下达的利润增长计划远超过地方经济增长的平均水平，极易引发经营行为的扭曲，如基层行不惜采取"以贷增存""高息揽存"等各种手段虚增存、贷款；为争取中间业务收入，在理财及各类代理业务上，出现误导消费者、增设名目繁多的收费项目等损害消费者利益的行为，导致投诉率居高不下。

综上所述，银行内部治理状况对其绩效的影响是多方面的，过于重视利益回报的绩效考核可能会推动短期业绩上升，但也会将中长期风险隐藏下来，对未来银行绩效产生不利影响。银行"双线运行"考核体系折射出了银行董事会和高管层的矛盾心态，是在面对风险可控的经营发展与存贷差利益驱动下的现实无奈选择。综合绩效指标考核中是否将风险管理摆在突出的位置，体现了银行董事会和高管层对短期和长期利益的权衡考量，以及对风险控制的态度，并将最终反映在银行的长期经营管理的绩效上，银行内部治理的健全情况将始终在很大程度上决定银行是否能及时对市场变化作出敏锐反应，即决定市场约束的"影响"机制是否有效。

（三）我国大部分上市银行由中央或地方政府出资，第一大股东大多有政府背景，因此实证研究中第一大股东持股比例和上市银行绩效之间的倒"U"型曲线关系具有更深层次的意义

政府持有上市银行股份会产生正负面多重效应，一方面，政府对银行的隐性或显性的存款保险效应，使居民对银行的安全感和信任感更强，有助于银行体系的稳定和银行经营业绩的提升，形成积极的正面作用；政府持股有助于银行获得包括政府补贴在内的政策支持。另一方面，政府持股也给银行带来了诸多复杂效应：一是银行的经营决策可能出于短期成本收益的考量，而政府出于长远考虑，体现了一定程度上的政治或政策性目标，如为支持特定产业或区域经济发展而提供一定程度上的隐性政策性贷款支持等。二是政府权威和政府意愿，可能会使股东制衡机制弱化。政府持股的正负效应的综合效应可能就是导致第一大股东持股比例与银行业绩之间的倒"U"型关系的根源。这一关系的现实意义是，正确地看待和处理好银行业发展与政府的关系、发挥政府作用与市场机制之间的关系，形成优势互补，互相促进。

值得一提的是，理财客户市场约束的"影响"机制也在一定程度上存在。银行客户的市场约束"影响"机制几乎渗透于银行经营管理各环节。在客户制约的压力下，银行必须以客户为中心，由此对银行组织结构、经营理念、业务流程、市场营销等几乎所有环节产生重大影响。比如，银行将客户群体进行分层次管理，对高端客户提供差别化的、有偿的高质量服务；银行根据客户的金融需求或经营困难，以及市场环境变化而调整服务方案或方式；银行调动内部各部门各方面的资源为客户提供综合化服务，以满足客户多元化的需求；银行在不违反风险管理原则的前提下，提供主动上门的客户服务；银行努力为客户提供多品种、全方位和"一站式"的银行服务，创新发展电子银行服务，提供随时随地的银行服务。这些均反映了银行因客户的选择性而做出的反应和调整；客户的市场约束力强，客户需求形成对银行的有力制约，甚至主导了银行的服务理念、经营管理和市场行为。

理财客户市场约束的"影响"机制主要反映了当理财客户要求更高的理财产品平均收益率或赎回后转移资金时，银行采取措施来减轻和改善这种不利变化的行为。银行可能采取的措施包括通过化解不良贷款、降低不良贷款率、减少高风险的投资等方式来控制银行整体的风险水平；通过增强履约能力、注重正面舆论宣传等方式来提高银行的声誉等。而银行对理财客户能采取的最直接方式就是按预期收益率向理财客户兑付理财业务本息，或采取加快发售理财产品节奏的方式来吸纳客户资金。一般而言，银行若不能按照预期收益率兑付到期理财本息，将使理财客户产生非常不利的心理预期，直接影响到银行后续理财业务的拓展，因此若非迫不得已，银行一般不会采取这种以损害银行声誉为代价的方式来消除不利局面，除非该款理财产品发生大面积、大规模的亏损。相比之下，另一种改善客户不利变化的措施——加快发售理财产品节奏，则很可能被银行采用以满足兑付上期理财产品本息的需要。虽然银行发售的各期理财产品特点、结构、投资组合可能各不相同，但对于理财客户资金都采取资金池方式进行管理，只要资金池的资金足够偿付即将到期的理财产品本息，银行的理财业务就会处于稳步发展阶段，否则就难以为继，为此，当银行面临理财资金短缺时，最直接的办法就是加快理财产品发售的速度，这就是银行面对理财客户市场约束压力时最可能作出的反应。

在债券类理财产品和结构性理财产品中，不良贷款率的上升会在一定程度上提高银行债券类理财产品的发行频度，这两类理财产品发行的频度可以有效提示银行的风险程度，银行能在一定程度上对理财客户的风险评价作出反应。并且，在银行流动性状况逐步改善的背景下，不良贷款率对结构性理财产品募集行为的边际影响力会愈发明显。

这对于银行监管会产生多方面的启发和影响：一方面，监管者对理财业务的监管不仅要关注理财产品的实际风险收益率和理财产品的兑付情况，还应对银行募集发售理财产品的频率进行持续跟踪，这在一定程度上显示了银行理财业务的兑付能力和整体的风险状况，以便于及时采取监管策略和相应的对理财业务的监管强度。另一方面，监管者应加强对银行理财产品风险定价管理和理财资金池资金运用的监管，避免盲目追求高预期收益率来吸引客户和高风险投资来追求高回报；应督促银行加强理财业务人员的风险管理能力，加强对理财客户的风险承受能力和理财业务认知能力的测评，增强银行对理财市场风险的敏感性，以便于根据市场风险状况及时调整理财业务发展策略。

本 章 小 结

本章研究市场约束"影响"机制主要是从银行面对外在宏观因素压力和内部治理改善内生动力的角度进行宏观和微观的实证分析，这种外生性压力和内源性动力在一定程度上可以全面测算和解释银行在受到市场约束压力条件下，及时地、敏锐地作出反应的程度，即"影响"机制的作用状况。

宏观视角"影响"机制分析主要基于：银行在面对市场约束力量作出反应和采取行动时，往往是出于综合权衡评价市场的整体态度，而非针对某类利益相关者；换言之，当银行资产价格等出现不利变动时，很难区分利益相关者的"贡献度"和市场环境因素的"贡献度"孰大孰小，因此从单一角度分析"影响"机制会存在片面性。况且，银行利益相关者的行动在很大程度上是受市场环境因素影响的，而非单纯出于对银行风险状况的判断。本章通过实证分析银行业的贷款增长速度与宏观经济变量指标的关联度，测算两次国际金融危机后我国银行业对不利局面的反应程度，得出整体上我国银行业对市场信号的反应程度呈现加强趋势的结论。研究表明，我国银行体系对宏观经济形势的敏感性和对市场信号的反应程度趋强，与现实中在有效监管下银行风险防范意识明显增强的状况是一致的，由此说明市场约束的"影响"机制还是存在的。

微观视角"影响"机制分析主要基于：银行股权集中程度、管理者持股比例、控制权实现方式、董事会成员结构等公司治理状况所决定的公司决策权和控制权，能对银行经营管理行为产生直接影响，也会对银行的市场反应程度产生决定性作用，由此形成"影响"机制的微观基础。本章通过实证分析银行业内部治理变量与银行绩效之间的相关度，得出董事会规模、董事会会议次数等指标显著地与银行业绩呈正相关的结论，"影响"机制同样存在，董事会制度对银行业绩提升起到了积极作用。为弥补实证分析变量指标的局限性，本章还对 QFII 机构持股、董事会的领导结构、独立董事兼职状况、董事会专门委员会的作用进行了定性分析，并认为作为内部治理的重要标准，有效的激励和约束机制可能更集中地体现于银行绩效考核指标之中，从大型中资银行对其分行的指标分解考核来看，"双线运行"和"规模情结"在短期内不可能消除，银行寻求规模扩张的冲动、注重短期利益和不审慎经营行为，表明我国银行业内部治理工作任重而道远。

理财客户市场约束"影响"机制校验主要基于：银行对市场约束作出的反应不仅从宏观贷款增长率、经营绩效等变量中体现，还应体现于具体的业务经营行为中。为此，本章实证分析银行风险状况对债券类、信托类、结构性、综合类等理财产品募集行为的影响，得出银行不良率的上升，会在一定程度上提高银行债券类理财产品的发行频度，表明银行能在一定程度上对理财客户的风险评价作出反应。在银行流动性状况逐步改善的背景下，不良率对结构性理财产品募集行为的边际影响力会更加明显。这让我们从具体业务经营中获得了银行的市场反应程度的线索。

第六章　存款保险制度下市场约束效力分析

银行业市场约束在现实中的表现形式比较复杂，不同银行制度、不同竞争环境，对市场约束效力会产生不同的影响。本章主要分析存款保险制度下市场约束效力。

第一节　存款保险下的市场约束"监控"效力

一、存款保险制度对市场约束效力的观点争论

（一）存款保险制度弱化市场约束的观点

一部分学者认为建立存款保险制度后，由于存款保险机构会偿付破产银行存款人的存款，将导致存款人过于依赖存款保险的保护，疏于观测银行的风险水平，对银行的高风险行为不敏感，不会通过取回存款或要求更高的存款利率来惩罚银行的冒险行为，这将降低市场约束的效力。一些学者从这一角度作出了实证检验。有学者基于30个国家的数据（DemirgUc－Kunt & Huizinga，2004），运用亚洲12个国家的数据（曹元涛和范小云，2008），发现存款保险降低了存款利率对银行风险的敏感性。还有学者运用玻利维亚的数据（Ioannidou & Dreu，2006），使用俄罗斯100家商业银行的存款利率数据（Peresetsky，2008），均发现存款保险制度降低了存款

人对银行风险的敏感性。有学者采用美国 60 家金融机构的数据，经过研究发现，存款保险的实施导致存款人依据银行风险行为进行筛选的动机下降，弱化了存款人对银行的监督（Delong & Saunders，2011）。为了提升异质性分析，有学者利用俄罗斯 2004 年实施的存款保险保护个人而不保护企业存款的差别事实，运用倍差法分析发现，与企业相比，存款保险显著降低了个人存款对银行风险水平的敏感性（Karas et al.，2013）。有学者利用美国不同州差异化的存款保险实施时间及存在自愿型选择存款保险的特点，使用三重差分法进行分析，发现存款保险弱化了市场约束，受保护的存款人愿意将钱存入高风险银行以获得更高的回报（Calomiris & Jaremski，2016）。有学者对纽约在存款保险实施前不同类别存款的偿还顺序差异进行了研究，发现存款保险制度实施后存款人继续监督银行风险行为的力度有所下降。一些围绕市场约束研究存款保险制度的学者认为，该制度会导致市场扭曲。马草原、李运达（2010），潘静、熊谋林（2013）认为由于我国居民"大而不倒"的观念，银行存款人对银行风险不敏感，一般会更多地关注银行规模，因此，当存款保险制度实施后，存款人更倾向于将钱存到大型银行，以避免发生存款损失，这种存款大转移将形成市场约束的扭曲。

（二）存款保险制度强化市场约束的观点

一些学者认为现实中多数国家实施部分存款保险制度，由于对存款保险的种类和额度有所限制，并不会出现理论分析中所出现的市场约束机制丧失的情况。在部分存款保险制度下，存款人仍然会监督银行的风险行为。曹元涛、范小云（2008）研究认为当由隐性存款保险制度过渡到显性存款保险制度时，存款保险制度的实施有助于提高市场约束效应，存款人会因关注政策的变化而提升对风险的敏感度。有学者研究了不完全竞争模型中不同存款保险的效果，认为部分存款保险能够促使存款人因关注未受保护的存款风险而监督银行的风险行为，从而导致市场约束发挥作用（Matutes & Vives，2000）。有学者基于阿根廷银行的数据，发现受存款保护的存款人仍然会通过"存款搬家"的方式避开高风险银行，从而实施对银行风险行为的监督（Schumacher，2000）。有学者基于欧洲银行数据研究认为，部分存款保险制度的实施能促进存款人对银行的监督（Gropp & Vesala，2002）。冯剑、童中文（2016）基于日本银行业的数据，发现存款保险制度提升了存款人对银行风险的敏感性。

（三）存款保险制度对市场约束影响较小的观点

另一些学者通过实证研究发现，银行市场约束的有效性几乎不受存款保险制度的影响。有学者对比分析存款保险对阿根廷和智利市场约束的影响，发现小额受保护的存款人和大额不受保护的存款人都对银行风险比较敏感，存款保险基本没有削弱市场约束的作用（Martinez – Peria & Schmukler，2001）。还有学者研究发现，银行存款增长率对其风险的敏感性并不受存款保险的影响（Demirgtuc – Kunt & Huizinga，2004）。

二、存款保险制度下市场约束"监控"效力

不同学者基于不同的视角研究存款保险与市场约束的关系，得出不同的结论，不能对其一概而论。存款保险制度对于市场约束监督效力的影响取决于多重因素，涉及面比较广泛，很难用单一实证模型得出可信度较高的结论。本章认为至少须将以下几方面纳入分析视野，以此为基础研究存款保险制度对于市场约束监督效力的影响。

（一）居民的储蓄和消费习惯及收入水平

一般而言，存款数量越大，存款"搬家"对风险银行的影响越大，存款人对银行的约束力越强。居民收入水平和消费习惯引致的储蓄率高低是影响市场约束力的重要因素。当居民收入水平非常低时，为了维持基本的生活水平，居民要将大部分收入用于消费，没有多余的钱进行储蓄。由此居民储蓄在市场约束中起到的作用微不足道。从20世纪80年代至今，我国居民储蓄总量呈现快速增长态势，加之居民一直保持量入为出的消费习惯，我国整体储蓄率偏高，因此对银行的市场约束力持续增强。居民储蓄

的基本理论如下：

过度储蓄理论。曼迪维尔（Bernard Mandeville）在 18 世纪初出版的《蜜蜂寓言》一书中首次提到储蓄过度理论，过度储蓄意味着居民消费降低到了一定限度。过度储蓄理论主要包括储蓄作用理论、强制储蓄理论、储蓄表理论三个部分。储蓄作用理论将储蓄和有效需求理论结合起来，得出储蓄的目的有长期和短期之分：短期目的是扩大资本和增加社会财富，长期目的是提高居民消费水平，促进经济增长。强制储蓄理论是指国家限制消费从而增加储蓄的行为，强制居民将更多的收入用于储蓄，减少消费，这将会严重影响经济增长。储蓄表理论反映的是储蓄、收入、利率三者之间的关系，不同的利率水平都有相应的储蓄、收入值与之对应。马尔萨斯（Malthus）认为，过度储蓄是指可分配收入用于增加资本的支出部分过多，因此影响到消费，促使消费降低，他强调储蓄应该控制在一定的界限内，同时兼顾生产和消费，使二者比例平衡，从而促进国民经济健康发展。

凯恩斯的储蓄理论。凯恩斯（Keynes，1936）在《就业、利息与货币通论》一书中提出了绝对收入假说。凯恩斯认为收入和消费之间存在短期的相关性，即短期内消费取决于可支配收入。居民可支配收入的增加将导致消费的增加，但消费的增长量要低于可支配收入的增长量，也就是说，消费增量占可支配收入增量的比重越来越少，这就是凯恩斯的边际消费倾向递减规律，该理论被称为绝对收入假说。相应的边际储蓄倾向则表现为递增规律。凯恩斯还分别从主观和客观两方面对储蓄与消费倾向的影响进行了分析，客观影响因素包括：居民工资变化、收入与净收入差额的变化、贴现率变化、政府财政政策的变动；主观影响因素包括：为防范未来不确定性带来的风险、预防可预知的未来消费的增加或是未来收入的减少、获取利息收入、为将来进行创业投资或金融资产投资而储蓄资金，以及勤俭节约的储蓄习惯。

杜森贝利的相对收入理论。美国经济学家杜森贝利（Duesenberry，1949）在《收入、储蓄和消费行为理论》一书中提出了相对收入理论。该理论认为消费是受居民消费习惯和人们周围的消费水平影响的。相对收入理论结合社会学、心理学对凯恩斯的绝对收入理论中提到的两个假设进行了修正，杜森贝利认为"示范效应"的存在导致居民消费是非独立的；"棘轮效应"的存在导致居民消费行为并非可逆。"示范效应"是指居民消费受到他人消费水平的影响，居民在消费时会与周围人的消费水平进行比较，特别是与高收入水平的消费者进行比较，从而导致居民提高与自身收入不相符的消费水平；"棘轮效应"是指居民消费水平容易随收入的增加而提高，但不易随收入的减少而降低。

弗里德曼的持久收入理论。美国经济学家弗里德曼（Friedman，1957）在《消费函数理论》中提出了持久收入理论。他认为居民在消费时不依据当期可支配收入这一绝对水平，而是依据未来长期可支配收入的持久收入水平。弗里德曼将居民消费划分为持久消费和暂时消费，并且认为持久消费和持久收入的关系长期处于稳定状态，而暂时消费和暂时收入长期内对二者之间稳定关系的影响可以相互抵消，所以，只有持久收入才能对居民消费产生影响，与当期现实可支配收入无关。

生命周期假说。莫迪利安尼（Franco Modigliani）等人于 1950～1960 年提出了生命周期假说。该理论依据整个生命周期阶段的可支配收入来进行消费分配，这种消费与储蓄的分配反映在居民整个生命周期上每个阶段都是理想的状态，他们的目的是实现其一生的消费效应最大化。生命周期假设基于两个前提条件，其一是消费个体是理性的，会合理进行消费；其二是以实现消费效用最大化为目的。因此理性的消费个体以实现终身消费效用最大化为目的，合理安排其一生的收入。莫迪利安尼认为，理性的消费个体以实现终身消费效用最大化为目的，依据其一生的收入水平合理安排消费与储蓄的比例，从而实现收入与储蓄的平衡。

预防性储蓄理论。预防性储蓄理论是由费雪和弗里德曼（Fisher & Friedman）在 20 世纪 80 年代提出的，主要考察的是理性行为人在考虑到未来的不确定性对当下储蓄以及消费行为的影响。具体是指风险厌恶型消费者预期未来将会面临较大的风险时，会选择增加当期的储蓄以应对风险的发生。即在未来充满不确定的情况下，未来消费的边际效用会大于当下消费的边际效用，理性消费者为了保证一生效用的最大化，会选择将一部分收入用于储蓄来面对未来的不确定性。

当前，由于全球金融动荡和我国经济逆周期调整，经济的大环境还处于不太明朗的状态，同时由于我国的养老保险制度、医疗发展水平等仍处于不断完善的状态，这样的情况无形中给消费者传递出许多未来收入与支出的不确定性信息，许多理性行为人为了保证未来的消费不得不进行储蓄。这种预防性储蓄成为当下银行储蓄规模不断增长的主要因素。据统计，银行储蓄结构中50岁以上客户占据了主要比例，这与对未来收入预期的下降有直接关系。根据预防性储蓄需求理论，居民储蓄率会随着人口老龄化程度的不断加深而出现上涨的趋势。

储蓄与消费的理论对于银行业的市场约束效力研究提供了很好的分析框架。

（二）银行制度及监管策略

美国历史上以单一银行制为主，即商业银行只有一个独立的银行机构，不设立分支机构。实行单一银行制度的商业银行在经营管理上较为灵活，但其经营范围受到地域的限制，难以在大范围内调配资金，风险抵押能力相对较弱。这种制度可以在一定程度上限制垄断，提倡自由竞争，但近年来有向分支行制转化的倾向。美国的单一银行制源于汉密尔顿主义者与杰弗逊·杰克逊主义者两种银行观之间的斗争。将自由银行制融入联邦法律的直接结果之一是使单一银行制永久化。

美国长期实行单一银行制也给社会经济带来了诸多不利影响。它导致美国商业银行总数过多，规模过小，抗周期、抗危机能力弱，大大影响了美国商业银行国际竞争的能力。美国由于存在众多分散经营的独家银行，大大限制了资源的集中。银行规模过小，未形成分布面广的总分行网络系统，极不利于银行体系的稳定，一旦面临金融恐慌、危机或公众挤提挤兑时，救援资金不易迅速到达紧缺地区的银行，因此银行倒闭现象严重。在美国单一银行制度下，市场约束的作用是强烈的。

我国银行业属于特许经营，冠有"银行"字样的机构须经过严格的市场准入管理，银行机构市场退出的案例有但并不多见。我国以官方监管主导的银行监管制度，充分关注银行机构市场退出对于市场的震动和负面冲击，对于风险机构会提前采取监管措施，从而较好地控制银行的风险规模。但是，也应加强对小法人银行机构的监管，通过吸收合并、兼并重组等方式，引导市场有序减少中小型银行的数量，防止中小型银行挤兑事件的发生及产生对银行体系的负面冲击。据原中国银保监会披露，截至 2021 年全国共有 4602 家银行业金融机构，其中农村商业银行 1596 家，农村信用社 577 家，村镇银行 1651 家，这个机构数量较为庞大，小法人银行机构规模过小，抗周期、抗风险能力弱，引导大机构收购小机构，按照上海等试点的经验，设立省级农村商业银行，推动大法人银行机构进一步壮大，应该是未来我国银行业发展的方向。

（三）存款保险制度的设计

存款保险制度引发的存款人的道德风险使得绝大多数存款人失去监督约束高风险银行的动力，导致市场约束作用被弱化。而实际上，由于存在信息不对称的情况，数量众多的中小额存款人缺乏了解相关市场信息的渠道，对银行的监督成本较高，银行的中小债权人没有能力监督银行，因此存在集体行动下的"搭便车"问题，导致绝大多数的中小存款人无论在显性存款保险制度还是隐性存款保险制度下都缺乏监督和干预银行经营行为的积极性。但对于银行少数的大额存款者来说，他们在获取和解读银行信息方面具有一定的优势，其做出的转移资产或要求更高利息的决定对银行产生的影响是不容忽视的，因此大额存款者相比中小存款者更具备监督和约束银行的能力（佘桂荣，2009）。也就是说，大额存款者的存款在银行破产时不能完全得到保障，其部分存款暴露于风险之中，基于维护个人利益的目的，大额存款者会更加关注银行的经营活动和风险状况，通过转移资金到更安全的银行或是对高风险的银行要求更高利率水平的方式实施对银行的约束。

差别费率能较好地抑制银行道德风险，强化市场约束。固定费率下所有的投保银行都按照相同的比例缴纳保险费用，在这样的规定下，容易出现风险承担较小的银行分担风险承担较大的银行的经营损失，导致这类银行失去主动管理风险的动力，激励银行的冒险经营行为。而差别费率则是存款保险机构根据投保银行实际的经营管理状况和风险状况等因素确定缴纳的保险费用。从监管角度出发，这种差别保险费率的规定有助于激励银行内部风险控制的积极性和主动性，促使银行采取更加审慎的经营策略。

我国在建立存款保险制度后，通过《存款保险条例》建立了识别问题银行的预警机制，明确问题机构市场退出机制。预警机制通过识别经营出现问题的银行，并对问题银行的经营行为实施早期纠正措施，能够降低救助成本，有利于提升银行体系的稳健性；问题银行破产倒闭时，由存款保险基金管理机构对金融资产进行处置和接管，及时清理高风险、低效率的银行，维持银行体系的整体稳健。中国人民银行、国家金融监管总局和存款保险公司三者之间通过信息共享形成银行系统的有效监管，可以更好地发挥市场约束的作用。明确的市场退出机制能够使银行的债权人对该银行产生破产的预期，激发银行债权人市场约束的力量。我国存款保险实行基准费率和风险差别费率相结合的差别保险费率制度，费率的标准由存款保险基金管理机构根据经济金融发展状况、存款结构情况以及存款保险基金的累积水平等因素制定和调整，各投保机构的适用费率由存款保险基金管理机构根据投保机构的经营管理状况和风险状况等因素确定，因此风险较高的银行将承担更高的保险费率。

不过也应看到，存款保险制度的设计对存款的银行分布会产生较大影响。例如，我国存款保险制度规定，存款保险实行限额偿付，最高偿付限额为人民币 50 万元。据原中国银保监会披露，截至 2021 年末，我国共有 4602 家银行业金融机构，其中有大型商业银行 6 家，股份制商业银行 12 家，城市商业银行 128 家，另外还有多家农村商业银行、民营银行、村镇银行。多数存款人可以将存款分散存于各家银行从而获得保障，由此降低市场约束的监督效力。

此外，宏观经济形势、个人心理和行为的异质性特征等方面，也会对存款人等利益相关者的市场约束力产生复杂的影响。一方面，客户对于风险的感知不都来自对银行风险的判断，有时也来自对宏观经济形势的研判。例如，我国房地产市场的价格调整、宏观经济的景气程度、通货膨胀的感知程度，均会在不同程度上影响到客户的预期改变，从而更加审慎地观察银行的风险水平，产生比较强的市场约束力。另一方面，客户个体由于认知能力的局限性，对银行风险水平的判断可能并非来自专业分析，而是来自经验判断，例如银行从业人员的服务态度、专业水平。同时，客户普遍存在从众心理，面对银行经营管理的风吹草动，容易采取一致性的行动，在放大的情形下形成对银行强有力的市场约束。

第二节　存款保险下的市场约束"影响"效力

银行业市场约束的"影响"机制主要体现在银行基于宏观经济形势的变化与银行业市场情况的变化，作出经营管理上的调整，获得更有利的竞争性地位。

一、存款保险制度下市场约束"影响"机理

银行业市场面临数量约束和价格约束。当银行风险水平上升时，风险较高的银行吸收的资金将会减少，数量约束发挥作用。随着银行业金融机构和互联网金融的深入发展，在存款替代产品不断涌现的激烈的市场竞争形势下，越来越多的非银行金融机构与中小型商业银行竞争存款，存款者的选择权不断扩大，中小型商业银行的存款业务空间被不断挤占，中小型商业银行面临存款流失的压力日益加大，数量约束对中小型商业银行的影响将会日益凸显。价格约束是指当银行增加其风险承担时，风险较高的银行在金融市场上的融资就需要支付更高的成本，迫使银行调整经营行为，改善风险承担水平。随着利率市场化的进行，银行存贷利差缩小，价格约束下融资成本的上升会对中小型商业银行的盈利性产生冲击，因此，价格约束对中小型商业银行的影响不容忽视。

由此可见，市场约束的关键环节在于银行的风险水平，这既与银行经营管理水平相关，也与市场的竞争环境引致的银行经营策略调整有关。银

行竞争对商业银行的风险是多方面的。

（一）竞争稳定性理论

该理论认为银行竞争会提升银行体系的稳定性，降低银行风险。首先，有学者从银行贷款市场出发，提出"风险转移效应理论"，从贷款竞争和信贷风险的重要角度展开研究，认为银行的信贷风险主要来源于借款人投资风险的转移。当银行竞争程度较低时，银行拥有较大的垄断定价能力，为了获取收益，借款人的冒险激励行为增加，其会倾向于投资高风险高收益的项目来承担更多的风险，导致借款人的违约概率上升，银行信贷风险随之提升。而当银行竞争激烈时，银行的定价能力随之下降，较低的贷款利率提高了借款人的利润，从而减少了借款人从事风险行为的动机，降低了借款人的违约概率和商业银行的风险，增加了银行流动性和稳定性。其次，有学者对特许权价值假说进行了重新审视，特许权价值假说认为银行业竞争度的提升通过侵蚀银行特许权价值，加剧了银行承担过度风险的动机。有学者建立了一个模型重新研究了特许权价值假说，认为竞争会促使银行更加谨慎地行事，随着竞争的加剧和利润率的下降，银行面临更有约束力的失败威胁，因此银行可能会降低自身的风险承担（Arping，2019）。有学者认为竞争对银行流动性有积极影响，因为受更强竞争影响的银行往往会对短期借款保持更大的流动性资产缓冲（Almarzoqi et al.，2015）。竞争将对银行融资决策实施自律机制，因为低利润率使得银行无法依赖成本昂贵的资金来源，因此需要在流动性管理方面更加谨慎，即竞争加剧了银行谨慎行事的动机。还有学者从道德风险的角度做出了解释：银行市场垄断程度越大，大型银行就会受到更多的政府隐性担保和安全补贴，提高银行的道德风险。使大型银行对银行风险的审慎性不强，其在经营管理过程中更倾向于高风险高回报的项目，导致金融体系的脆弱性增强（Boyd & Runkle，1993）。因此，银行市场竞争越激烈，银行数量越多，越可以倒逼银行提高竞争活力以及对风险管理的审慎性，降低银行风险。从银行竞争对商业银行流动性风险的影响来说，有学者认为银行竞争对其稳定性的影响因风险类型的不同而呈现出显著的差异，其中，竞争对银行的流动性产生了积极的影响，但它也可能对偿付能力和信贷质量产生潜在的负面影响（Ben et al.，2015）。

（二）竞争脆弱性理论

该理论认为银行竞争会造成银行体系的不稳定，增加其风险。支持竞争脆弱性理论的学者主要有以下解释：一部分学者从存款市场出发，提出"特许权价值假说"。他们认为特许权价值（获得的特许经营牌照的价格）的降低是导致银行风险上升的主要原因。较高的特许权价值意味着银行可以获得更多的垄断利润，也意味着银行一旦发生风险导致破产，将付出更高的特许经营成本。因此，特许权价值在一定程度上可以限制银行的风险行为。有学者建立了一个理论模型，认为存款市场竞争的加剧会导致银行特许权价值下降，从而使银行垄断租金降低，为了保证利润，银行的冒险动机变大，竞争恶化了银行谨慎行事的动机（Marcus，1984）。还有学者从存款利率管制角度进行了研究，他们认为，设定存款利率上限可以约束银行业竞争，从而降低商业银行的冒险动机；而放开对存款利率上限的管制会损害银行的特许权价值。即当存款上限放开后，激烈的竞争会削弱银行的市场势力，银行能够从特许权价值中获得的垄断利润降低，银行会开展更多的风险投资，增加银行风险（Hellman et al.，2000）。

另外，有学者从流动性支持的角度出发，对竞争脆弱性理论做出解释。在完全竞争市场中，所有银行都是价格的接受者，当某家银行面临严重的流动性兑付危机时，其他银行没有足够动机或激励为其提供流动性支持，因此危机银行面临着破产倒闭。而银行体系竞争相对缓和时，银行之间的合作意识更强，当某家银行出现流动性不足时，同行出于合作意识会伸出援手，为其提供流动性支持，这有利于银行体系的稳定（Allen & Gale，2000）。

从银行竞争对商业银行流动性风险的影响来说，价格和非价格引发的存款竞争不仅刺激了银行的流动性，而且增强了银行开展影子银行业务的动机，影子银行规模的扩张，提升了银行的期限错配程度，增加了其系统性风险（杨天宇等，2013；郭晔等，2017；吴成颂等，2018）。互联网金融等新兴业态的出现加速了金融脱媒，进一步挤压了商业银行的利润空间，跨业竞争与同业竞争的共同作用使得银行自我逐利，加深了期限错配程度，加剧了银行流动性风险（应展宇等，2020）。有学者也曾指出激烈的银行同业竞争会缩小银行信贷利差收入，降低银行的盈利能力，进而影响其流动性水平（Arben et al., 2018）。杨毅飞（2021）运用 1978~2020 年的时间序列数据，回归得出贷款价格竞争引起的贷款价格转变确实会影响银行的流动性水平。李兴凤（2021）研究发现银行市场势力对流动性错配的影响显著为负，即银行竞争加剧加大了流动性错配程度，增加了流动性风险。这和项后军等（2021）的观点相符，其认为面对竞争加剧导致的收益下降、负债成本上升等情况时，商业银行会有更强的动机参与竞争，提升自身风险程度，降低自身的流动性水平。

（三）非线性理论

竞争与银行风险的非线性关系始于一些学者的理论研究模型（Martinez - Miera & Regullo，2010），他们在之前学者研究的模型基础上（Boyd & Nicole，2005），将银行竞争引发的低贷款利率和低利润率同时引入一个模型，建立了理论框架，发现竞争与银行风险之间的关系是非线性的。他们认为当银行收取较低的贷款利率时，银行的借款人会选择更安全的投资，因此借款人的违约概率减少，银行的信贷质量提高。然而，低贷款利率也会减少银行的贷款收入，降低银行的边际利润，风险缓存资本存量就会随之减少，从而削弱银行抵御风险的能力，即"利润边际效应"。根据风险转移效应，银行贷款利率的下降对银行和借款人都是有利的。但对于商业银行来说，其主要的利润来源就是存贷业务的利差，随着贷款竞争的加剧，银行的贷款利息收入减少，为了增加利润，其会更加倾向于从事冒险行为。例如，降低贷款人的审查标准，转向高风险贷款等。因此，当利润边际效应在竞争中占优时，银行可能会承担更多的风险。

当银行竞争激烈时，银行的定价能力随之下降，贷款利率的下行减少了借款人的违约概率和银行的贷款风险；然而，低贷款利率也会减少银行的贷款收入，降低银行的边际利润，从而削弱银行抵御风险的能力。田雅群等（2019）基于农村商业银行的数据研究发现，贷款价格竞争与信贷风险呈"U"型关系，该结果也验证了一些学者（Martinez - Miera & Repullo，2010）的 MMR 理论预期。童玉芬等（2019）采用勒纳（Lerner）指数衡量银行竞争水平，不良贷款率衡量银行风险状况，实证得出二者之间是"U"型结构关系。这和胡题等（2013）的研究结果一致，他们认为银行竞争程度的改变会影响银行的经营策略，进而影响银行的风险，目前银行竞争的加剧会提高银行风险。申创（2018）以布恩（Boone）指数衡量市场竞争度研究也得出相同的结论，即近些年我国银行业市场竞争度是在"竞争—脆弱"区域范围内的，竞争度的上升提高了银行风险。而查鉴柯等（2015）研究发现贷款竞争分别与信用风险和流动性风险呈倒"U"型关系，与破产风险呈"U"型关系；而存款竞争与银行风险并不存在这种非线性关系。周晔等（2022）也认为银行竞争与商业银行资产流动性之间呈先增后减的倒"U"型关系。

二、存款保险制度下市场约束"影响"效力

存款保险制度影响市场约束效力主要基于可能引发银行道德风险的考虑。道德风险主要表现在以下三方面：第一，实施存款保险制度后，银行不再需要为自身的高风险投资向存款人支付更高的风险溢价，从而导致银行在高收益的驱动下产生主动投资高风险项目的动机，甚至是过度的风险投资，增加了银行的风险承担。第二，存款保险机构为银行存款提供了信用担保，降低了银行对流动性风险的管理要求，导致银行内部治理机制作用弱化，风险管理能力下降，增加了银行经营的不稳定性。第三，存款人在自身利益受到保障的情况下，失去了对风险的敏感性，降低了对银行自发监督的积极性，从而弱化了市场约束。所以，存款保险制度在防止银行挤兑发生的同时，也成为银行道德风险的一大诱因，而道德风险可能导致银行的不稳定性增加，反而加剧了银行的系统性风险（Laeven，2005）。

然而，相比于存款保险制度的影响，存款市场和贷款市场的竞争更能直接对银行风险管理行为产生影响。

（一）存款竞争对银行风险管理的影响

1. 存款竞争降低银行风险的影响机制

近年来，银行存款市场上的竞争日益激烈，不仅有银行数量增多带来的同业竞争，还有互联网金融，例如余额宝等金融创新产品来分流银行存款。存款竞争加剧使得商业银行稳定的资金来源受到冲击，而在利率市场化的大背景下，商业银行拥有更多的存款自主定价的权利，其会通过对存款价格的竞争来争夺更多的存款资金。首先，资金持有者会根据预期收益的大小来选取合作银行进行资金存放，商业银行为了竞争存款，会提高其存款利率以吸引更多的储户，这扩大了银行的存款规模，提高了商业银行的流动性。其次，存款竞争加剧导致商业银行负债的稳定性受到冲击。商业银行更加依赖同业负债等资金来源，其负债端资金越来越依靠批发性融资，为了解决负债稳定性下降引起的资产负债期限错配问题，商业银行会增加流动性资产的配置，这有利于稀释期限错配导致的流动性风险。最后，商业银行存款利率的提高以及负债结构的改变，增加了商业银行的负债成本，降低了银行的利润。竞争的加剧以及利润率的降低使得商业银行无法持续依赖成本较高的资金来源，那么，竞争会促使商业银行对短期借款保持更多的流动性缓冲，通过增加流动性资产的配置等方式应对未来的流动性需求，即竞争使得商业银行在流动性管理方面更加谨慎，以此降低商业银行流动性风险。

2. 存款竞争提升银行风险的影响机制

首先，商业银行通过提高存款利率来应对揽储压力，降低了银行的存款定价能力，进而降低了银行的特许权价值。特许权价值降低后，商业银行可能会出于审慎效应降低自身风险承担，也可能出于盈利动机，激励其对风险投资的偏好，提升商业银行信用风险和流动性风险。其次，商业银行通过提升存款利率的方式吸引储户，这缩小了存贷利差空间，也增加了银行的存款成本，削弱了商业银行的主要利润收入。商业银行发生"利润边际效应"，其抵御风险的能力降低。最后，商业银行负债端的负债结构发生了变化。银行存款竞争使得商业银行存款这一稳定来源受到冲击，揽储压力的增大导致商业银行的资金来源更加依靠短期批发性融资，这增加了商业银行的融资流动性风险。由于通过非存款形式获得的负债资金具有不稳定性，这又进一步提高了银行的负债成本，为了能够覆盖资金成本，银行将通过主动渠道将更多的资金配置于在高收益、高风险的资产项目上，例如投资期限较长的信贷、债券或者非标准化债权资产等。这类资产的流动性不强且风险较高，加大了商业银行资产负债期限错配程度，提升了商业银行流动性风险。

综上可见，银行存款竞争对商业银行流动性风险的影响既有积极效应又有消极效应。适当的存款竞争有利于激发商业银行经营活力，扩大其存款规模，增加流动性资产配置，降低商业银行流动性风险。但是，如果商业银行只重视规模而不重视质量，盲目地追求高收益，以不符合市场规律的形式进行恶性竞争，不断加大高风险资产的配置，那么不仅会提升商业银行信用风险，还会使其面临严重的流动性危机。

（二）贷款竞争对银行风险管理的影响

1. 贷款竞争降低银行风险的影响机制

在贷款市场上，银行贷款竞争使得商业银行在一定程度上降低贷款利率来应对竞争的加剧，尤其是随着贷款利率市场化的放开，银行更倾向于通过降低贷款利率来吸引企业借款从而获取收益。一方面，这意味着借款人的借款成本下降，这将使他们减少自身冒险激励，从而减少违约概率，进而提升商业银行的信贷质量，银行贷款竞争对银行风险的影响存在"风险转移效应"，降低了银行面临的借款人的违约风险（张宗益等，2012），提高了商业银行的稳定性。信贷质量的提高会改善商业银行面临的流动性期限错配，降低自身流动性风险。另一方面，贷款利率的降低缩窄了商业银行的存贷利差，靠存贷利差获取的利润下滑严重。竞争的加剧以及利润率的降低提高了商业银行谨慎经营的动机，因此其在流动性管理方面的表现将更加谨慎，例如增加流动性资产的配置、调整收入结构等，以此提升商业银行流动性水平。

2. 贷款竞争提升银行风险的影响机制

贷款竞争的加剧使得商业银行倾向于下调贷款利率来吸引借款人，贷款利息下降使贷款收入相应减少。于是，"利润边际效应"发生，银行盈利水平和应对风险冲击的能力相应降低，风险随之增加。进一步来说，激烈的贷款竞争不仅会加强商业银行对优质借款人的争夺，也增加了借款人讨价还价的能力，这降低了银行的贷款定价能力，侵蚀了银行的利润水平。如果银行争取不到优质借款人，就会将目标转向风险较高的借款人，还会激励其冒险倾向。有学者通过研究发现尽管贷款利率的下降可以改善商业银行的信贷质量，但是银行从安全信贷业务中获得的贷款利息收入也会减少；为了追求盈利，银行可能会调整其贷款结构，它们可能会直接贷款给风险较高的项目，也可能通过各种其他渠道增加风险，如降低贷款标准、降低贷款限制或增加中长期贷款比例等；银行也可能在贷款组合之外调整自己的风险来增加收益（Wagner，2010）。例如，银行可能在（非贷款）资产上投资更多。虽然高风险资金的配置是为了更多盈利，以增加银行收入，但是也给银行带来了风险，如果存款人发生挤兑，资金无法按时收回，就会带来严重的信用风险和流动性风险。

综上所述，银行贷款竞争既可能加剧商业银行流动性风险，也可能抑制商业银行流动性风险。若贷款市场竞争可以有序且良性地进行，那么商业银行信贷质量提升，企业违约行为减少，有利于商业银行稳健经营。若商业银行不断降低贷款价格，为了扩大贷款规模放低对贷款人资质的审查，为了高收益将资金投向高风险的贷款项目，那么商业银行的流动性风险、信用风险都会增加。鉴于此，本章认为存款竞争和贷款竞争与商业银行流动性风险的关系是非线性的，这取决于正负效应的综合影响。

本 章 小 结

存款保险制度是影响存款人行为的重要制度，然而国内外学者对于存款保险制度对市场约束效力的影响并未形成一致性的意见。存款保险制度弱化或强化市场约束的观点均有实证研究为依据，有学者研究认为存款保险制度对市场约束并未产生多大影响。本章认为由于对于市场约束监督效力的影响取决于多重因素，涉及面比较广泛，很难用单一实证模型得出可信度较高的结论。单纯从存款保险制度角度研究市场约束效力的变化存在较大的片面性，居民的储蓄和消费习惯及收入水平、银行制度及监管策略、存款保险制度的设计等，都是影响市场约束效力的重要因素，也是决定存款保险制度产生不同影响的背景环境。此外，竞争稳定性理论、竞争脆弱性理论、非线性理论等表明银行会根据外在环境变化而调整经营行为，其中存款竞争与贷款竞争等都是影响银行风险管理的因素。市场约束的关键环节在于银行的风险水平，因此银行面对市场约束作出的行为既与银行经营管理水平相关，也与市场的竞争环境引致的银行经营策略调整有关。银行竞争对商业银行风险的影响是多方面的，存在非线性的关系。

第七章 官方监管与市场约束

　　研究市场约束的最终目的是完善我国银行监管框架，然而现实中最难解决的问题也在于如何界定官方监管和市场约束的边界，即使历经数十年经济学理论争论和国际金融危机的考验，仍然没有获得一致性的答案。本章围绕这一核心问题，从官方监管与市场约束的优势和劣势、差异和联系的对比分析，以及监管者与银行逃避监管处罚的动态博弈、参与金融危机的救助中探寻两者的运行边界。

第一节　市场约束的局限性及官方　　监管的必要性

一、市场约束的局限性

（一）市场约束难以应对银行体系风险

　　一是市场约束机制是通过相关利益者对单个银行的选择和判断机制来实现的，并不能对整个银行体系风险形成抑制作用。二是若银行体系风险已经发生，市场约束可能难以抑制和消除这种风险性因素，反而会扩大、传散、蔓延风险恐慌情绪。明斯基（Minsky）金融脆弱性假说认为，银行体系具有脆弱性特征，因为从商业周期理论看，商业周期的波动会引发企业贷款需求的波动，企业的经营对银行信贷有很强的依赖性，一旦因任何因素未持续给企业注入信贷资金，都将引发企业违约或破产。若企业破产形成规模，那么无疑将对银行体系的稳定性形成巨大冲击。本书第五章对我国银行贷款增长与宏观经济形势相关性的实证研究，也在一定程度上印证了商业周期理论中企业对银行信贷的依赖。因此，如果宏观经济快速下滑，就有可能诱发银行业的系统性风险。此外，非线性经济理论认为银行体系中具有较复杂的非线性机制，能将市场信号进行数倍放大，如杠杆效应、关联效应、正反馈效应、羊群效应等，这些机制可能将单个银行风险扩散成银行体系的危机。市场约束难以避免和消除银行体系的这种系统风险，一旦出现，只会起到加剧的负面效果。这从美国次贷危机中似乎也可以得到验证，即使是西方发达国家，最终也需要依靠强大的政府干预来化解危机的负面冲击。

（二）市场约束难以修复银行可能快速恶化的风险

银行与一般企业的不同之处就在于其高负债特性，自有资本在资金构成中占比很小，这就导致银行风险容易形成且恶化的速度非常快。有研究已印证了这一观点，在面对宏观经济系统性风险冲击时，银行的高负债和脆弱性特点，导致其风险形成和恶化的速度远快于一般企业。此时，即使市场约束机制通过价格信号将压力传导到银行，银行也根本来不及作出调整，风险与之同时快速演变，市场约束此时还可能助长负面影响。挤兑效应就是市场约束放大负面影响的典型例子，这在中小型银行中表现得尤为明显。美国次贷危机在发生后的若干年，仍对美国银行业产生着巨大的持续冲击，2010 年全年宣布破产倒闭的银行就有 149 家。

（三）市场约束机制过分依赖于价格约束，价格信号往往受制于诸多外在因素，可能并非银行风险问题

由于信息不对称，银行资产定价受宏观经济形势、监管政策调整、国际金融动荡等诸多因素影响，并非完全根据银行的盈利能力和风险水平来决定。银行资产价格的异常波动可能受到外界扰动因素影响，价格信号的"噪声"导致市场约束的基础发生动摇，市场约束的有效性面临巨大考验。

（四）市场约束只关注单个银行，而不会顾及其可能形成的负外部效应

银行利益相关者众多，远超一般企业，作为间接融资体系的核心，银行体系的稳健与否关系到整个社会的稳定。然而，市场约束只对单个银行形成约束作用，促使单个银行作出风险调整，对于这个调整对其他银行乃至银行体系的影响效应，则往往并不关心，也不会形成约束。由此单个银行因市场约束而被迫以破产甚至倒闭这一极端方式作出调整时，银行的负外部效应将对社会和银行体系的稳定产生巨大的负面影响。

（五）市场约束对信息质量要求较高，而现实中信息披露不充分不规范是常见的现象

市场约束是建立在信息分析和判断的基础之上的，投资者与银行之间拥有获得信息的同等机会是市场约束的基本条件。但在现实中，信息不对称非常普遍，银行是信息披露主体，拥有信息优势，因担心不利影响而有选择性地披露信息，隐瞒负面信息，使投资者判断失误，或侵犯客户知情权，有损客户的利益。如银行在理财产品的存续期对产品盈亏信息不加披露；理财产品只宣传良好的业绩表现，而不提示风险，不宣传亏损案例等，这些都是道德风险的表现。此外，投资者因不了解各银行风险状况的差异，只能按照市场较高的平均预期收益率向所有银行寻求回报，结果稳健经营的银行因难以支付高额利息而退出融资市场，风险较高、偏爱冒险的银行反而在融资市场相当活跃，整个金融体系风险由此上升，这就是逆向选择。道德风险和逆向选择的存在造成市场低效运行，市场约束机制难以发挥作用。

（六）市场约束需要利益相关者持续关注风险和具有专业判断能力，现实中利益相关者的素质和意愿往往欠缺

银行的投资者是广大的群体，投资者的素质往往参差不齐，或许因专业知识不足，或许因收集信息成本过高，投资者队伍中往往只有一部分人会去关注银行风险，并作出投资决策，其他的投资者往往会采取"搭便

车"方式,这部分人缺少监督银行风险的主动性,对银行风险状况的变化相当麻木,会影响市场约束的有效性。

(七) 市场约束可能助长宏观经济的波动

在宏观经济形势比较好时,企业资金周转和还贷情况一般比较正常,银行的各类风险相对较低,利益相关者可能因此放松对银行风险的关注和警惕,表现为宽松的市场约束,风险可能借机快速聚集上升;而在宏观经济环境欠佳时,利益相关者可能过高地估计银行风险,过于悲观地看待银行消除风险的能力,实施更为严厉的市场约束,结果造成银行经营难以为继,银行业的风险被过分夸大。这种不当的时候实施的强度不当的市场约束力,加大了宏观经济的波动幅度,延长了调整时间。

二、官方监管的必要性

从银行监管发展史看,官方监管一直占据着举足轻重的地位,只是不同时期在监管内容、监管手段、监管机制等方面有所区别。随着全球金融动荡和金融危机的不断发生,各国都在积极探索官方监管的创新,包括运用新的技术手段、创新监管机制、变革监管体系、调整监管范围等,官方监管的理论和实践处于不断发展变化之中,有关官方监管观点的争论也在不断进行中,比如对于银行混业经营的金融制度和监管政策的辨析,美国次贷危机后对于衍生产品交易监管的变革,都处在广泛的辩论和调整中。但从总的趋势看,官方监管有增强的趋势,相比于市场约束,官方监管依然具有较强的生命力,体现出其特殊的优势。

(一) 官方监管可以解决市场失灵问题

在经济领域有关政府干预和市场机制的争论从来没有平息过,支撑政府干预是必要的这一观点的理由之一,就是市场由于信息不对称而可能出现市场失灵,政府干预可以解决市场失灵问题。在金融领域,市场失灵问题同样存在,例如在金融市场上由于缺乏强制信息披露制度,造成内幕交易或内部人交易广泛存在，损害了投资者的利益和市场机制运行的基础，造成市场规模萎缩。市场价格信号的失真导致不当的市场约束，可能形成对银行体系的冲击。为此，官方监管通过制定市场制度规范，强制市场参与各方遵守的方式，有可能消除或缓解市场失灵问题。比如对信息披露内容、格式、标准的要求，又比如对金融资产价格波动幅度区间的限制和临时停牌制度等。

（二）官方监管可为银行创造良好的发展条件，弥补银行内在脆弱性和不稳定性

银行经营的高负债特性，使得银行经营管理受外在因素影响较大，容易受市场不利消息影响，即使事后证实消息的虚假性，也会在当时使银行风险急剧上升。因此，官方监管可以通过监管制度设计，如最后贷款人制度等，来增强银行经营的稳定性，使银行更有条件去监督借款人，控制各类风险。监管者可将存款利率设定低于市场竞争性的均衡水平，对银行的机构和业务实施准入管理，对其内部控制予以监督，在一定程度上解决其道德风险和逆向选择问题，弥补银行的内在脆弱性，为银行稳定发展创造条件。

（三）官方监管可以降低挤兑等极端事件发生的可能性

银行挤兑模型表明，挤兑事件发生的可能性与银行风险程度并无直接关联，只要存款人判断市场存在挤兑的趋势，就会参与其中，形成现实的挤兑风潮（Diamond & Dybvig，1983）。挤兑事件对高负债特征的银行或银行体系的破坏力巨大，市场约束的这种极端情形可能会因挤兑风险的蔓延而摧毁银行体系，但这种事件又存在很大的随机性，因此，官方监管能在其中发挥作用，通过存款保险制度等监管制度和金融救助等监管措施来消除发生挤兑事件的可能性。

（四）功能监管延展了官方监管的运作空间

有关功能监管理论的提出（Merton & Bodie，1993），消除了机构监管的局限性，以更富预见、更稳定的监管方式，适应了银行业创新发展的需要，将银行业创新中同质的且相对稳定的业务领域集中监管，使相关监管法律法规更稳定有效，在相当程度上提高了官方监管的效率和运作空间，解决了监管总是滞后于银行创新发展变化的问题，增强了官方监管的可持续性，赋予其新的生命力，再次注解了官方监管的必要性。

（五）官方监管能消除银行业运行的低效

从理论上说，银行业具有自然垄断的倾向，因为银行业务存在规模经济，银行的规模与其收益和稳定性呈正相关，与成本呈负相关；一旦大部分市场份额被几家银行占据，后来的银行进入的难度加大，使市场竞争性降低，垄断价格开始形成。现实中，企业为获得贷款便利和稳定的资金来源，往往在银行信贷政策倾斜面前表现出良好的合作态度，乐于与其建立稳固的关系，结果提高了其他银行进入的成本。这就是自然垄断的一种表现，在客观上排斥了市场竞争，形成了市场运行的低效，为此，官方监管有必要通过对银行机构和业务的监管来消除自然垄断现象。

（六）官方监管在效率上具有比较优势

与市场约束相比，官方监管在提高效率上具有比较优势。如市场自发解决某一市场失灵问题时可能低效或成本高昂，官方监管却能迅速见效。现实中，面对收费价格竞争混乱的局面，银行同业公会在会员单位之间协调往往难以得到广泛的支持和配合，而监管机构传递监管意图却能立竿见影。又如，投资者广泛存在"搭便车"现象，市场的解决成本很高，但官方监管制定强制披露制度能很好地缓解这一问题，并解决由"道德风险"和"逆向选择"形成的市场低效。

（七）官方监管可以降低银行体系的风险

如前文所述，市场约束一般针对单个银行形成约束力，不涉及整个银行体系，因此可能存在约束的片面性。官方监管则可以从全局角度审视任何单一银行或多家银行的风险，评估任何风险现象可能形成的负面影响范围，充分考虑风险事件对整个银行系统性风险的威胁，从成本和代价最小的角度出发，采取相应的监管行动，这无疑有利于整个银行体系的稳健运行。

第二节　官方监管的内容、局限性及相关分析

一、官方监管的内容

官方监管的内容因各国银行监管目标的不同而存在一定差异，但其主要内容离不开两个方面：一是对银行机构市场准入和退出的监管；二是对银行机构日常业务营运活动的监管。前者包括最低注册资本金要求、高级管理人员任职资格监管、业务范围监管等方面对新设银行机构的审批管理，以及对有问题银行的救助等；后者包括非现场监管、现场检查和日常监管。

（一）机构市场准入管理

新银行机构的入市会加剧竞争，提高银行业的效率，但也会增大银行体系的风险。在市场需求没有很大增长的情况下，新机构的过量进入必然会导致银行业的平均盈利水平降低，从而使抵御风险能力减弱。而如果让先天不足的机构进入市场，则意味着会在银行体系中形成严重的风险隐患。因此，对银行机构市场准入的控制是有效进行银行监管的首要环节。而其监管目标则是通过在银行机构审批环节上对整个银行体系实施有效的控制，保证银行机构的数量、结构和规模符合国家经济金融发展规划和市场需要，并与银行监管当局的监管能力相适应。对新设银行机构的监管要求主要集中于：有符合法律规定的章程，最低资本额要求，有具备任职专业知识和业务工作经验的高级管理人员，有健全的组织机构和管理制度，有符合要求的营业场所、安全防范措施和业务有关的其他设施。其中，资

本额、高级管理人员任职资格和经营业务范围是其核心内容。

(二) 对有问题银行的救助

对有问题银行的救助主要基于避免单个银行机构经营不善对公众信心的冲击或对其他银行的危机传散，以至于冲击整个银行体系的稳定性。救助和保护的措施主要有存款保险、兼并、接管、注资挽救以及清盘关闭等。存款保险制度指为了维护存款者的利益，维护银行体系的安全和稳定，规定各吸收存款的银行机构将其存款到存款保险机构投保，以便在非常情况下，由存款保险机构向银行机构支付必要的保险金。收购和兼并的概念是紧密相连的，一般指一家健康的银行机构采取现金或股票的方式购买陷入困境的银行机构的大部分股权，或者直接将其全部资产和负债直接合并的方式。购并方式因其能以较低的成本来稳定金融秩序、保护银行机构的信誉而备受各国重视。接管就是通过采取整顿和改组等措施，对被接管人的经营管理、组织结构进行必要的调整，使其在接管期限内改善财务状况，渡过危机。注资挽救指对出现流动性困难但尚未陷入清算、破产境地的银行机构提供救助资金。注资挽救可以是监管当局救助、政府"输血"、存款保险机构支持，也可以是同业援手、股东负责。清盘关闭，即破产，指对无偿债能力的银行机构进行接管，实行管制性管理，禁止挤兑，银行机构的股东将失去其股本，债权人将失去部分或全部债权。

(三) 非现场监管

非现场监管的核心内容是风险性监管，通过资产负债比例管理和风险管理，来制约银行机构的资产规模、资产结构和风险度，以达到资产的安全性、流动性和盈利性的统一。

(四) 现场检查

现场检查主要是通过有计划的立项、组织和执行专项对银行机构的部分资产或业务的检查，监管者前往银行机构查阅相关档案和资料，判断银行机构业务流程中的风险状况。

（五）日常监管

日常监管对银行机构执行金融法规、制度和管理规章、金融纪律等情况进行监管，以规范银行机构经营行为，严肃金融纪律，维护金融秩序。

二、官方监管的局限性

（一）官方监管的成本可能导致监管行为不经济

从管制成本理论看，官方监管是否"合算"取决于其付出成本与获得收益的权衡对比，当监管的收益大于其成本时，监管才是经济的。监管的成本既包括监管者和银行在制定与遵守监管制度过程中耗费的资源，如制定法律法规、金融救助、存款保险赔偿、监管基础设施建设、监管人员配备等，还包括监管产生的间接效率损失，如监管偏差形成社会成本上升、监管对银行创新积极性的挫伤、监管对市场机制的阻碍和对低效率的容忍等。一般而言，官方监管力度越大，成本越高。如果用动态来描述，当新的监管边际成本高于边际收益时，官方监管就不经济。

美国银行家协会估算发现，监管成本占银行业净收入的60%，成本巨大。有学者批评监管当局设定资本充足率具体权重的做法错误，其理由之一是监管成本过高（Goodhart，1996）。为此，《巴塞尔新资本协议》允许并鼓励银行以内部风险评估模型来披露相关风险状况，以此激发银行加强内控管理的主动性，降低监管成本。

（二）官方监管的边界难以确定

监管的边界就是监管的范围、频率、力度、标准、尺度等。监管是为了将银行风险控制在一定程度内，但具体操作时则涉及监管的艺术，一般而言监管的范围、频率、力度等方面很难把握，若监管频率过低、监管力度过小则达不到预期的效果，反而会削弱监管权威性；若监管标准过严、监管力度过大，又可能会遏制银行创新的积极性，导致银行业缺乏活力。

监管的实际效果还受到法律环境、监管者能力等诸多因素的影响，监管措施由监管者制定和实施，难免因人为因素形成操作上的偏差，影响公平竞争的环境。但是，有关加强监管的呼吁和放松监管的呼声一直没有停止过。近几年，我国取消行政审批事项一直在进行中，银行监管的范围也一直在调整。较多观点认为，监管机构应取消对银行的经营地域、业务范围等方面的限制，以维护银行体系运行的活力和效率；应督促银行完善内控管理，由其自主承担经营活动的风险；监管的目标是对市场运行问题的纠偏，而非干预市场行为，当面临市场过度竞争、无序竞争等问题时，监管会起到维护市场秩序的作用。当然，这些观点还需要未来的实践来进一步检验，监管似乎必不可少，关键是看如何监管。有学者认为，监管者应制定可预期的、简洁的监管规则，而非复杂的监管模型（Etrella，1998）。综上所述，如何界定官方监管的边界，制定切实可行的监管规则成为监管的重点和难点。

（三）官方监管可能过于顾及政府利益、政治利益而出现偏差

监管者代表政府履行银行监管职责，是政府的内设机构。因此，虽确定银行业稳健运行为监管目标，但在具体执行上却可能过于考虑政府利益而偏离方向。如政府官员在任期内，为确保社会的稳定和业绩的良好，刻意避免银行破产倒闭等重大风险事件的发生，从而不加选择地救助问题银行，容易诱发银行的道德风险和银行业的低效运行。又如一些政府融资平台或有政府背景的项目可能风险较大，不符合银行放贷的条件，但是出于支持政府项目建设和地方经济等考虑，监管者可能漠视或鼓励银行贷款给这些低效率的项目，损害投资者的利益。监管的重大决策有可能受到多种政治力量的博弈，夹杂过多的政治利益，容易导致监管意图与初衷相背离。

（四）官方监管可能引发道德风险

监管目标是确保银行稳健运行，但过于保险稳妥的监管制度可能引发激励不足的问题，如最后贷款人制度、存款保险制度和金融救助政策等，可能诱发银行道德风险，造成银行经理人进行高风险投资，以谋取高额回

报，因为即使冒险投资失败，政府也会来兜底救助。银行的存款人、债权人等利益相关者预期其可能的损失不会发生，就会放弃对银行风险的关注和监督，道德风险由损害市场约束机制而形成。银行出现流动性危机时，为避免对社会稳定形成冲击，政府可能采取提供贷款救助、出面担保、组织兼并重组接管等方式来干预救助，虽然可以尽量消除银行业系统性风险、消除风险扩大传散的威胁，但也会造成整个银行体系和市场参与者的道德风险，使市场约束无效，市场运行体系崩溃。

（五）官方监管难以适应银行业创新发展的需要

随着国际金融体系改革的深入，金融自由化、全球化、资本流动、混业经营、衍生交易等国际金融的发展趋势，推动着银行业快速变革和创新发展，但是监管需要建立在对风险的分析基础之上，并经过一定的决策程序和法律法规程序，因此难免存在滞后性。尤其是在创新监管上，许多创新业务、新型案例无先例可参照遵循，监管跟不上银行创新发展的速度。况且，不少银行所谓的创新业务就是针对法律法规和监管制度的漏洞而设计，绕过规范制度约束，增加了监管的难度。如通过复杂的衍生产品、理财产品来掩盖真实的风险状况，或在表外处理，或通过滚动发售来回避风险信息披露，有些理财产品无实质内容，与高息揽存相差无几。监管滞后的局限性似乎正是市场约束的优势所在，市场约束机制可以使银行风险时刻处于投资者的监督和约束之下，银行风险状况的任何变化，都会通过市场价格信号得到反映，这就为市场对银行创新发展的有效约束创造了条件：遏制银行高风险的创新，督促银行创新活动处于一定风险程度之下。而官方监管相对而言缺少了对创新活动的灵活监督和实时监控。

（六）官方监管无法排除与银行合谋的可能性

监管职能终归是由人来实施，难免夹杂个人机会主义倾向，监管者的职业道德和专业能力一样常被质疑。监管是讲究艺术的，监管的时机、力度和频率等应根据银行风险发展演变的程度和阶段来确定，但这也可能成为监管者用来谋取私利的工具。随着法律法规和监管制度的复杂性增强，银行最初可能试图抵触、逃避监管约束，不过这样被发现的可能性较大，被处罚的代价较高，因此可能转为依靠监管者来诊断风险状况，毕竟监管者对法律法规和行政执法程序很清楚。银行可能以较小的成本直接请监管者来评判违反监管制度的概率和程度，甚至与监管者建立超过执法界限的关系，形成合谋，以便用各种方式来影响监管者的执法程序或监管行为来谋取高额收益。

（七）官方监管可能造成市场效率低下

一些监管实践表明，监管替代市场机制的总体效率降低。这是因为市场情况是相当复杂的，监管缺乏这样的弹性和灵活性，监管常需以多种监管措施来兼顾多重目标，想要在每个监管目标措施上精确确定监管力度、频度和范围是一件非常困难的事，各监管措施间的协调也相当不易。如官方制定利率水平一般很难及时根据市场状况进行定量分析和动态调整。利率水平不合理，将直接影响金融资源的有效配置；实际利率一旦为负，就会形成银行资产负债结构不稳定，影响银行体系的稳定。又如一些国家和地区地下金融或民间金融较为发达，在一定程度上折射出金融资源配置上的问题。综上所述，监管难以准确定量判断监管的边界，难以兼顾各方面因素，可能造成市场效率下降。

三、官方监管的道德风险博弈分析

如前文所述，官方监管可能存在道德风险，或因银行的信贷项目有政府背景而对其风险采取默许态度，或出于机会主义考虑与银行合谋获取额外回报，况且官方监管的边界和力度本来就是很难精确把握和界定的，监管措施和频率等方面都具有较大的弹性，因此监管者的自利行为存在道德风险，可能并未维护社会公众利益，这被视为官方监管的重要缺陷之一。

研究发现政府对监管者缺少有效的激励导致了监管低效（Kane，1990）。有学者认为，监管者一般追求自身利益而非社会利益，监管者具有追求其声誉达到最优的动力，这种最优状态可能会偏离社会公众的最优化目标，出现监管扭曲，可以用博弈论来分析描述这一情形（Boot & Thakor，1994）。

假定监管者和银行间不存在合谋，设 V_c 为银行违规收益，V_{nc} 为没有违规下的正常收益，银行若选择违规，则应该存在 $\Delta V = V_c - V_{nc} > 0$，设 L 为违规成本且 $L > \Delta V$；V_s 为监管者因发现银行违规而得到的奖励收益，C_s 为监管成本且 $V_s > C_s$。两者之间是完全信息静态的博弈，如表 7 – 1 所示。

表 7 – 1　　　　　　　　　　　银行和监管者的博弈情况

博弈矩阵		银行	
		违规	不违规
监管者	监管	$V_s - C_s$，$V_c - L$	$- C_s$，V_{nc}
	不监管	0，V_c	0，V_{nc}

用博弈论求纳什均衡的"划线法"可知，此博弈没有纯战略的纳什均衡，求解结果如表 7 – 2 所示。

表 7 – 2　　　　　　　　　　　银行和监管者的博弈结果

博弈矩阵		银行	
		违规	不违规
监管者	监管	$\underline{V_s - C_s}$，$V_c - L$	$- C_s$，$\underline{V_{nc}}$
	不监管	0，$\underline{V_c}$	$\underline{0}$，V_{nc}

求解其混合战略的纳什均衡的过程如下：设监管的概率为 P_s，不监管的概率为 $1 - P_s$，银行选择违规和不违规的概率分别为 J_c 和 $1 - J_c$。

监管者的期望收益为：

$$U_s = P_s \left[J_c (V_s - C_s) - (1 - J_c) C_s \right] + (1 - J_c) \left[J_c \cdot 0 + (1 - J_c) \cdot 0 \right]$$

$$(7 – 1)$$

式（7 – 1）的一阶条件为：

$$\frac{\partial U_s}{P_s} = J_c V_s - C_s \qquad (7 – 2)$$

由式（7 – 2）求得银行经理人的最优违规概率为：

$$J_c^* = \frac{C_s}{V_s} \qquad (7 – 3)$$

银行经理人的期望收益为：

$$U_m = J_c \left[P_s (V_s - L) + (1 - P_s) V_c \right] + (1 - J_c) \left[P_s \cdot V_{nc} + (1 - P_s) \cdot V_{nc} \right]$$

(7 – 4)

式（7 – 4）的一阶条件为：$\dfrac{\partial U_m}{J_c} = -P_s L + V_c - V_{nc}$ (7 – 5)

由式（7 – 5）求得监管者的最优监管概率：

$$P_s^* = \frac{V_c - V_{nc}}{L} = \frac{\Delta V}{L}$$

此博弈的混合战略纳什均衡为：

$$P_s^* = \frac{\Delta V}{L}$$

$$J_c^* = \frac{C_s}{V_s}$$

(7 – 6)

由式（7 – 6）可得，若监管概率 $P_s < P_s^* = \dfrac{\Delta V}{L}$，银行就会选择违规。

所以，监管者选择的监管的概率 P_s 直接影响到银行违规经营的程度，若监管者放松监管，监管的概率会小于最优监管的概率，这将大幅增加银行的违规概率，加大银行的道德风险。

因此，有必要对监管者实行再监督，建立监管的约束和激励机制，督促监管者切实履行监管职责，提高监管的有效性和主动性。

四、银行和监管者的合谋可能性分析

银行和监管者的合谋，是道德风险最严重的表现形式，也是最难甄别和指控的，尚未有指标来界定双方关系到何种程度才算是合谋。监管是一门艺术，监管发现问题并不一定要立即采取监管措施和监管处罚，监管也需要权衡各方面因素的轻重缓急，选择最佳监管行动时机和监管力度，因此，非常难以判断银行与监管者的合谋行为或合谋行为的发生率。但是，在实际银行监管中，放松监管的标准和尺度的情况还是较为常见的，其主要原因如下：

（一）银行存在隐瞒或掩盖负面信息的主观故意以及通过违规行为获利的可能

信息不对称情况广泛存在，在银行和监管者之间也同样存在。银行对其运营情况和风险状况最为了解，在信息获取方面总是占据优势，而监管者则需通过银行按规定上报的监管信息和银行对外披露的公开信息，以及专项现场检查等特别监管行动来收集信息，以进行风险判断和监管决策，但是这些信息的真实性、完整性等取决于银行的职业道德和操守。即使是监管行动中最为直接有效的专项现场检查，由于在一定的检查时间内达到一定的检查覆盖面等任务要求，也难以调阅所有相关档案并全面查找到风险问题。况且，为了掩盖违规行为，银行往往采用各种手段掩盖真实信息，或释放虚假信息来误导监管机构的判断，因此客观上难免存在监管不到位、监管力度不够的情况。

（二）监管强度需要根据被监管银行的整改效果和违规严重程度而动态调整

由于监管是有成本的，监管力量不大可能覆盖到银行经营管理的全部流程和风险管理领域，存在动态调整监管强度的情形。例如，对于经营管理风险较大、持续整改不力的银行，监管机构应加大监管频率和监管力度；但对于风险管理比较好、根据监管意图认真整改的银行，监管机构可以降低监管频率。不过，这存在主观上的判断，因此有徇私的可能性。另外，理想的监管状态应该是发挥市场约束的作用。对于上市银行的监管，同样存在在一定程度上信任市场约束的作用并因此采取从宽或从紧监管策略主动选择的问题。监管者的专业水平和战略思维的差异，可能会作出不一样的策略选择，这种主观判断可能包含徇私的可能性。

（三）监管松紧的标准难以界定，因而对监管者的约束不足

虽然监管机构会采用标准化的监管流程和监管手段来增强监管结果的可比性、严谨性和科学性，但是实施监管的人员不可避免地存在监管水平

的差异，由此影响到监管的力度，其中多少是来自弹性监管、放松监管、人情监管，是很难判断的。监管的松紧标准难以确定，因此需要依靠对监管者强有力的约束。目前对监管者的约束主要表现为：通过职业道德和从业规范来约束监管者的行为；通过纪检监察内审工作对监管中的玩忽职守等问题进行查处；通过行政管理如警告、处罚等措施对监管失职行为予以约束。

上述主、客观制约因素，为银行和监管者的合谋创造了可能。虽然现实中对合谋行为的界定比较困难，但总体上放松监管还是有限度的。如果银行违规的行为比较严重，对银行的风险形成重大影响，监管者的监管弹性过大，超出一定范围，就会成为监管渎职，也就是银行和监管者的合谋行为。合谋的危害性就在于一旦这种情况发生，将导致违规者无所顾忌，双方形成互利共赢的利益链条，进行持续的合谋行为，这对整个银行业风险控制的危害是很大的。

原中国银监会成立之初，就加强了内设纪检、内部审计、监察部门的功能和作用。通过对监管流程、监管结论、监管处罚等环节的内部审计，督促监管者依据监管法律法规执行监管；通过推行银行监管从业人员廉洁从政、从业制度，督促监管者廉政执法、遵守监管纪律；通过对违规违纪案例的通报，加强对监管者的警示教育，督促其保持监管工作的职业操守，从而防范监管者的道德风险。

第三节　市场约束与官方监管的运行边界与对比选择

一、市场约束与官方监管的关系

（一）市场约束与官方监管的区别

1. 两者实施的主体不同

市场约束的主体是银行的存款人、投资者、债权人等利益相关者，以及审计师事务所、会计师事务所、新闻媒体和分析师等市场参与者。他们根据银行信息和自身的专业分析判断，对银行的风险状况作出评估，对高风险的银行采取措施，形成对银行行为约束的效果。官方监管的主体是政府指定的监管机构，相对而言，监管的主体单一，不像市场约束那样分散。

2. 两者作用的依据和路径不同

官方监管主要依据法律法规所赋予的权力，通过要求银行按规定格式内容报送标准的非现场监管信息，或监管者现场专项检查所获得的信息，经分析判断、查找风险后，通过规定的监管程序和决策流程，来采取相应的监管措施对银行进行约束，以达到控制银行业风险的目的。而市场约束通过银行信息披露后，借助市场参与者和利益相关者的分析判断形成市场的监督力量，来对银行经营管理进行约束。

3. 两者的标准和方式不同

官方监管标准因涉及公平性原则而比较单一，几乎对所有的银行都采取了同一监管标准。而市场约束则并非单一标准，市场由各类投资者组成，不同风险偏好的投资者的投资策略可能完全不同，一些投资者喜欢低风险的稳妥投资，而另一些投资者则喜欢高风险高回报的投资，投资者会根据风险偏好选择不同盈利和风险类型的银行进行投资。当然，由于各投资者判断不同，一家银行可能面临不同投资策略的投资者。因此，市场是多元化的复杂的统一体，市场约束的过程中包含了很复杂的风险需求和投资期望，通过众多的市场主体各自满足其不同的需求，以错综复杂的形式发挥约束作用。

4. 两者的激励机制不同

官方监管者由于与银行没有直接的利害关系，其监管判断、监管方式、监管内容等主要依据履行监管职责的要求，同时，由于官方监管者的薪资由财政固定划拨，监管处罚所得或银行盈利收入对其没有任何影响，因此监管的独立性予以其机制上的保障；但是其监管对象是巨大的利益体，银行任何经营管理上的改变都可能在很大程度上影响其利润收入，因而银行有意愿以各种方式拉近与监管者的距离，以降低因违规而被查处和处罚的可能性，可能导致官方监管因此而失去效力。而市场约束的激励机制总是存在的，市场参与者和银行的利益相关者必然关注其声誉风险或资金风险。投资者的目的就是确保资金保值、增值。如果判断某家银行风险过大，投资者就会有动力采取行动，采用退出投资转至其他银行方式，以对其监督。审计师事务所和会计师事务所等各种社会中介机构出具的审计报告代表其专业水平和职业道德，若未及时发现并披露银行的风险问题，其声誉将受到影响，在行业内很难生存，因此同样有动力监督银行。虽然中小利益相关者因"搭便车"倾向而缺少监督银行的主动性，但当银行出现重大风险时，他们形成的约束力量还是相当大的，如挤兑事件等。

5. 两者获得信息的来源不同

市场约束获得信息的途径有很多，银行公开披露的财务报表等原始信息、市场专业分析师的分析报告、资信评级机构和审计机构的评级报告与审计报告、市场人士对银行股价和债券的价格表现或异常波动的判断信息、与银行有合作关系的大型机构披露的信息等，都是市场约束机制的主要信息来源。官方监管的信息来源主要是监管者要求银行定期报送的各种统计报表、报告，以及专项现场检查中获取的业务数据信息和风险状况的信息，甚至商业秘密，当然也包括上述渠道获得的信息。相比较而言，官方监管获取银行信息的渠道更为广泛，具有信息优势。

6. 两者对信息的分析方式不同

官方监管对银行信息的分析往往有标准化的流程和固定的分析方法，通过建立资产负债比例监测和各类风险监管指标来定式化地判断银行风险。官方监管比较重视监管的标准和监管的程序，以确保作出的判断客观、准确、不存在争议，追求集体判断和程序化的决策，即使监管人员水平有差异，但监管意见比较公允和一致。而市场约束的利益相关者和市场参与者则不受规范和程序化的制约，人员众多也决定了其在专业分析能力、行业背景、关注频率等方面存在很大的差异，一般投资者可能习惯于"搭便车"，专业分析师则可能会深入剖析银行风险，理解深度存在很大的差距。这造成了市场约束力状况存在很大的不确定性，机构投资者和专业分析师多的市场约束力会比较明显，而中小投资者多的市场约束力则略差一些。但是，市场约束的这种复杂结构有利于市场从多维度、多视角形成相对客观的银行风险评价和约束效果。

7. 两者对问题银行的反应速度不同

市场约束的主体一旦发现银行风险呈现快速上升态势，或银行风险累积较大，就会立即采取行动，通过转移存款，抛售股票、债券或者要求更高的利率的方式，使银行很快意识到严峻的市场压力，这种反应机制一般相当快速和敏锐。官方监管行动则较为滞后，即使观察到某家银行有重大风险问题，也不一定会立即采取行动，这主要是受制于监管的程序。监管决策需要建立在对各银行之间风险进行比较分析和权衡的基础上，对整个银行业风险情况进行评估后，才能判断单个银行面临的风险严峻程度，并有针对性地采取措施，监管的力度和措施都需要进行内部论证，不得由监管人员随意作出判断。面对重大银行风险需要金融救助时，这个论证环节将更加严谨和程序化，以便慎重选择再贷款政策、机构退出、流动性支持等不同的监管策略，有些监管方式还需要经过法律法规的裁定和行政流程的审批。综上可见，官方监管行动往往滞后于市场约束的反应，在处置银行风险的时机上并非最佳。

（二）市场约束与官方监管的联系

从总体上看，市场约束与官方监管具有相似之处，都属于一国金融制度和银行监管体系的组成部分，两者之间具有广泛的联系。

1. 官方监管在防范银行系统性风险上富有成效，能为市场约束创造良好的条件

通过对国际上数次金融危机的观察，市场约束在处置整个银行系统性风险上往往难以奏效，在市场体系较为平稳时才能发挥其约束作用。这一特点决定了对于整个银行业的危机，可能还是要依靠监管手段来处置和化解风险，通过增强市场信心维系市场恢复到平稳状态。试想一下，出现银行体系风险时，纯粹依靠市场机制，就可能出现投资者大肆抛售股票和债券，市场价格跌无可跌，资产市值大幅缩水，市场信心彻底丧失，企业和

个人均无投资和消费意愿，经济崩溃并难以复苏的情况。因此，对于银行系统性风险，由官方监管者进行直接或间接干预还是很有必要的，只有完备的监管措施才可能维系市场的可信度。在市场正常运行时期，监管者可以通过完善市场监管制度、推动市场繁荣等手段为市场约束发挥作用创造条件。

2. 两者互相依赖、互相补充，具有高度相关性

虽然市场约束和官方监管存在一定的互相影响的部分，但总体上，两者还是具有各自的优势领域。对于单个银行机构的风险，依靠市场约束机制来解决较为有效，监管者只需观测市场变化的趋向，防止其演变恶化即可，这种依靠市场约束的方式，可以大幅降低监管成本。并且，市场的任何反应和市场价格信号可以为监管者提供各类市场人士判断的信息作为监管参考。另外，官方监管可以弥补市场约束的缺陷，除在处置银行业的系统性风险方面具有优势外，还可以防止银行业的不正当竞争，维持公平有序的竞争环境，官方监管推行强制性信息披露的制度，可为市场提供丰富的信息数据，推动市场机制的良好运行，监管者很多市场制度方面的安排，都为市场约束机制创造了良好的外部条件。

3. 有效的市场约束可以缩短监管行动的滞后性，增强监管的有效性

从监管效力分析，官方监管和市场约束具有相互配合、提高监管效率的可能性。市场人士可以从监管者的信息披露中增强对银行风险分析和判断的准确性；监管者也可借用市场力量来增强对于信息的掌握程度，如通过外部审计项目，由专业信息系统审计师对银行信息系统等领域进行审计，查清银行在信息系统方面的风险问题等。市场信号能够增强监管者对银行风险问题的及早发现能力，缩短监管行动的滞后性，提高监管的效率，如图 7 −1 所示。

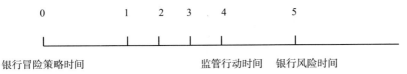

图 7 −1　市场约束促进及早监管行动图例

图 7 - 1 分析了引入了市场约束后提高监管者对风险问题的判断和反应时间。若银行在时间 0 时采取冒险策略和一系列行动，并诱发日后累积风险。当时监管机构并不掌握相关信息，但监管机构通过各种监管途径发现该银行的风险问题累积时，已处于时间 2，则监管机构的认识时滞为 [0，2]。一般而言，监管机构并不会马上在时间 2 时就采取正确的措施来纠正银行的冒险策略，而只有当该银行的问题相当明显，即在时间 4 时，监管机构才会采取行动，这个间隔称为行动时滞 [2，4]。

若监管者关注市场信号，那么可以缩短认识时滞，并对问题作出更准确的预测，因为市场预先对风险银行有所反应。假定市场信息让监管者的认识时滞缩短到 [0，1]，同时，由于有市场信号作为参考和印证，监管者能更快下定决心，这样行动时滞将由 [2，4] 缩短为 [2，3]。

4. 两者具有一定的替代关系

若市场条件和市场机制较好，市场约束的效果会明显一些，相应地监管压力就会小一些。若市场约束无效，所有监管压力均由监管者承担。同时，若官方监管的范围更宽泛，市场就会预期监管者会承担银行所有可能发生的风险，而不用担心投资损失的风险，市场约束机制的作用就会受到压制，市场约束的作用范围和效力均会下降，两者相互作用、相互补充、相互替代。

二、有关市场约束与官方监管关系的研究

国外学者对市场约束与官方监管关系的研究比较晚，可能源于巴塞尔委员会将市场约束与监管部门的监督检查同列为银行监管的两大支柱，一些学者认为两者存在一定的替代、冲突等关系，目前对两者关系的研究尚未达成一致。有学者认为银行体系运行以市场约束为主是可行的，官方监管的成本较高且容易扭曲市场信号（Chu，1996，1999）。有学者认为市场约束的反应确实可以对官方监管行为的判断作出帮助，即使市场信号不完全准确，也能在一定程度上为监管者提供补充信息的参考（Flannery，1998）。有学者认为两者同等重要（Santos，2001）。有研究显示，在没有

宏观经济冲击时，两者均可得到最优解决方案；若出现宏观经济冲击时，不能单靠市场约束的力量，两者必须互相配合，才能缓解这种外在冲击，而且，必须提高监管当局的独立性（Roche，2004）。有学者认为两者需要相互配合，以保证最终监管目标的实现（Pelizzon & Schaefer，2005）。有学者认为两者不可能同时增强，两者之间存在着冲突和替代的关系，其间的冲突最终会影响银行体系的稳定；同时，市场约束对增强资本充足率作用不大，过分强调只会削弱监管力度（Van Hoose，2007）。由此可见，市场约束与官方监管之间确实存在着不平衡性且互相关联。

（一）从风险事件看官方监管与市场约束关系

通常认为，官方监管与市场约束具有此消彼长的替代关系，存款人等银行利益相关者对银行舆情或风险作出强烈反应时，市场约束力存在突然增强的情形，金融监管当局采取纠偏的方式更有利于促进市场机制发挥作用，让银行机构在市场竞争中发现内部经营管理存在的问题，从而制定更有利于市场竞争的策略。然而，在逆经济周期下，官方监管与市场约束可能会同向发力、同向增强。经济金融环境动荡，存款人等银行利益相关者会更加关注银行风险管理水平和经营动向，对银行的不利舆情甚至会作出过度反应，市场约束力会显著增强。与此同时，官方监管对于不利舆情缠身或具有风险苗头的银行，可能会增加监管频次和监管力度，通过持续的非现场监管和现场检查，来掌握问题银行的风险程度以便于采取更进一步的措施，必要时甚至会直接接管。

随着国家对金融业改革的不断深化，加上近些年经济增速放缓叠加对金融业的影响，金融业问题暴露日益凸显，一些中小型银行在快速发展过程中累积的风险不断暴露，如公司治理结构不完善、业务结构不合理、盈利能力持续下降等。历史上，我国曾发生过问题银行的经营危机案例。如1998年海南发展银行由于未按时清偿债务，宣布停业关闭；2001年汕头商业银行被中国人民银行要求实施停业并进行整顿；包商银行成为自改革开放以来国内第一家经由司法破产程序完成清盘退出的商业银行，2020年11月，原中国银保监会出具了《中国银保监会关于包商银行股份有限公司破产的批复》。此前，海南发展银行虽然关闭退出但其并未进入司法破产程序；河北肃宁县尚村镇农村信用社虽然通过司法程序进入破产清算，但在破产清算前就已停业多年。

银行风险案例表明，官方监管的强制措施旨在防止区域性金融风险的爆发，解决市场约束失灵的问题。美国联邦存款保险公司（FDIC）第一时间快速收购硅谷银行也是为了防止银行流动性风险的扩散和蔓延。

（二）片面强调官方监管或市场约束存在局限性

事实上，官方监管和市场约束的作用都是有限的。如果片面强调监管的作用，不断增强监管的频率、力度和范围等方面，只会造成监管成本大幅上升，监管是否能覆盖所有银行风险领域往往令人质疑。现阶段，我国银行监管的强度逐年上升，专项现场检查项目越来越多，涉及面也越来越广，固然对银行风险管控起到了相当的威慑作用，但监管毕竟不是万能的，在一些银行服务领域，客户的投诉依然较多；个别银行的某些业务领域受到商业诈骗的案件金额巨大，表明银行的风险因涉及市场风险、操作风险、信贷风险等方面而范围相当广泛，完全依靠监管来控制银行的风险仍然无法获得满意的结果，监管确实不能解决所有问题。监管总是滞后的，由于监管的内容、频率、成本等因素的限制，发现与识别风险，以及采取监管行动都比较滞后，监管毕竟需要特定的程序和流程，保持审慎的态度。另外，市场机制只要正常运行，市场约束就无时无刻不在发挥作用，这可以弥补监管成本和监管人员的限制，市场信号给监管者提供的丰富的市场信息对促进监管具有一定的参考价值。国外的有关研究基本上认可两者各有其运作的渠道和机制，两者之间存在互相补充、互相影响的关系，分歧大多在于这种影响和替代关系比较复杂，替代程度有多大往往难以知晓。不过，大多数学者还是接受官方监管与市场约束需有机结合的观点，在银行监管为金融监管制度的主要方式下，增强市场约束的力量，实现两者的互相配合，有望在大幅降低监管成本的同时，保护银行体系的稳健运行。从国际银行业监管的趋势看，随着金融环境的复杂性和银行创新发展的变化，未来的银行监管可能更加注重监管者与市场的和谐共处。一方面，加强监管创新、改进监管方式和监管手段，提高监管的前瞻性和对银行风险管理与内部控制等监管的有效性；另一方面，加强以银行公司治理与稳健经营、信息披露和行业自律为重点的市场约束建设，实现两者的相互补充，共同提高银行监管体系的有效性。

三、官方监管的边界

从理论上分析，官方监管的边界由监管的边际效用来决定，即采取新的监管措施边际成本高于边际收益时，官方监管就是不经济的。从这一角度看，官方监管的边界由监管机构和银行机构的博弈形成，因为银行机构的不当交易越严重，监管机构采取监管行动的收益越大，银行机构经营管理越合规，加强监管频率和力度只能增加监管成本。银行的不当交易指有意提前或延后报表信息披露等违规行为，以及与现行监管规定存在差异的可获取额外非正当收益的行为，包括违规交易行为和突破监管制度的创新行为等。

理性的银行在作出不当交易的决策时，需要综合考虑多方面的因素，包括银行的不当交易的数量 s、银行不当交易被查处的概率、银行不当交易带来的收益、判定违规后的惩罚力度、银行的风险偏好程度、预期成本、银行不当交易的意愿、逃避查处的机会等其他所有可能影响银行不当交易的因素。一般而言，若银行是风险偏好者，则风险偏好的程度越大，银行的不当交易数量 s 越大；若银行是风险规避者，则风险偏好的程度越小，不当交易数量 s 越小，即银行不当交易的数量与其风险偏好呈正相关。监管者执法越严厉，则银行的不当交易被查处的概率越高，判定违规后的处罚力度也越大，银行的不当交易数量就越少。换言之，银行机构在做出不当交易的决策时，必然会预测严格监管和执法的可能性，这与现实情况是相吻合的。同样，当监管者发现银行的不当交易行为越严重，就越会采取严厉的监管措施。

图 7-2 中向上倾斜的银行监管执法曲线 f 描述了监管者的行为特征。监管执法曲线 f 与纵轴相交，表明即使没有银行的不当交易行为，监管者

也有最低的防患于未然的监管强度。45 度线"等价曲线"表示银行的不当交易行为有多严重，监管者就会给予其同样数额 f 的惩罚。若以不当交易数量（严重程度）s 来衡量商业银行在不当交易行为中获得的收益，则图 7-2 中的等价曲线又是银行的收益曲线。

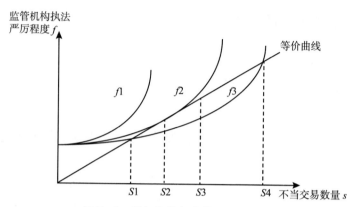

图 7-2　银行机构与监管机构的博弈

由于时间、精力及财力等制约因素，监管者不可能对所有的银行不当交易行为均予以核实，银行会充分考虑这些因素，形成一条预期的监管执法曲线 f，并根据 f 与收益曲线的对比情况来作出相应的决策。$f1$ 曲线总是高于银行的收益曲线，表明监管机构的监管执法相当严厉，银行难以获取不当交易收益，可能会放弃不当交易行为。监管者认为银行合规合法地经营，就会降低监管的强度。银行此时会发现进行不当交易被查处的预测概率下降，违规后的处罚力度也不高，其预期监管执法曲线 $f1$ 开始下移。$f1$ 曲线逐步下移到 $f3$ 曲线，这时有一部分落在收益曲线之下，预期监管执法曲线与收益曲线将相交形成区间 [$S1$，$S4$]。在此区间内银行的不当交易有利可图，因此可能会诱发其作出不当交易的决策。

当监管者发现银行不当交易行为比较严重，且有继续扩大的趋势时，会加大监管频率和力度，实施更严厉的处罚措施，银行风险问题被查处的可能性上升。此时银行不当行为的成本或代价增大，从而改变对监管执法的预期。预期的监管执法曲线发生上移变化，银行进行不当交易行为的区间缩小，控制银行不当交易风险的成效逐步显现。换言之，银行根据监管机构监管行动的强度来预测监管执法曲线的位置，只有当进行不当交易的预期收益大于可能受到的惩罚的预期成本，即大于预期监管机构监管执法的严厉水平时，银行才会选择不当交易，即监管执法曲线与银行的收益曲线有相交。因此，监管者和银行就在这种博弈后，选择自己的行动策略。在多次博弈后，最终选择 $f2$ 曲线，$f2$ 曲线与银行收益曲线相切于 $S2$，理性的银行机构将会只从事 $S2$ 规模的不当交易活动。

　　$f2$ 曲线之所以能够达到均衡状况，是因为提高监管的强度等措施固然可以使银行机构预期执法曲线 f 上移于银行收益曲线之上，大幅减少银行机构的不当交易，但同时也会造成监管的成本上升，抑制了金融创新的动力。但是，若银行担心这种交易被认定为违规交易并被施加严厉的处罚，就可能会放弃金融创新。因此，银行和监管者之间存在着一种动态的博弈，相互之间根据对方的策略采取相应的行动，只要相互不断根据对方的反应而反应，银行与监管者之间的博弈就会一直持续下去。监管者在把握监管的尺度和强度时，应给银行机构的预期中保留创新的可能性，但同时应将银行从事不当交易的规模控制在一定程度之下，以更好地平衡监管成本与收益、平衡加强银行监管与鼓励创新等关系，所以均衡点 $S2$ 即监管的最佳边界，监管的目标就是尽量使 $S2$ 比较小，但不应完全没有。

　　值得一提的是，上述推导中假定银行与监管者会对某一方的反应迅速做出调整，但现实中这种反应往往存在时滞，由此造成一方的反应和调整过头，所以才会存在博弈的过程，在长期博弈中双方确定曲线 $f2$ 的位置，而非一步直接到达 $f2$ 曲线的位置。在长期博弈过程中，银行业创新和银行监管均不断发展。

四、金融危机的救助——官方监管的极端情形

　　上述有关银行机构与监管机构之间博弈形成监管边界的分析主要从理论上进行分析。现实中，如何确定监管有所为、有所不为还是比较困难的，甚至对于整个银行体系出现系统性风险和金融危机时，政府是否有必

要直接干预仍存在争议。事实上金融危机的救助就是官方监管的极端情形。

学术界有关金融危机中政府是否有必要干预和救助的辩论一直没有停止过，但事实上，几乎每次金融危机都有政府干预和救助。20世纪30年代大危机中，美国总统罗斯福曾经颁布过紧急银行法，其中包括给房屋市场和银行体系提供稳定的资金支持，以确保市场和银行系统的流动性。具体包括成立贷款公司，直接为有房贷压力的住户提供贷款支持；成立金融重建公司，通过购买有问题的金融公司优先股的方式来提供资金支持。与当前情况比较接近的，还有20世纪90年代日本银行业危机中，在宽松的货币政策和监管政策下，日本股市和房市均出现较大的泡沫，泡沫破灭后引发银行纷纷倒闭，经济进入全面衰退。最初，日本设立了不良债权收购机构，为银行债权人担保，推出了多项注资计划或公共措施，但收效不大。直到其颁布金融再生法，直接为问题金融公司注入大量资金，银行风险状况才有所改善。

日本对问题金融公司的救助主要采取了三种方式，包括政府暂时性入股融资，由政府指定机构清算，营运权交给政府指定的银行处理。并设立全国性的债权收购公司，用于接管破产银行和住宅金融公司的不良债权，并可以按照市场价购买正常银行的不良债权，这些举措都有利于恢复金融机构的正常运行。日本危机处置经验表明，向问题金融机构注资的方式，比单纯的宽松财政政策和货币政策方式更为有效。

从历次金融危机的经验教训看，银行机构的危机并非一家机构的问题，已不可避免地传播到其他金融机构。投资者等市场参与者退出市场仅仅是危机的一个方面，重要的是这已表明市场的信心在走向崩溃，金融机构的危机传散将不可避免地冲击整个银行体系的稳定性，并影响到整个国民经济和全社会的稳定。历次金融危机表明，政府对于发生危机的银行业进行金融救助是必不可少的，美国次贷危机再次证明了这一点。美国政府在危机初期所表现的迟缓和犹豫被一些学者解读为对危机的性质和程度的严重低估，但我们认为更可能是美国政府在选择市场约束还是官方监管之间反复权衡所致。金融救助是官方监管的极端情形，是对市场约束破坏性的打击，将导致市场约束赖以运行的基础发生动摇，投资者因为政府的保护政策而改变了投资损失的预期，将在未来很长一段时间内不大在意所投资银行的风险状况，政府的担保政策和强制干预只能在万不得已的情况下才会采用，为此，美国政府的迟疑和进一步观测危机进展情况是情有可原的。但由于持续降息的宽松货币政策等温和手段并未改善市场的流动性短缺状况，只能被迫采取更为直接的政府干预措施。一个现象似乎可以印证这一点：自从美国政府决定对市场直接强力干预后，西方各国不断推出救市措施，干预程度和救市规模不断升级，表明以损伤市场机制为代价的政府干预已无可避免。

　　2008年美国次贷危机的诱因是复杂的。简言之，是金融衍生工具的滥用，房贷市场的泡沫和银行信贷过度增长的问题被掩盖，资产价格的泡沫最终导致危机不可避免，且金额损失巨大。危机先由次级抵押贷款大量违约而迅速蔓延，在万亿美元的次级抵押贷款支持证券中，商业银行和投资银行占比最大，共持有35%，保险公司和对冲基金分别为23%和21%。这种巨大规模的金融资产亏损导致金融业的信心瞬间丧失。美国次贷危机引发的金融危机的破坏力的确很强，华尔街五大投资银行中有两个破产，一个出售，剩下的两个转为商业银行。2010年全年，美国仍有157家银行机构倒闭。次贷危机蔓延到世界各国，对国际金融和世界经济都产生了严重冲击，引发全球经济衰退。金融危机不等同于银行业危机，但金融危机必然会对银行业形成巨大冲击，银行业危机常伴随而至，由于融资体系发生崩溃，实体经济也遭受重创。从某种意义上说，银行体系修复的速度决定了金融危机消退的速度。从2010年美国银行业倒闭的情况看，这场金融危机的破坏力将是持久而深远的，远超历次金融危机。

　　美国政府对此次金融危机的政府干预也是颇具特色的，除采取通常所采用的宽松的货币政策和财政政策外，还采取了直接给实体企业融资、向金融市场注入流动性、对金融机构注资、国有化或接管等方法。同时，不放弃采用市场化的干预操作手段，如以招标拍卖方式有条件地向金融机构提供的贷款融资，以招标方式融给交易商提供流动性很好的国债，以换回其他抵押资产的证券融资，这两种融资工具期限可达28天。又如最多可展期120天的隔夜融资机制，能为投资银行等主要交易商提供紧急融资便利。这些制度创新的优点在于能够扩大抵押资产的范围；融资利率由市场竞争报价，降低了融资成本。在危机干预之时，还不忘尽量采取市场化的方式，从一个侧面体现出对市场机制的重视。可以说，任何一次金融危机的风险化解过程都是监管当局对官方监管和市场约束进行艰难选择的过程。换言之，每次金融危机都是对市场约束与官方监管在化解风险、遏制危机等效能上的很好检验。

美国次贷危机给人的启发是多方面的，其中一点就是考验官方监管和市场约束在极端情形下的作用边界。政府在实施金融救助时，要充分考虑当时的危机程度和市场环境等诸多因素，实行相机抉择，没有固定的范例可以遵循，毕竟各国市场化条件和基础以及监管制度各不相同。比较理想化的是，若市场对金融经济尚存一定的良好预期和信心，那么对单一问题银行的处置应尽快，对重大风险的问题银行可采取关闭、破产等强硬方式，但若经济已出现信心危机和持续衰退迹象，大范围流动性风险存在，就不宜再采取硬性的市场退出方式，而应重在维护市场对金融体系的信心。只有政府直接干预，才能迅速达到防止社会资金链断裂的效果，政府干预的信号越明确，越有利于恢复市场信心，其中最有效的方式就是直接注资。

本 章 小 结

本章通过多维度对比分析官方监管与市场约束，得出两者各有利弊、不可或缺的结论。同时，在不断进行两者双向对比过程中，逐步锤炼出两者的运行边界，使之趋于明晰。市场约束在市场常态下对资源的配置可能更富有效率，避免了官方监管行为不经济、引发道德风险等缺憾，但面对银行业系统性风险和金融危机等外在冲击，官方监管可能更加有效。两者在实施主体、作用路径、标准方式、激励机制、信息来源、信息处理等方面的差异，为其相互配合、互相补充创造了条件，同时，两者也具有一定替代关系。本章认为，出于监管边际成本和边际收益的考虑，官方监管的边界应该在监管机构和银行机构的动态博弈中形成。银行不当交易越严重，监管机构采取监管行动的收益越大；银行经营管理越合规，增加官方监管就只会增大成本。此外，由于监管者与银行的动态博弈往往因反应滞后而调整过头，这种超调造成动态博弈不会一步到位，而是长期不断动态调整。换言之，官方监管的运行边界也在不断调整中，由此推动银行业创新和银行监管不断发展。此外，本章通过剖析官方监管在金融危机救助中的表现，以在极端情形下考察官方监管与市场约束的作用边界，进一步完善对两者运行边界的分析框架。

在我国特定的银行体系运行环境下，市场约束和官方监管各占多大比重，即官方监管和市场约束的作用范围和运作边界问题，也须逐步在实践和探索中明晰。或许在市场环境不断演变的过程中，两者之间各自比重动态调整的幅度和频度都较大，这可能还取决于一个关键因素：两者之间的替代关系是否明显，替代程度又有多大？但一个比较肯定的结论是，如果条件允许，官方监管不应排斥市场约束，监管者应为市场约束机制的作用积极发挥创造条件，通过提高市场投资者的专业水平、增强市场交易品种和交易的活跃度、健全信息披露制度、完善银行机构公司治理等方式，来提高银行业市场约束力。这对于提高监管效率和效力、降低监管成本具有十分重要的作用。但对于市场约束依赖到何种程度，可能还要看一国金融消费者的专业素质、法律环境、政治环境、市场环境和银行体系的稳健程度等诸多因素。换言之，我们在设计银行监管体系时，应充分考虑市场约束和官方监管在成本和效用等方面的优势，有所侧重，有所倾斜。

第八章　我国银行市场约束的
问题和对策建议

第一节　我国银行在公司治理和信息披露
方面存在的问题和对策

一、我国银行公司内部治理不足引致的信息披露问题

我国银行在公司内部治理方面存在的问题，主要集中于党组织建设和公司治理的融合不足、内部控制和风险管理薄弱、激励和约束机制不够；权力部门设置存在交叉和重叠，职责边界不清；内部审计部门的独立性不强，监督机制未能充分发挥作用等方面。

这些因素对银行的信息披露产生了以下负面影响。

（一）内部监督信息弱化

内部监督信息是内部控制的重要基础，但在如何确立内部监督信息的质量要求、明确内部控制的标准、增强内部控制的有效性等方面仍存在较大分歧。我国银行内部控制大多还停留于信贷管理、财务会计、后台处理等传统业务信息处理，忽视了对创新业务风险性信息的收集、分析和判断。如监管部门叫停的信用卡营销外包业务，在国外并非新鲜事物，但我国银行缺乏对这种外包业务风险管理的足够重视，对外包营销行为、营销

方式、营销质量的考评监督机制及风险管理缺乏关注，一味追求扩大营销规模，导致营销外包的成本核算和集中管理的优势不明显，而声誉风险却上升。又如在理财产品的营销中，一些银行忽视客户的风险承受能力，对营销行为监督不够，不实宣传、夸大宣传现象时有发生，过分强调预期收益率，忽视对产品风险等重要信息的披露，导致客户投诉率高，形成较大的社会负面影响。这些都体现了监督信息弱化和董事会及高管层对创新业务风险的认识不足。

（二）内部信息披露漏损较大及传递不通畅

我国银行多为金字塔型组织结构，管理链条长、层级多，信息漏损变形和信息传递不畅等问题较为突出，主要表现在两方面：一是基层行的重大案件未及时报送其总行或未引起总行的充分重视，导致相似的案件在系统内不同地区频发、多发，这反映在重大案件信息未及时传导并转化为风险应对决策。二是创新管理滞后于市场发展变化。我国银行创新管理决策权一般在总行，面对瞬息万变的市场信息，基层行业务创新信息传递到总行或相当滞后，或信息漏损变形，无法及时转化为总行创新管理的有效决策，整体创新能力和市场应变能力较弱，创新产品难以满足市场需求。当前我国一些银行作出了一些尝试，在局部以事业部制扁平化管理模式替代金字塔式管理，但由于存在制度冲突，管理决策和权限分配的调整并不理想，信息漏损成为内部治理的重要难题之一。

（三）内幕信息交易

我国资本市场中银行板块市值比重已超过30%，市场影响力相当大。证券市场常见的内幕信息交易现象在上市银行中也不同程度地存在：股价异常波动，随后才有重大信息公告；有关重组、增发等重大事项的传言，也让人难辨真伪。内幕信息具有未公开性和重要性的特征，未公开性意味着投资者没有机会获得相关信息或获得信息的成本太大。重要性意味着不论该信息是否真实，都会对股票交易价格产生重大影响，传言的可怕之处也在于此。内幕信息非法交易的过程十分复杂，不排除市场操纵者利用新闻媒体散布虚假信息并借以牟利的因素，但与上市公司高管层有关。比较典型的有两类：一类是监事、董事、经理、副经理及高管人员等内幕信息知情人员，由于其监督地位、管理地位或专业顾问地位能够接触内幕信息，于是直接利用其信息的优势参与市场提前交易；另一类是内幕信息知情人员通过有限渠道向有限的投资者散布内幕信息，后者多为市场操纵者，内幕知情人明示或暗示他人内幕交易以牟取暴利，从而获得高额信息费。内幕交易的社会危害性无疑相当严重，集中反映了公司内部治理的缺陷，以及信息披露管理的重大问题。

除上述三大类制度缺陷外，我国银行内部治理和信息披露的具体问题还体现在以下四个方面。

一是内部激励和约束机制不足，对信息披露不够重视或披露行为不够规范。一些银行对信息披露理解存在偏差，将其视为外在压力和强制约束，而未看到其对银行发展的积极作用，其表现形式为：董事会对信息披露的社会责任、必要性和监督要求不够重视；未建立规范性的信息披露程序和流程，控制和管理不足，信息质量缺少把关；信息披露发布主体不明确，多头发布，削弱了信息披露的可信度和严肃性；对监管部门的披露要求常常无法达标。这些现象反映了一些银行在认识上将信息披露视为包袱，而未看到信息披露对于其品牌建立和市场支持的重要作用，容易造成对风险问题和管理漏洞的信息披露采取隐瞒或回避态度，最终有损银行的长远利益。

二是内部风险计量不全面，信息披露不充分。《巴塞尔新资本协议》对信息披露的全面性、完整性等规范要求相当详尽，原中国银监会、中国证监会对银行信息披露的要素、口径、标准等要求相当细致，对定性与定量相结合的信息披露提出了全面要求。但现实中，我国银行由于风险计量标准不统一、不全面，体现在信息披露上不够充分：如缺少对资本充足率具体计算方法的信息披露，对核心资本、附属资本、资本扣减项、市场风险权数、风险资产分布等信息披露不足；对风险信息的定性分析多，对风险模型的评估和计量少，定量信息披露匮乏影响到市场人士对其各类风险信息的准确掌握；有意或无意逃避监管，将理财业务、承诺类业务等交易情况转移到表外反映，并对表外项目的信息披露有意遮掩，对承诺类业务、或有负债、衍生交易等业务信息披露不足，潜在风险未全面反映。由于种类繁多和标准各异等因素，表外项目和衍生交易如何进行财务报表处理和信息披露一直是难点，但随着我国会计制度与国际会计准则逐步接轨，以及各国加强对表外项目的信息披露，我国银行有关信息披露不能只停留于表外业务种类和合约情况等简单信息，而应涉及表外项目合约价值和风险覆盖情况等综合风险信息，加强对于公允价值的评估和重估，以让投资者对银行表外业务的业务风险全面掌握。此外，我国银行对重大信息披露不足也是常见问题，如应收利息的确认、准备金提取、关联交易的确认、衍生交易计量等重大事项的披露往往很不充分，与国外对财务会计报表附注信息的披露的高度重视相比，我国银行对附注补充性的信息披露较为有限，影响了投资者对银行重大经营管理和会计政策调整的了解和预判。

三是信息披露的内容可信度不足对市场信心构成影响。这主要集中于信息披露的口径和标准等方面，由于会计统计口径的调整、数据采集系统的限制、信息管理系统的升级等诸多复杂因素，一些银行统计报表数据经常处于调整状态，影响了业务数据披露的真实性和准确性，数据统计的连贯性和平稳性不足，前后不同时期的数据存在一定程度上的矛盾，若涉及资产重组、风险分类、利润构成、关联交易等重大方面，可能导致投资者对所有银行披露信息的质疑。除此之外，有的银行以商业秘密为借口，刻意隐瞒负面信息，有意曲解政策信息，信息披露严肃性不足，长此以往，信息披露的可信度会大幅下降。

四是信息披露不及时容易形成投资者对银行规范经营的质疑。信息不及时披露虽不易作为披露行为的缺陷而受到市场约束。但是，违背国家强制信息披露制度的时间要求，有意推迟或提早信息披露行为，容易形成投资者对银行规范经营和合规经营的质疑，继而产生对银行披露所有信息的怀疑，以及对银行存在内幕交易或内部人交易的猜疑。事实上，信息披露制度允许银行按规定的申请程序作出信息披露时间调整的变更申请，银行只要按照既定的程序履行相关手续，还是可以对披露时间进行适当的调整，没必要因此而影响银行的声誉，由此反映了银行合规经营理念的不足。

二、我国银行公司外部治理不足引致的信息披露问题

相比于内部治理，银行的外部治理是个更大范围的概念，对于我国这样的发展中国家而言，可能需经历漫长的不断完善的过程。但是，既然我国选择了市场化的经济金融改革方案，就应通过有力的外部治理来增强银行市场约束的有效性。外部治理主要反映于资本市场、经理人市场、产品市场、社会中介治理等方面，并对银行的信息披露和市场约束产生诸多影响。

（一）资本市场治理存在的问题

随着我国上市银行的增加，资本市场已成为我国银行市场约束的主要渠道。随着股权分置改革和全流通时代的到来，我国资本市场正发生着深刻的变化，包括个人和机构投资者的风险意识和专业分析能力逐渐增强，监管制度不断完善，市场交易活跃度和市场监督力不断增大，这些都为我国银行市场约束创造了良好条件。但与此同时，我国资本市场交易的公平和公正愈受关注，相关法律法规和监管能力等薄弱环节有所显现，对操纵市场和内幕信息交易等行为提高打击力度的呼声日趋高涨，这些都暴露了我国资本市场治理存在的问题，主要集中于以下四方面。

1. 对市场的监管力度不够，对投资者利益的保护不足

我国《证券法》实施多年，证券监管力量逐步加强，证券稽查大队等部门的设立，增强了证券监督管理委员会打击市场违规行为的力度，但证券市场猖獗投机、恶意操纵行为仍然存在，严重损害了投资者的利益。这些都反映了我国证券市场监督力度不足，违规被查处的概率小，且因处罚力度小形成违法违规交易的成本低问题。我国证券监管的法律法规设计思路主要是从规范证券发行、流通、交易等过程来约束，从保护投资者的利益出发制定律法的时间较晚，由此带来的问题是处罚违法违规行为的力度小。只有将内幕交易等违法违规行为与投资者的赔偿充分挂钩，才可能形

成足够的威慑力。况且，针对证券上市、交易所有流程的监管思路，在有限的人力条件下，难免存在对问题查处不全面、不到位的情况。投资者利益保护的不足也影响了市场约束作用的发挥。其恶果在于：上市公司及其内部控制人、关联人刻意隐瞒关键信息，弄虚作假"包装"大行其道，虚假宣传充斥市场，甚至一些专业分析师也加入其中，通过散布不实盈利预期信息误导投资者，造成市场的异常波动，以获取超额回报。还有一些创业板上市公司的业绩预期被过度夸大，上市之初股价就脱离基本面，市盈率高达数百倍，最终损害了投资者的利益，削弱了我国股市的长期投资价值，市场只能在追涨杀跌中寻求短期投机操作。

2. 对相关披露的信息规范标准不统一，影响了可操作性

资本市场的常见现象是兼并、收购、合并、破产等资产重组行为，但是在相关的会计报表处理、财务账务调整、创新业务的统计等方面规范统一上还相当滞后，影响了信息披露的效率和质量。我国银行对金融衍生交易、可转换债券等账务处理，与国际惯例和国际会计准则相比还存在一定差距。我国银行业信息披露制度不统一与信息披露制度政出多门有关，全国人民代表大会、证监会、国家金融监管总局、财政部等国家机构均有权颁布有关银行信息披露的法律法规，可能导致有关银行的信息披露制度缺乏统一性、前瞻性，制度设计的不稳定和可操作性的降低，给信息披露制度的执行带来了困难。

3. 价值投资者寡，趋势投资者众

近些年，我国机构投资者在市场中的比重迅速上升，如开放式投资基金、封闭式投资基金、私募基金、社会保障基金、其他风险投资基金等，其专业分析能力和专业投资理念，对引导市场"价值投资"起到了积极的促进作用，这在 2006 ~ 2007 年我国大牛市期间表现得尤为明显。开放式投资基金等机构投资者以动态和静态市盈率、净资产率等指标为监测分析指标，在跟踪和分析国家产业政策、行业发展状况、行业发展趋势的基础上，有选择性地投资盈利预期良好、具有较好发展前景的上市公司股票，对众多中小投资者观察上市公司的业绩提供了很好的分析渠道。研究实力强、业绩良好的开放式投资基金的十大重仓股票一度成为市场的风向标，

加深了市场投资者对信息披露和公司价值重要性的理解，也提升了个人投资者的专业分析能力。但是，整体而言我国资本市场价值投资理念尚未被广泛接受，市场上投资理论与投机氛围交织，趋势投资理论占据了上风。

随着全流通时代的到来，上市公司大股东、开放式投资基金等投资选择、行为模式对资本市场结构、有效性和稳定性都会产生深远的影响。我国资本市场股价的涨跌在短期内可能受制于短线炒作和联合坐庄等行为，但从长期看，还是应该由行业和公司发展前景、公司管理规范程度、公司盈利状况等反映公司实际的投资价值的因素来决定。

4. 大股东的利益侵占行为仍时有发生

当前，许多上市公司都具有集团背景，或者上市公司本身就是集团母公司，但是在资产、管理人员和经营等方面有时母公司和各子公司的边界并不清晰，母公司与子公司之间、上市公司与控股股东之间可能存在关联交易，从而侵犯广大中小投资者的利益。在我国资本市场走向全流通时代的背景下，大股东利用其股权高度集中的优势，掌握着大量股票和话语权。控制权和决策权被大股东控制，将对董事会的人员结构、公司治理、信息披露、经营管理、内部控制等诸多方面产生影响，其投资理念和持有的大量股票也会对股价产生直接的影响。大股东利用其信息优势和控制权进行内幕交易的现象并不少见，大股东在股价涨跌中牟取暴利具有很大的便利性和可能性。这也反映出对上市公司大股东行为监管的薄弱环节，以及防止其操纵股价、侵占上市公司资金的制度规范不足。

资本市场治理中存在的问题对信息披露产生多方面的直接影响，具体表现为：一是信息披露不够准确和真实，时常出现重大遗漏。上市公司为了满足内部人控制交易的利益考虑，有意隐瞒或歪曲信息，误导投资者和市场参与者，形成欺诈交易事件。二是信息披露不及时。一些上市公司不在规定时间和规定媒体上披露信息，让投资者无法及时了解上市公司的关键信息。三是预测性信息缺乏依据，虚假预测较为明显。未来的盈利往往是基于以往历史盈利情况而作出的推测，这种推测依据估算方法的不同而本来就存在偏差，一些上市公司利用这一技术缺陷大肆发布盈利预测性信息，引导市场作出错误的判断，许多上市公司盈利预测信息与最终披露的业绩信息反差明显，表明存在利用不实盈利预测从股价的大幅波动中获利的可能。

（二）经理人市场治理存在的问题

我国上市银行的董事长和行长等高级管理人员大多由政府直接或间接任命，而并非从经理人市场中遴选，而我国银行一级分支机构的高级管理人员与业绩的联系更为紧密，跨机构变动的情形较多，可能存在经理人市场，特别是在大型银行分支机构任职的履历往往被视为具有良好的经营管理能力，容易在中小型银行中获得跳槽的机会。但是，这种经理人市场往往是局部的，其声誉机制发挥作用有时不完全基于经营管理者的业绩和经营能力。毕竟一家银行对支行的经营业绩考核是不公开的，支行也没有对外进行信息披露的权限，只能单纯以任职履历作为参考因素。经理人市场有限性还体现在各大型银行法人机构的董事长和行长等高管人员基本套用行政级别管理。行政级别的提升成为主要的激励目标。在这样的情况下，经理人市场中的声誉机制难以发挥作用。也正因如此，所谓的经理人市场对银行高级管理人员的激励和约束作用较弱。换言之，银行高级管理人员在信息披露的内容和方式上往往具有针对性和选择性。市场约束力的缺乏，可能会诱使银行高级管理人员将信息披露作为宣扬业绩的渠道。

（三）产品市场治理存在的问题

我国银行产品市场的竞争还是比较激烈的，产品本身的创新程度、风险状况、盈利状况、信息披露状况等因素决定了该产品是否能够受到客户的青睐，从产品的比较优势里也可以看出该银行内部控制能力和创新发展能力，并由此反映出银行的治理水平。从当前产品的内在特征比较分析看，我国银行产品市场还是存在一定问题，反映出部分银行公司治理和内部控制并不尽如人意，产品市场的竞争程度只与公司治理水平有一定的关联，这主要是因为不少银行的经营策略一直以扩大经营规模、抢占市场份额为主，由此造成产品跟风性强，趋于雷同的产品较多，而独立设计的差异化产品较少，产品定价和风险测算不准，产品市场的竞争往往表现为市场之争，而非创新能力和风险管理能力的竞争。毕竟产品模仿容易，而核心独创性产品设计却需要长期培育和大量投入，见效慢。这也在一定程度上表明银行内部治理中重视短期效益、忽视长期核心竞争力的培育。银行业产品市场的特点也导致产品信息披露水平不高，如部分银行为满足公众投资理财的需要不断推出大量的理财产品，但对于理财产品的具体投资内容、盈利状况、盈利测算则含糊其词，有的理财产品造成客户本金亏损，客户投诉众多，反映出部分银行在新产品的信息披露和管理上存在较大问题。这些理财产品存在同样的相似性和模仿性，可能成为信息披露语焉不详的重要因素。

(四) 社会中介治理存在的问题

社会中介机构，如注册会计师、专业分析师、信用评级机构、资产评估师等的专业判断和分析，对市场约束至关重要。但当前，一方面，我国社会中介机构良莠不齐，资信参差不齐，一些专业分析师、会计师、评估师的职业操守存在问题，出具的评估分析报告、审计报告存在很大的随意性，影响了社会中介机构的整体声誉；另一方面，在现实中，一些本着公平、公正原则的专业分析师、审计师对某些上市公司的违法违规行为进行大胆揭露后，却面临打击报复，其基本权益未得到应有的保护，这些也在一定程度上抑制了对于良好职业道德和健康行业风气的培育，降低了社会中介治理效果。

具体而言，我国社会中介治理问题主要集中反映于审计报告、资产评估报告、法律意见书的信息和观点存在倾向性、误导性，削弱了社会中介机构的公信力。

会计师事务所出具的审计报告已被大量用于行政审批和监管规范之中，其披露的信息常被作为决策参考的重要依据。但现实中，由于我国会计师事务所的准入门槛较低，一些会计师事务所为谋取高额回报违背了其应有的职业道德和社会责任感，在审计工作中，未主动发现违规问题，出具与事实不符的审计报告，或者内部管理不力，对分析人员的造假行为和舞弊行为缺乏有力制约。同时，上市公司为逃避监管或市场约束，将实力弱或愿意配合隐瞒问题的会计师事务所作为优选对象，或是在审计工作中采取制约审计活动、控制审计费用等方式削弱审计效力，推动外部审计虚假行为，导致中介市场的"逆向选择"，即缺乏职业道德精神、专业能力差的会计师事务所反而获得生存发展空间，从而影响了整个行业的公信力。

资产评估机构随着房地产等资产价格的持续攀升，日益成为我国重要的社会治理力量。银行保有很大业务量的固定资产贷款、个人住房贷款、商铺贷款等均涉及对个人住房、商铺、楼宇等固定资产的评估。此外，随着知识产权贷款等新型贷款业务的出现，资产评估的范围还延伸到知识产权等新领域。资产评估机构出具的报告是否真实已经直接影响到监管的有效性。在房地产领域，对个人首套和多套住房按揭的首付款比例限制一直是监管部门最有力的监管措施之一，虚增房产价格将使得这一监管措施形同虚设，以房产为抵押物的抵押率设置难以控制风险。一些资产评估机构并未按照国家法律法规来开展评估业务，或不按评估的资质承揽业务，或评估程序不到位，未实施市场调查、查账核实、现场勘查等评估程序，导致评估结果失真。

律师事务所对案件调查和判断的信息披露直接影响到法院审批和量刑。由于法院直接参与对案件流程的审理，对律师调查取证的信息披露会形成一定的约束。不过，在现实中，律师事务所错误信息披露也时有发生，如律师故意对事实作虚假或错误诱导性的陈述，或对关键信息事项不予披露，导致出具的法律意见书失之偏颇或有重大遗漏，缺少专业判断，或以无确定的法律意见作为结论。

三、加强我国银行业公司治理和信息披露的主要对策

（一）从完善银行内部治理角度提高信息披露的主要着眼点在于加强银行机构监事会的力量、提高内部审计的独立性、实施信息扁平化管理、建立有效的激励和约束机制

1. 充实监事会的监管管理力量，增强专业代表的广度，提高监督管理履职能力

监事会是银行内部监督管理不可或缺的环节，为提高其履职能力，应

充分考虑其人员结构的覆盖范围，扩展到中小股东的代表和非股东专业代表，如政府监管的代表，并加强培训、实施任期管理，提高专业监督水平，确保其监督的独立性和中立地位，使监事会的监督作用能覆盖到银行的主要决策环节、控制环节和执行环节，有效降低银行内部控制人交易行为发生的可能性。监事会人员结构的多元化和监督的独立性能直接大幅降低董事会和经理人违规决策和违规操作的可能性，降低大股东利益侵占行为的概率，从而提高银行内部激励和约束的有效性。

2. 加强银行内部审计组织体制改革，提高内部审计的独立性

应突出内部审计在银行内控管理中的重要地位，发挥内部审计对内部控制的监督作用，增强内部控制的有效性。为此，银行应将内审委员会定位于治理结构的最高层面上，直接在董事会领导下开展工作，并接受监事会的指导。之所以选择这种制度安排，是因为在公司治理的制约机制中，董事会是决策机构，肩负着保证银行经营的合法性和风险可控的职责，而内部审计在业务上接受监事会指导能够在一定程度上形成对董事会的制衡。在对审计委员会的设计上，应首先制订完整的章程，明确赋予其足够的独立性、权威性和客观性。内审委员会的成员应全部由独立董事组成，既不是银行或其附属公司的管理人员，与银行或附属公司有商业、雇佣、交叉任职等也没有关系。内审委员会所设的内部审计局及其派出机构应独立于各地银行系统，采取跨地区运作模式和管理架构，彻底切断与所驻地各级银行的利益关系，将内审派出机构的人事、劳资、财务等关系全部集中于总局，使之在人、财、物等方面彻底与所驻地银行脱钩，完全摆脱内审部门受制于被审计对象的尴尬处境，实现组织上和制度上的完全独立。唯有如此，银行董事会才能直接获得没有人为调整的审计结果，保障审计信息真实、客观、全面、及时，并据此做出决策。

3. 加强内部管理信息的充分共享，实施扁平化管理

扁平化管理主要指针对传统"金字塔"组织结构进行优化和整合，改变"金字塔"对信息传导的多层级和复杂性，减少信息漏损和衰减，通过精简管理层次、增加管理幅度，提高结构弹性和运行效率。目前西方商业银行较普遍采用总行—（地区性管理中心）—分行这一扁平化的管理模

式。地区性管理中心实际上是总行管理职能的延伸，能够帮助总行承担一部分经营管理和风险控制工作。总行对数百家分行的管理和控制通过各地区性管理中心来实现或直接管理。我国银行若在组织架构上实施扁平化管理，可降低银行的协调成本、管理成本和交易成本，提高信息传递的速度和效率，加大管理跨度，有效提高银行员工创新的积极性和主动性。因此我国银行即使在组织架构上囿于诸多制约因素一时难以推行扁平化管理，也应考虑在信息管理上率先实施。事实上，扁平化管理是一种能快速适应环境变化的组织结构，最能体现创新性和动态适应性，能足够应对复杂多变的经济金融环境的变化。

4. 建立有效的激励和约束机制，增强信息披露的动力

激励和约束机制的有效性是银行内部控制和内部治理的良好指标。良好的激励和约束机制能较好地兼顾长短期利益的关系、公众利益与盈利增长的关系、风险转嫁和承担的关系。有效的激励和约束机制需要以信息为基础，进而对信息披露起到促进作用。激励和约束机制能让职员清楚了解银行的经营管理目标、现状、策略、风险程度，以更好地采取相应的行动促进银行实现利润最大化的目标，更好地关注金融消费者和利益相关者的利益，规范经营管理行为，包括规范信息披露行为，使其能从银行长远利益和大局出发看待信息披露的重要性和必要性，在披露内容上毫无保留。在理财产品的销售中，有效的激励和约束机制将促使银行充分披露产品的结构、性质和风险状况，而非简单地将产品转售给公众，单纯考虑扩大市场份额和自身利益；将促使银行充分考虑公众利益，全面揭示理财产品的风险状况，充分披露产品的不确定性，让客户根据自己的风险承担能力作出投资决策。有效的激励和约束机制将摆脱单纯追求业绩信息的披露，也会主动对风险提前预警信息进行披露，从而推动银行全面、可持续发展。

（二）从完善银行外部治理角度提高信息披露的主要着眼点在于改善资本市场治理、经理人市场治理、产品市场治理、政府治理、社会中介治理的状况

1. 加强资本市场治理

资本市场治理是一个系统工程，需从宏观和微观两个方面加强。从微观

上看，应重点促进上市公司内部治理状况，减少上市公司大股东对中小股东的利益侵犯行为，加强监管上市公司与母公司或控股公司之间的关联交易，以及对上市公司内部控制、信息披露等方面进行持续监管，从而为上市公司提高信息披露水平奠定基础。从宏观上看，应加强对信息披露制度的完善，按照国际会计准则的要求，统一财务会计处理标准和口径，并规范上市公司信息披露行为，防止隐瞒、虚构和限制披露信息的做法，增强强制披露制度的执行力，为资本市场的健康发展和市场约束发挥作用创造良好条件。

2. 加强经理人市场治理

建立我国银行业经理人市场，对于提高银行管理效率、推动信息充分披露具有十分重要的意义。我国商业银行，尤其是国有商业银行，选拔优秀经理人应更多依靠业绩和能力评价，加强对经理人经营管理行为和业绩等情况的信息披露，为推动我国经理人市场的发展创造条件。

3. 加强产品市场治理

加强产品市场治理应从督促银行加强产品创新能力和品牌建设入手，提高产品的差异化程度和特色产品的开发设计，并增强对客户利益的维护意识，以达到促进信息披露的作用。只有这样，银行才会有主动性让客户充分知晓银行新产品和新业务的产品功能、风险特性、产品设计等情况，市场对产品的优劣选择机制和自然淘汰机制才能发挥作用。唯有如此，才能进一步提高对个性化、创新性产品的研发积极性，使产品不断推陈出新，良性循环，更好地提高产品市场的信息披露水平。

4. 加强政府治理

加强政府治理最直接的方式就是加强对上市公司违规行为的查处力度，不管是由单一部委如证监会还是由多部委联合建立的证券稽查大队，都应该为其配备足够的人力资源和检查执法权，作为在证券市场的现场稽查职能部门，应有权对上市公司的任何违规行为和环节进行执法检查和查处，唯有如此才能真正提高政府监管机构的权威性，发挥威慑作用，提高上市公司的违规成本，从而提高上市公司信息披露水平，防止出现任何隐瞒、篡改信息的行为，大幅减少内幕交易的可能性。在监管方式上，应进一步完善上市公司信息披露的规范性，加强信息披露的动态监管，鼓励自愿信息披露行为，以有力的综合治理来推动信息的公开、共享，全面提高信息披露水平。

5. 加强社会中介治理

加强社会中介治理的重要途径是加强对社会中介机构的监管，强化对社会中介资质和信誉等情况的信息披露，推动建立中介机构优胜劣汰机制，避免中介机构成为上市公司逃避监管的工具。对中介机构的治理必须坚决有力，否则，一旦中介机构在信息披露上与上市公司结成利益共同体，将对政府监管极为不利，其专业知识和专业能力反而会成为官方监管的强大障碍，因为其提供的信息有可能明显误导监管者。因此，应以强有力的惩戒机制来实施对中介机构的监管，确保其出具的报告及时、准确、完整，从而提高中介机构执业中的客观性、独立性、公信力、公正性。

加强银行公司内部治理和外部治理具有很大的相关性，两者相互交织、相互作用，只有整体推进、系统建设，才有可能切实提高我国银行业的信息披露水平，并提高银行业的市场约束力和官方监管的有效性，信息披露体系和银行监管体系才能更为有效。公司治理与信息披露之间同样具有明显互相作用的关联性，信息披露是公司治理的基础，只有确保银行业市场信息公正、客观、充分地披露，才有可能使公司治理达到激励和约束机制更为有效的目的。总体而言，只有全方位地加强公司治理和信息披露，才能使两者在互相促进中进入良性循环，使我国的银行体系更为稳健，市场约束机制更为有效，届时或许官方监管并非必不可少。

第二节　我国银行在市场约束有效性
方面存在的问题和对策

一、我国银行在市场约束有效性方面存在的问题

（一）因国家隐性担保等因素而导致存款人市场约束不足

中华人民共和国成立后，我国银行机构的市场退出案例中，至今尚未

有过存款人损失本金的情形。我国国有商业银行由国家控股，市场对银行的信用评级往往较高，其中有一部分原因是国家信用做支撑和"大而不倒"政策，其他类型的商业银行因与其同处银行体系而间接享受了国家的隐性担保。事实上，在我国，一旦银行发生危机，国家往往会救助有问题的银行。我国央行的最后贷款人职能对于有问题银行的救助起着重要作用，在一定程度上缓解了我国银行业的支付危机，消除了市场的恐慌心理。但其弊端也是明显的，就是消除了存款人和债权人遭受资金损失的预期，况且，最后贷款人的救助缺乏严格的标准，存在过度救助和具有主观随意性的问题，并非最好的政策选择，属于不得已而为之。在我国对高风险经营银行的惩戒机制尚不完善的情况下，最后贷款人制度难以达到抑制银行的不谨慎经营行为的效果。

客观而言，我国对存款人的利益保护已达到了一定程度，也由此导致各种类型的银行在客户眼里是无差别的，这是制约存款人市场约束的最大障碍。在我国以往发生的金融机构关闭事件中，存款人的本息总是优先受偿，这种隐性存款担保现象往往导致存款人没有动力监督银行风险。存款人对银行机构的约束主要通过两个途径：一是向高风险的银行要求更高的利率；二是转移存款。我国实施无差别的存款利率，收益与银行的风险未匹配，存款人无法对高风险的银行要求高利率；存款人转移存款的原因很少是出于对存款安全性的顾虑。最为重要的是，高息揽存屡禁不止，存款人因银行隐性的高额存款利息而转移存款。我国银行业尚处于粗放式发展阶段，抢占市场份额往往是银行的首选目标。一些银行为此违反规定，采取了直接或间接高息揽存的方式，以高息存款协议、设立吸储奖、有奖储蓄、支付协储代办费等方式来变相提高存款利率。事实上，高息揽存提高了银行资金成本，增强了银行谋取高风险项目贷款来弥补成本的动机，诱发不良贷款的可能性更大。更有甚者出现账外经营，形成金融犯罪。而存款人明知银行高息揽存的行为违规却持支持态度，为谋取高息而转移存款，使得存款人市场约束完全异化。

（二）我国次级债市场缺乏价格发现功能且流动性不足

从我国次级债发行和流通状况来看，其发行一般采取定向私募发行，其定价缺乏市场竞争，难以完全反映银行风险状况，一级市场次级债市场约束作用因此难以发挥。从债券投资者队伍构成来看，银行的次级债互相持有的现象较为普遍，投资者对银行风险并不敏感，市场流动性也较差，次级债容易演变成符号。从次级债的期限结构看，次级债产品种类和期限较为单一，产品设计未充分考虑市场结构和流动性等因素。一些银行次级债发行价格不合理，导致投资者在二级市场倾向于长期持有，低流动性的二级市场很难形成有效的反映银行风险变化的价格信息，价格信号引导投资者风险判断的作用难以显现。我国银行间次级债市场在这种次级债投资者结构单一、产品多样性不足、市场流动性较差的情况下，二级市场次级债的市场价格很难真实反映银行的风险状况。

（三）银行业的垄断性导致银行对市场反应不够敏感

根据前文所述，银行业具有自然垄断的倾向，我国大型银行的市场份额具有绝对优势，银行业是特许经营行业，新银行机构的进入往往受到较大的限制，垄断性导致银行业能够较容易地享受到存贷差带来的收益，因此在市场评级和评价、市场反应等方面缺少应有的敏锐应变能力，在许多服务领域仍有提升空间。如公众反应强烈的银行柜面排队难问题，银行虽增设了 ATM 机等自助设施，推广电子银行业务，但排队难问题依然存在，究其原因在于银行未能根据柜面具体情况来动态调整柜面服务人员的数量，未切实为公众考虑。又如在收费问题上，银行以成本为由提高 ATM 机跨行收费标准，收取小额账户管理费、银行卡年费、密码重置费等，引发银行业的信任危机和声誉危机，最终由监管机构进行直接干预才得以平息。银行业是特殊行业，其垄断性决定了在许多方面不能单纯以所谓市场化的成本和收益来进行服务定价，以管理运营成本上升为借口来提高常规业务收费水平，只会增加银行的声誉风险。

（四）市场参与者的风险意识不足

长期以来，我国银行体系还是比较稳定的，国内银行客户没有经过银行危机的考验，缺少因银行破产倒闭而引发资金损失的经历，对银行的风险情况和风险变化较为麻木，风险防范意识明显不足。这集中表现在两大方面：一是片面追求盈利性，忽视风险性。不少客户将服务收费和产品收益作为选择银行服务的首要因素，仅关注非风险因素。一些银行利用客户过分信赖银行安全性的心理，以阶段性优惠或免费策略，吸引客户参与和选择，颇见成果。一些银行推出的理财产品以较高的预期收益率作为销售的卖点，客户在购买相关理财产品时往往并不知晓该产品的结构和潜在的风险，将理财产品视为存款，单方面认为本金安全。二是对一些业务的风险缺乏基本的认识。近些年，各家银行大力推广电子银行业务和银行卡业务，在很大程度上方便了客户支付和消费，但不少客户在选择这些业务时对其风险缺少足够的认识，对自身风险承受能力缺乏应有的考量，在业务操作时缺少基本的风险防范措施，导致账户资金被盗用。

（五）银行业的行业自律较为薄弱

我国银行业自律组织在维护市场秩序方面发挥了积极的作用，如上海市银行同业公会组织会员协商制定了统一的银行卡业务等费率标准，中国银行业协会组织银行机构协同公众教育活动等行动。但银行业自律组织中暴露出许多行业自律不足的问题，既有自律组织权威性不足的因素，也与银行业金融机构自觉执行行业公约不足、自律意识差有关。如同业公会银行卡专业委员会历次会议都涉及银行卡刷卡费率标准欠统一、市场恶性竞争等问题，各会员单位在执行统一费率政策上参差不齐。另外，银行卡产业链条很长，涉及制卡、刷卡、支付、消费等诸多环节，银行机构不仅作为银行卡的发卡机构和收单机构而互相牵制，还需重视和控制刷卡的 POS 机具和网上支付渠道可能存在的风险，以及与第三方支付机构合作的风险。银行在防范这些风险问题时自律性不强，就会导致客户大量的支付差错或违规支付等问题的投诉，形成银行的声誉风险。

（六）金融市场的广度和深度不足

这个问题主要表现在三个方面：一是金融工具的品种不够丰富。如债券市场中，各种风险层次的债券种类过少，债券市场发展比较落后。风险介于股票和国债之间的金融产品较少，缺乏具有不同层次风险和收益的投资产品，风险跳跃度过大，这也是长期以来客户抱怨缺乏有效的银行投资理财渠道的主要原因，可选择投资的金融资产的范围较窄、可替代的投资渠道少导致我国银行客户的市场约束力明显不足。二是市场深度不够。就金融债券市场而言，其发行数量不足并且时常间断，导致金融债券的流动性不高。三是利率没有完全市场化。目前本币存款的利率仍处于管制中，还无法完全反映金融机构的风险。在金融体系市场化程度低，市场力量薄弱的情况下，市场约束必然缺失或不足，势必只能由国家来承担监管的责任，而风险也是由国家集中承担。

二、加强我国银行业市场约束的主要对策

（一）改革最后贷款人制度，缩小国家隐性担保的范围

对几乎所有问题银行机构进行最后贷款救助，容易诱发存款人和银行的道德风险，降低监管的效率，因此有必要对过宽的最后贷款人制度进行改革。改革的总体思路应该是取消中央银行对银行机构安全的完全保证，建立适合的机制来激励银行机构依靠自己改善经营管理来化解风险问题，而非单纯依靠再贷款提供的流动性援助，具体改进建议如下：

一是在法律层面确立最后贷款人制度救助的原则、方式、时机和范围，以及中央银行的职能和作用，进一步明确中央银行参与救助的责任和条件，增强中央银行操作的独立性，以避免问题银行及地方政府倒逼中央银行发放紧急贷款救助，减少问题银行对政府金融救助的依赖性。

二是对银行体系发生的危机，应视情况严重程度采取灵活的再贷款等救助手段。若银行业危机较轻微，中央银行应只向具有清偿能力的银行提供流动性支持；若银行业危机较严重，则应扩大最后贷款人制度的覆盖面，向可能引发系统性风险的问题银行提供最后贷款人的流动性援助。同时，应区分或限定救助对象和范围，主要对临时性流动性问题、具备偿债能力的银行机构提供临时再贷款支持，而对资不抵债的银行机构应果断使

其破产倒闭。

三是打破公众对问题银行最后贷款人救助的预期，引入对再贷款项目的专家论证程序。对所有的问题银行进行救助是最后贷款人政策制度失效的关键。考虑到对问题银行尚无明确的界定，可从立足于打破对问题银行救助的预期入手，建立援助项目的论证机制。在确保科学合理进行救助的同时，让公众无法判断中央银行是否会救助以及救助的方式和程度，这样有利于银行利益相关者加强对银行的监督和风险识别，有利于问题银行以主动改善经营来脱离困境，同时也避免中央银行在救助过程中的过度宽容问题。

四是视情况提高再贷款的成本。如针对再贷款规模制定递增的利率，或明确再贷款利率就是惩罚性利率，或直接提高申请再贷款的成本，以此限制银行机构轻易使用再贷款方式掩盖风险问题。再贷款应体现对银行管理者的经营管理不善的惩罚性质，这种相对市场化的方式较为柔性，有利于增强有问题银行的自主选择性。

（二）建立强制性的、有限的和差别费率的存款保险制度

从本书的实证分析来看，存款人的市场约束力还是存在的，我国引入存款保险制度的时机和条件已经成熟。存款保险制度有利于给监管当局以更大的自由来决策是否救助有问题银行，或允许风险较大的银行退出市场。这样有利于缩小国家实际担保的范围，加大市场约束的力度。目前我国隐性存款担保导致监管当局为了维持银行业的稳定而承担了过多的责任，而市场约束则缺乏应有的利益驱动机制。此外，还可以提高存款市场的信息披露水平，降低监管工作的难度和责任，推动市场建立公平的竞争环境，稳定存款人的合理预期。简言之，以显性存款保险制度替代国家隐性担保有其积极意义，可以打破存款人在银行破产倒闭时全额补偿的预期，提高存款人对银行市场约束的动力。

当然，存款保险制度的设计同样重要，该制度具有相互冲销的矛盾作用的两个方面，既可以为存款人避免损失提供保障，消除存款人参与银行挤兑的动机；也可能削弱存款人对银行风险进行监督的动力。因此，存款

保险制度的设计必须合理，应兼顾银行体系的稳定性和市场的约束力。可考虑对存款进行一定比例的保险或设立保险上限，以预留存款人可能损失部分存款的预期，从而持续关注和监督银行的经营管理状况和风险状况，对银行形成市场约束。在存款保险的费率设计上，也应采取浮动调整，避免让低风险银行缴纳保费以补贴高风险银行，应激励银行降低风险。

（三）　规范和发展我国次级债券市场

增强我国次级债的市场约束力，主要应从发行和交易市场、机构投资者、产品结构等方面推进。

次级债市场约束产生作用的一个条件就是次级债市场具有一定规模和流动性。原中国银监会次级债新规颁布后，阻碍次级债约束的最大障碍就是缺少一个高效的发行和交易市场。从促进次级债市场健康持续发展的长远目标看，监管者有必要积极谋划，在条件允许、风险可控的情况下，通过政策引导，加快次级债流通平台的构建，为次级债转让和流通提供渠道和服务，理顺次级债市场流通体制，增强次级债券流动性和可转让性，使债券的价格和收益率能真正反映银行的风险水平。我国已改变以定向发行次级债务为主的方式，转向定向募集与银行间市场公开发行并举，充分表明了监管者发展次级债市场的政策思路。下一步可考虑重点发展银行间市场公开发行的次级债的市场，以银行间市场交易为平台、以债券代理结算和国债柜台交易为辅助手段，最大范围地消除市场隔离、分离的状况，增强操作的可行性，将次级债的发行和流通融入我国金融市场之中，以提高次级债市场的规模和流动性。

次级债市场约束的另一个条件就是覆盖面广、数量较大、结构层次多的机构投资者队伍，唯有如此，才有足够多市场投资者能够吸纳银行庞大的次级债发行规模，并持续从不同角度关注和监督银行的风险状况，在判断银行风险集聚时果断采取措施和行动，从而达到市场约束的功能。机构投资者队伍规模越大，承接市场大规模次级债的能力越强，关注银行风险情况的利益群体才会越多；机构投资者结构层次越多，拥有不同风险偏好的层次越多，就越有利于形成次级债市场强有力的约束；机构投资者实力越强，就越可能与银行的业绩和风险建立实质性利益关系，才会有内在更强烈的动机，并建立专业分析师队伍，持续分析、研究和判断发债银行的风险状况。因此，应推动银行次级债的投资者队伍发展壮大，适当时将信托投资公司、保险公司、基金管理公司、证券公司以及养老金、货币市场基金等机构投资者引入次级债市场中，以增强我国次级债市场的流动性，提高价格信号的及时性、准确性、有效性，让银行次级债的价格反映市场对发行银行风险状况的判断。

次级债产品结构是确定市场流动性的重要一环。根据前文所述，短期次级债频繁发行对于一级市场次级债约束更有力，而长期限的次级债在二级市场上滚动发行更有利于形成持续的市场约束力。目前我国银行次级债券多为短期限、浮动利率，不利于在市场上形成稳定的次级债持有人群体以持续关注银行的风险状况。因此，应丰富次级债券的品种，增强次级债的期限结构，加大发行频率，加大长期限、固定利率的次级债券发行规模，采取滚动发行方式，允许其在交易所挂牌交易，以增强次级债券的流动性。

（四）逐步取消对银行的利率管制

存款利率市场未放开是制约市场约束发挥作用的重要因素，因为中小存款人无法根据银行风险状况要求更高的风险溢价，存款人无法从价格上约束银行行为。我国对存款利率本着"先大额长期，后小额短期"的原则逐步展开，目前仍然采取存款上下限的管理方式。虽然存款利率管制有利于防止银行间过度竞争，降低银行机构的市场风险，但其弊端也比较明显：存款利率的风险指标作用丧失，高息揽存现象屡禁不止。当前不少银行发行超短期大额理财产品，其实在相当程度上也是逃避利率管制的一种做法。因此，应尽快有步骤地放开存款利率管制，如确定一定的存款利率浮动范围等。

（五）适当分配官方监管和市场约束的运作范围

前文已对市场约束和官方监管的优越性和局限性进行了充分论述。过度依赖官方监管的做法不仅提高了监管的成本，也使银行的存款人等利益相关者很少关注银行风险变化的情况。而市场约束在发现银行的风险问题上往往具有及时性，并能很快地传导到银行，形成约束力量，在纠偏的及时性、敏感性、动态性等方面，市场约束都具有官方监管无可比拟的优势。但是在处置银行机构重大风险问题、防止其扩散和形成银行体系的连锁反应上，官方监管具有力度大、作用直接等优势，能确保整个银行体系的稳定性。因此，监管机构应合理界定官方监管的边界，改变长期以来过分偏重官方监管的做法，调整监管的范围，培育市场约束力量，与市场约束形成合理分工，以充分发挥两者各自的优势，提高官方监管与市场约束的效率，约束银行的风险管理，提高银行监管的有效性。

本 章 小 结

　　本章重点定性剖析了我国银行公司内部治理和外部治理不足之处对信息披露的负面影响，在揭示信息披露问题的同时，进一步阐明了内部治理重在机制建立和强化管理、外部治理重在制度设计和加强监管的观点，同时，内部治理、外部治理和信息披露等问题存在很大的关联度，需要纳入统一分析框架来解决。

　　本章在对市场约束机制问题进行分析之后，在改革最后贷款人制度、建立强制性和差别费率存款保险制度、规范和发展次级债市场、逐步取消利率管制等方面提出了初步的建议。

第九章　结论与展望

本章主要对全书的思路进行梳理，并对主要结论进行总结，进而探讨本书研究尚存的不足以及未来可以继续研究的方向。

第一节　本书主要结论回顾

本书研究的主要结论和观点如下：

一是《巴塞尔新资本协议》对信息披露提出了较为全面和明确的要求，使其成为市场约束的基石。《巴塞尔新资本协议》对信息的"重大性""有意义"等关键概念作出了说明，但是在实际运作中判断这些关键信息的可操作性不强，适宜披露的信息和不适宜披露的信息之间往往没有明显的分界，这就在信息披露规范的执行上给予了银行很大的弹性。这大概也是有关自愿性信息披露和强制性信息披露的争议一直没有停止过的一个重要原因，毕竟要界定强制性信息披露的准确范围并不容易。

二是有关赞同和反对强制性信息披露的经济学分析和研究各执一词，均有一定道理。通过分析，本书认为自愿信息披露是不可少的，但对强制性信息披露也持赞同态度，其原因在于信息不对称广泛存在，是制约市场约束最主要的因素之一。自愿信息披露由于受到披露者的某些利益的考虑，存在较为明显的"自利"动机，表现在信息披露上有所取舍，缺陷明显。因此强制性信息披露制度是必要的，但信息披露并非多多益善，过多的信息可能会掩盖重要信息受到关注的程度，因此强制性信息披露也应有明确的规范。

　　三是银行内部治理和外部治理对信息披露产生了广泛的影响，同时，信息披露对于银行公司治理具有改善作用。公司治理和信息披露存在互相联系、互相影响的关系，共同成为市场约束发挥作用的两个重要前提条件。此外，公司治理状况还决定了银行对市场信号的反应程度，即决定了市场约束的"影响"机制是否有效。

　　四是当前尚无对市场约束的精确定义，较多研究将市场约束视为银行的利益相关者会随时通过获取的信息来监督和判断银行的风险状况，在其认为必要时采取一定的措施，影响相关银行的利率和资产价格，从而形成约束作用。本书认为，从国际政治经济学的角度看，一国政治制度和经济制度的设计都反映了国家的意志，市场约束机制同样代表了国家对银行监管制度的理念。构建发达的金融市场，以及问题银行出现时，一国政府在行政干预或市场纠错之间的选择等都体现了国家对于银行监管制度的考量。这就为本书有关市场约束宏观角度的诠释奠定了基础，从而引出了对银行受宏观经济环境影响形成的市场约束的成效分析。

　　五是通过对我国存款人市场约束效果的实证分析，本书得出我国商业银行的市场约束虽然较弱，但还是显著存在的结论。特别是资产流动性比例变量指标、风险甄别功能较强。大型银行的市场约束要比中小型股份制商业银行差，这也体现在资本充足率变量指标所体现的风险甄别功能的差异性上。与国内现有的实证研究相比，这是一个新的发现。

　　六是我国银行次级债市场约束不足的主要原因在于产品的市场流动性较差、产品期限结构比较单一、机构投资者较少、银行等金融机构互相持有次级债等。对我国次级债一级市场约束效果的实证研究表明：我国银行次级债券的市场约束作用比较微弱，可能是政府隐性担保政策削弱了次级债的发行价格与发债行风险的关联度；银行规模与次级债收益率差 $SPREAD$ 之间显著负相关，印证了大型银行在发行次级债上更有利的理论观点；同时，次级债的发行规模与 $SPREAD$ 显著正相关，即发行规模越大，市场对其发债成本的约束效应越明显。

　　七是理财客户市场约束是以我国理财业务逐年爆发式增长和大部分金融领域利率管制为基础的，由于理财产品收益率较为充分的市场竞争，使得理财客户关注银行风险状况的变化成为可能。理财客户市场约束机制的典型性可能是我国独有的特色。本书通过实证研究我国银行风险变量指标与债券类、信托类、结构性、综合类等四类理财产品实际平均收益率的关联度，获得了理财客户市场约束"监控"作用虽然较弱，但还是显著存在的结论：不良率或不良资产率变量指标风险甄别功能较强；资产收益率 ROA 和拨备覆盖率的提高，会显著降低理财产品平均收益率水平；理财产品的实际平均收益率水平可在一定程度上提示银行的风险程度等。

八是通过实证分析我国银行业对宏观经济环境的反应程度，本书发现近些年来银行体系对市场的敏感度增强。这与现实中我国银行机构股权改革和资本市场上市后，对市场信号反应程度和市场约束力增强的观点是相一致的。

九是通过实证分析银行业内部治理变量与银行绩效之间的相关度，得出董事会规模、董事会会议次数等指标显著与银行业绩呈正相关的结论，"影响"机制同样存在，董事会制度对银行业绩提升起到了积极作用。同时，银行业绩与第一大股东持股比例的明显的倒"U"型关系，暗含着政府对银行隐性担保现象存在正负面多重效应。当前大型银行绩效考核指标管理显示其内部治理尚显薄弱。

十是官方监管和市场约束关系密切，通常情况下两者存在互补与替代关系。官方监管应着眼于监管制度的建立和实施，确保金融业平稳有序运行；市场的充分竞争有助于优胜劣汰，改善金融机构的内部管理，因此应由市场约束发挥作用。但是，金融机构作为特殊的企业，其风险达到一定程度后存在外溢效应，可能成为系统性金融风险的导火索，因此，官方监管和市场约束可能存在同向增强的情形，必要时官方监管的强制措施有助于解决市场约束失灵问题。

十一是官方监管和市场约束各有利弊，两者存在很大的差异，但又具有广泛的联系。有关两者关系的研究尚未取得一致性意见，但主流观点还是倾向于官方监管与市场约束应当有机结合，即逐步在以官方监管为主的体系中引入和发展市场约束，实行官方监管与市场约束的最佳配合，达到保持银行体系稳定和降低监管成本的目的。

十二是官方监管的主要弊端来自监管者的"自利"行为，严重的则会演变成银行与监管者之间的合谋，因此有必要对监管者进行再监督。此外，官方监管的边界是由监管者与银行之间的博弈形成的，由于一方反应存在时滞，由此造成另一方反应和调整过头，所以需要较长时间的博弈才会达到均衡。均衡点即监管的最佳边界，监管的目标就是尽量将银行的不当交易行为控制在一定范围内，但不应完全没有，否则就扼杀了银行的创新活力。

第二节　本书的不足及未来的研究方向

一、本书的不足之处

一是部分实证研究中一些宏观变量的解释性不足。在实证分析我国银行体系对宏观经济环境的反应程度中，选取的宏观变量在解释性方面仍显不足。这既可能与实证研究中选取的解释宏观变量的局限性有关，也可能与我国银行贷款增长率受国家对经济的刺激政策等调控政策影响较大有关；同时，为了满足分时间段分析的需要，本书部分实证分析采用季度数据，因此不得不剔除 GDP 增长率等反映宏观经济运行状况的良好指标，使得本书有关银行体系对宏观经济环境反应程度研究的可信度受到影响。

二是由于受到市场环境等因素的制约和数据资料可获得性的限制，部分实证研究难以为继。如由于我国利率没有市场化，所以无法利用存款利率模型对存款人的市场约束进行实证研究。又如由于我国次级债市场尚不够完善，受到次级债的交易性、流动性等因素限制，仅对我国次级债的一级市场约束机制做实证研究，其实证结果并不理想，有待后续进一步做阶段性的实证分析。同时，由于研究资料和研究条件有限，无法获得国外某些银行存款和债券的相关数据，本书缺少对上述两种情形的国外银行体系市场约束机制作对照性实证研究。

三是对官方监管的边界缺少现实的明确界定。官方监管的边界实际上也从另一个角度确定了市场约束机制的有效范围，因此相当重要。这也是长期以来理论界和实务界不断争议的焦点问题。本书主要从理论上分析如何在银行机构和监管机构的博弈中确定监管的最佳均衡点，即银行机构依据预期的监管执法严厉曲线和收益曲线的对比情况作出不当交易决策，监管机构根据银行机构不当交易行为的严重程度确定监管的频率和力度，两者博弈确立官方监管的边界。同时，本书认为在对一般银行系统性风险的处置上，官方监管具有明显的优势。然而，这只是一个大概的范围划分，在现实中，银行体系运行的情况相当复杂，这涉及各国金融市场运行环境和金融管理制度，以及对所面临的具体问题进行具体分析。因此，本书对官方监管和市场约束具体的作用范围仍显不足。

二、进一步的研究

一是市场约束和官方监管的作用边界和替代程度。进一步研究应该围绕互相关联的三个方面展开：首先是官方监管和市场约束的各自最佳作用边界；其次是比较市场约束和官方监管在可作用的相同领域对银行机构的负面冲击大小，或者说对银行的风险承担的压力影响最低，以区别市场约束和官方监管在不同领域的约束成效和成本；最后是市场约束和官方监管在多大程度上可互相替代。官方监管和市场约束具体的作用范围可能还需要在不断的监管实践中做进一步的探索。

二是市场约束和官方监管对同一银行信息产生的反应程度以及对银行风险状况评价的差异。本书在市场约束和官方监管对银行信息的来源渠道和披露要求等方面作出了区分，同时认为市场的参与者能比监管机构更早地发觉问题银行的危险征兆。但是对于银行提供的同一类信息，市场约束和官方监管分别如何看待银行的风险状况，两者的反应是否一样，各自根据何种机制做出何种反应，这些问题尚有待进一步研究。

三是监管信息披露能在多大程度上促进市场约束的效果。本书主要分析银行机构披露的信息产生的多方面影响，但是对于监管机构有关监管信息的披露能在多大程度上改善市场约束的效果，有待进一步分析。

主要参考文献

中文文献:

［1］艾伦·加特. 管制、放松与重新监管［M］. 陈雨露，等译. 北京：经济科学出版社，1999.

［2］卞耀武. 美国证券交易法律［M］. 北京：法律出版社，1999.

［3］曹廷求，张光利. 市场约束、政府干预与城市商业银行风险承担［J］. 金融论坛，2011，16（2）：3–14.

［4］曹廷求，郑录军，于建霞. 政府股东、银行治理与中小商业银行风险控制：以山东、河南两省为例的实证分析［J］. 金融研究，2006（6）：99–108.

［5］曾颖，陆正飞. 信息披露质量与股权融资成本［J］. 经济研究，2006（2）：69–79，91.

［6］陈超，魏静宜，曹利. 中国商业银行通过贷款损失准备计提进行盈余平滑吗？［J］. 金融研究，2015（12）：46–63.

［7］陈岱孙，厉以宁. 国际金融学说史［M］. 北京：中国金融出版社，1997.

［8］陈建华. 金融监管有效性研究［M］. 北京：中国金融出版社，2002.

［9］陈淼鑫. 关于发展中国家加强市场约束的思考［J］. 云南财贸学院学报，2003（1）：24–26.

［10］陈其安，黄悦悦. 政府监管、市场约束对商业银行风险承担行为的影响［J］. 金融论坛，2011，16（10）：56–61.

［11］陈学彬. 金融监管学［M］. 北京：高等教育出版社，2003.

[12] 陈学民，吴仰儒．中国商业银行存款保险定价与模式选择 [J]．财经论丛，2012 (1)：62 - 68.

[13] 陈野华．西方货币金融学说的新发展 [M]．成都：西南财经大学出版社，2001.

[14] 翟光宇，唐潋，陈剑．加强我国商业银行次级债风险约束作用的思考：基于"相互持有"视角的理论分析 [J]．金融研究，2012 (2)：88 - 101.

[15] 翟光宇，张永超，王金杰．次级债对商业银行利益相关人影响的数理分析：基于市场约束的视角 [J]．经济经纬，2011 (5)：139 - 144.

[16] 刁伟涛．救助预期、市场约束与地方政府债券风险溢价：基于月度滚动债务风险指标 [J]．会计研究，2023 (9)：35 - 45.

[17] 丁鑫，陈珏津，马玥．政府监管、市场约束与银行风险承担 [J]．金融经济学研究，2023，38 (4)：143 - 160.

[18] 丁鑫，马玥，陈珏津．"有为政府"与"有效市场"：银行监管与市场约束组合的有效性检验 [J]．财经论丛，2024 (2)：36 - 48.

[19] 丁鑫，周晔．存款保险制度、股东风险偏好与市场约束缺位：基于银行内部风险分配与转移的视角 [J]．管理评论，2023，35 (10)：63 - 80.

[20] 董兵兵．商业银行次级债资本工具的发展趋势 [J]．中国金融，2012 (3)：26 - 27.

[21] 弗朗茨．X 效率：理论、论据和应用 [M]．费方域，译．上海：上海译文出版社，1993.

[22] 郜栋玺．市场约束、显性存款保险制度与银行风险承担：基于回归控制法的研究 [J]．金融监管研究，2020 (2)：35 - 50.

[23] 葛家澍．国际会计准则委员会核心准则的未来：美国 SEC 和 FASB 的反应 [J]．会计研究，2001 (8)：3 - 9，65.

[24] 顾海峰，马聪．政府监管、市场约束与银行风险承担：来自中国 178 家商业银行的证据 [J]．金融经济学研究，2020，35 (1)：117 - 130.

［25］国际清算银行．巴塞尔银行监管委员会文献汇编［M］．北京：中国金融出版社，1998.

［26］国家金融监督管理总局偿付能力监管研究课题组．我国保险业偿付能力监管制度改革研究：基于国际比较的视角［J］．金融监管研究，2024（2）：1-19.

［27］何靖．延付高管薪酬对银行风险承担的政策效应：基于银行盈余管理动机视角的 PSM-DID 分析［J］．中国工业经济，2016（11）：126-143.

［28］何韧．商业银行次级债券产品设计的比较研究［J］．国际金融研究，2005（6）：27-32.

［29］胡建辉，岳娟丽．存款市场约束对银行成本效率的影响研究：来自中国商业银行微观数据的经验证据［J］．中央财经大学学报，2020（1）：21-33.

［30］胡维波．金融监管的理论综述［J］．当代财经，2004（3）：50-54.

［31］黄敏，蒋海，杨子晖，等．资本监管、信息披露质量对银行风险承担的影响［J］．国际金融研究，2018（11）：56-66.

［32］贾洪文，颜咏华，白媛媛．市场约束、竞争与银行风险承担：基于中国上市银行数据的分析［J］．贵州财经学院学报，2012（5）：47-53.

［33］蒋海，温思美．制度变迁中的金融博弈与金融风险转嫁［J］．金融研究，1998（9）：20-26.

［34］蒋莲．次级债券的风险不容忽视［J］．农村金融研究，2004（12）：22-24.

［35］金子寿，刘鹤麟．市场约束与官方监管［J］．金融理论与实践，2002（10）：3-5.

［36］李成业．银行信息披露与市场约束研究［J］．中国农村金融，2011（15）：32-34.

［37］李建国．中国证券市场信息不对称研究［J］．财贸经济，2001

（12）：43－45，76.

［38］李维安，曹廷求．股权结构、治理机制与城市银行绩效：来自山东、河南两省的调查证据［J］．经济研究，2004（12）：4－15.

［39］李维安．现代公司治理研究［M］．上海：上海人民出版社，2002。

［40］李晓庆，曹金爽．银行风险承担行为的市场约束机制研究［J］．中国证券期货，2012（8）：194－195.

［41］李晓庆，刘江慧．我国银行风险承担行为的存款市场约束效应研究：基于结构方程模型的银行风险承担度量［J］．山东社会科学，2016（9）：128－133.

［42］廉永辉，张琳．股权集中度、市场约束与商业银行盈余管理［J］．金融经济学研究，2019，34（2）：125－138.

［43］梁宝柱．金融监管论［M］．成都：西南财经大学出版社，1999.

［44］刘雷．金融监管结构会影响市场约束吗？：基于 HLM 模型的跨国实证研究［J］．国际金融研究，2017（6）：85－96.

［45］刘文煜．浅论金融监管中市场约束体系的建构［J］．中国证券期货，2012（8）：191－192.

［46］陆桂娟．存款保险的经济学分析［J］．金融研究，2006（5）：113－120.

［47］罗开位，连建辉．商业银行治理：一个新的解释框架：商业银行"契约型"治理的经济学分析［J］．金融研究，2004（1）：105－116.

［48］马蔚华．战略调整：中国商业银行发展的路径选择［J］．经济学家，2005（1）：44－50.

［49］宁家耀，李军．竞争市场约束下上市公司信息披露行为实证研究［J］．上海管理科学，2012，34（1）：26－30.

［50］潘敏，魏海瑞．提升监管强度具有风险抑制效应吗？：来自中国银行业的经验证据［J］．金融研究，2015（12）：64－80.

［51］潘敏．商业银行公司治理：一个基于银行业特征的理论分析［J］．金融研究，2006（3）：37－47.

［52］钱小安．存款保险的道德风险、约束条件与制度设计［J］．金融研究，2004（8）：21 - 27.

［53］钱小安．信贷紧缩、银行重组与金融发展［M］．上海：上海人民出版社，2002.

［54］石丹，王涛．市场约束对商业银行次级债定价的影响分析［J］．江西金融职工大学学报，2010，23（5）：26 - 29.

［55］斯蒂格利茨．喧嚣的九十年代［M］．张明，等译．北京：中国金融出版社，2005.

［56］宋增基，陈全，张宗益．上市银行董事会治理与银行绩效［J］．金融论坛，2007（5）：35 - 40.

［57］苏启林，朱文．上市公司家族控制与企业价值［J］．经济研究，2003（8）：36 - 45，91.

［58］孙连友，周斌．十国集团主要国际银行非传统资本工具运用及启示［J］．当代财经，2005（5）：34 - 37.

［59］谭兴民，宋增基，蒲勇健．公司治理影响信息披露了吗?：对中英资本市场的实证比较研究［J］．金融研究，2009（8）：171 - 181.

［60］谭中，粟芳．货币政策、市场约束与银行风险承担行为的实证分析［J］．上海财经大学学报，2011，13（5）：57 - 65.

［61］唐旭．金融理论前沿课题［M］．北京：中国金融出版社，2001.

［62］屠光绍．市场监管：架构与前景［M］．上海：上海人民出版社，2000.

［63］托马斯·梅耶．货币、银行与经济［M］．洪文金，等译．上海：上海三联书店，1989.

［64］王娟．我国银行业信息披露状况分析［J］．南方金融，2002（8）：16 - 18.

［65］王俊豪．政府管制经济学导论［M］．北京：商务印书馆，2001.

［66］王立平．治理结构与信息质量：来自于深市的经验数据［J］．经济研究参，2013（62）：55 - 64.

［67］王晓博，刘伟，辛飞飞．存款保险制度、风险承担与银行绩效：

基于风险转移的视角 [J]. 管理评论, 2021, 33 (8): 3-16.

[68] 王晓枫. 对我国商业银行信息披露问题的研究 [J]. 国际金融研究, 2002 (4): 53-57.

[69] 位华. 市场约束与银行风险承担的文献回顾 [J]. 技术经济与管理研究, 2012 (7): 99-102.

[70] 魏加宁, 杨守海. 防范金融监管中的腐败行为 [J]. 金融信息参考, 2003 (5): 24-25.

[71] 吴凡, 卢阳春. 我国金融监管的帕累托改进 [J]. 贵州财经学院学报, 2002 (2): 27-30.

[72] 武锶芪. 商业银行次级债新规: 资本约束和市场约束双重功效 [J]. 金融经济, 2010 (8): 83-85.

[73] 夏斌, 徐佩. 我国次级债发行存在的问题及建议 [J]. 南方金融, 2010 (12): 69-71, 98.

[74] 项后军, 郜栋玺. 利率市场化、存款保险制度与银行风险承担: 基于市场约束的研究 [J]. 南方经济, 2019 (8): 1-20.

[75] 徐璋勇, 何炼成. 试论我国现行银行监管的制度缺陷及其纠正 [J]. 河南师范大学学报 (哲学社会科学版), 2003 (1): 32-35.

[76] 许文辉. 中国银行业次级债: 发行定价与供求形势 [J]. 证券市场导报, 2004 (12): 66-68.

[77] 许友传, 何佳. 次级债能发挥对银行风险承担行为的市场约束作用吗 [J]. 金融研究, 2008 (6): 56-68.

[78] 许友传. 我国银行次级债市场的衍生功能与改革方向 [J]. 上海金融, 2011 (7): 68-72.

[79] 阎庆民. 银行业公司治理与外部监管 [J]. 金融研究, 2005 (9): 84-95.

[80] 杨德勇, 曹永霞. 中国上市银行股权结构与绩效的实证研究 [J]. 金融研究, 2007 (5): 87-97.

[81] 杨德勇, 等. 金融监管论 [M]. 呼和浩特: 内蒙古人民出版社, 1998.

［82］杨胜刚. 国际金融理论前沿：中国金融改革与发展 ［M］. 北京：经济科学出版社，2004.

［83］杨谊，陆玉. 存款保险、市场约束与国有商业银行对策选择 ［J］. 改革，2011 (9)：59 - 65.

［84］杨谊，蒲勇健，陆玉. 我国银行官方监管目标与市场约束的实证研究 ［J］. 管理世界，2009 (1)：168 - 169.

［85］张强，佘桂荣. 银行监管的市场约束理论进展 ［J］. 金融研究，2006 (10)：98 - 105.

［86］张强. 论金融监管中的信息约束 ［J］. 金融研究，2000 (5)：80 - 84.

［87］张苏彤，周虹. 我国商业银行风险披露状况研究：上市银行的案例 ［J］. 上海金融，2003 (10)：17 - 20.

［88］张维迎，余晖. 西方企业理论的演进与最新发展 ［J］. 经济研究，1994 (11)：70 - 81.

［89］张维迎：博弈论与信息经济学 ［M］. 上海：上海三联书店，1999。

［90］张兆杰. 作为监管资本的次级债及国外商业银行的实践 ［J］. 国际金融研究，2004 (10)：25 - 29.

［91］张正平，何广文. 我国银行业市场约束力的实证研究 (1994 - 2003) ［J］. 金融研究，2005 (10)：42 - 52.

［92］赵胜民，陈蒨. 存款保险制度是否影响银行市场约束？：基于中国和跨国数据的实证研究 ［J］. 国际金融研究，2021 (1)：55 - 64.

［93］赵胜民，翟光宇，张瑜. 我国上市商业银行盈余管理与市场约束：基于投资收益及风险管理的视角 ［J］. 上海经济研究，2012，24 (1)：75 - 85，95.

［94］郑鸣，陈捷琼. 国有商业银行发行次级债券补充资本金研究 ［J］. 国际金融研究，2002 (10)：36 - 42.

［95］周道许，程春峰. 金融监管原理与实务 ［M］. 北京：中国言实出版社，2002.

［96］周道许. 现代金融监管体制研究［M］. 北京：中国金融出版社，2000.

［97］周开国，邓月. 政府控股对商业银行风险承担的影响：基于国际银行业的证据［J］. 国际金融研究，2016（9）：51－62.

［98］朱莹，王健. 市场约束能够降低地方债风险溢价吗?：来自城投债市场的证据［J］. 金融研究，2018（6）：56－72.

English Literature

［99］Admati，Pfleiderer. Forcing Firms to Talk：Financial Disclosure and Externalities［J］. Review of Financial Studies，2000，13：479－520.

［100］Avery Robert B，Terrence M Belton and Miehacl A Goldberg. Market Discipline in Regulating Bank Risk：New Evidence from the Capital Markets［J］. Journal of Money，Credit and Banking，1988，20：597－610.

［101］Bliss Robert R，Mark J Flannery，Market Discipline in the Governance of U. S. Bank Holding Companies：Monitoring vs. Influencing［R］. Federal Reserve Bank of Chicago working Paper，2000，03.

［102］Berger，Allen. Market Discipline in Banking，Proceedings of a Conference on Bank Structure and Competition［C］. Federal Reserve Bank of Chicago，1991.

［103］Berger，Allen N and Sally M Davies，The Information Content of Bank Examinations［J］. Journal of Financial Services Research，1998，14：117－144.

［104］Berger，Allen N，Sally M Davies and Mark J Flanney，Comparing Market and Regulatory Assessments of Bank Performance：Who Knows What When?［J］. Journal of Money，Credit and Banking，2000，32：641－667.

［105］Bhattacharya，Sudipto，Arnoud W A Boot and Anjan V Thakor. The Economics of Bank Regulation［J］. Journal of Money，Credit and Banking，1998，40：745－770.

［106］Billet M，J Garfinkel and E O Neal，The Cost of Market Versus

Regulatory Discipline in Banking [J]. Journal of Finaneial Economics, 1998, 48: 333 - 358.

[107] Birchler U W, Maechle A M. Do Depositors Discipline Swiss Banks? Schweizerischen National Bank [R]. Working Paper, 2001, 01, 06.

[108] Birehler U W, Maeehler A M. What Does the Yield on Subordinated Bank Debt Measure? [C]. Financial and Economics Discussion Series, Board of Governors of the Federal Reserve System, 2004, 19.

[109] Bliss, Robert R. Market Discipline and Subordinated Debt: a Review of Some Salient Issues [J]. Economic Perspectives, the Federal Reserve Bank of Chicago, 2002, 30: 24 - 42.

[110] Boyd John H, Arthur J Rolnick. A Case for Reforming Federal Deposit Insurance [R]. Annual Report, Federal Reserve of Minneapolis, 1988.

[111] Brian J Bushee, Christopher F Noe. Corporate Disclosure Practices, Institutional Investors, and Stock Return Volatility [J]. Journal of Accounting Research, 2000, 38: 171 - 202.

[112] Brown L, Griffin P, Hagerman R and Zmijewski M. Security Analyst Superiority Relative To Univariate Time - Series Models In Forecasting Quarterly Earnings [J]. Journal of Accounting and Economics, 1987, 133: 61 - 87.

[113] Brown L, Rozeff M. The Superiority Of Analyst Forecasts As Measures Of Expectations: Evidence From Earnings [J]. Journal of Finance, 1978, 33: 1 - 16.

[114] Bruns W, Merchant. The Dangerous Morality of Managing Earnings [J]. Management Accounting, 1990, 72: 22 - 25.

[115] Bushman R, A Smith. Transparency Financial Accounting Information and Corporate Governance [J]. FRBNY Economic Policy Review, 2003, 4: 65 - 87.

[116] Bushman R, J P iotrosk and A Smith. What Determines Corporate Transparency? [R]. Unpublished paper, University of Chicago, 2001.

[117] Calomiris, Charles W and Andrew I. Can Emerging Market Bank Regulators Establish Credible Discipline: The case of Argentina1992 – 1999 [J]. NEBR working Paper, 2000, 7715: 1–42.

[118] Calomiris, Charles W. Building an Incentive Compatible safety Net [J]. Journal of Banking and Finance, 1999, 10 (23): 1499–1519.

[119] Caprio G, P Honohan. Can the Unsophiseated Market provide Discipline? [J]. World Bank Policy Research Working Paper, 2004, 33: 25–64.

[120] Caprio G, P Honohan. Beyond Capital Ideals: Restoring Bank Stability [R]. World Bank, 1998, 06.

[121] Claessens, Stijn, Fan P H and Lang H P. The Benefits and Cost of Group Affiliation: Evidence from East Asia [C]. CEPR Discussion Paper No. 3364. Available at SSRN, 2002.

[122] Covitz, Daniel M, Diana HancoCk and Myron L Kwast. Mandatory Subordinated debt: Would banks Face More Market Discipline? [R]. Board of Governors of the Federal Reserve System, Working Paper, 2000, 06.

[123] DeFond M L, J Jiambalvo. Debt Covenant Violation And Manipulation of Accruals [J]. Journal of Accounting and Economics 1994, 17: 145–176.

[124] DeFond M, C Park. Smoothing Income in Anticipation of Future Earnings [J]. Journal of Accounting and Economics, 1997, 23: 115–139.

[125] Demirguc – Kunt A, V Maksimovic. Law Finance and Firm Growth [J]. Journal of Finance, 1998, 53: 07–37.

[126] Demirguc – Kunt A, T Sobaci. Deposit Insurance around the World: A Database [J]. World Bank Economic Review, 2001, 15: 48–90.

[127] Demirguc – Kunt, Asli and Harry Huizinga. Market Discipline and Deposit Insurance [J]. Journal of Monetary Economics, 2004, 51: 375–399.

[128] Dewatripont M, J Tirole. The Prudential Regulation of Banks [M]. Cambridge, Massachusetts: MIT Press, 1994.

[129] Deyoung, Robert, Mark J Flannery, William W Lang and Sorin M

Sorescu. The Informational Content of Bank Examratings and Subordinated Debt Prices [J]. Journal of Money, Credit and Banking, 2001, 33: 900 – 925.

[130] Diamond D, Dybvig. Deposit Insurance and Liquidity [J]. Journal of Political Economy, 1983, 91 (3): 401 – 419.

[131] Diamond Douglas W, Robert E Verrecchia. Disclosure Liquidity and the Cost of Capital [J]. Journal of Finance, September 1991, 46 (4): 1325 – 1359.

[132] El – Gazzar S M. Predisclosure Information And Institutional Ownership: A Cross – Sectional Examination Of Market Revaluations During Earnings Announcement Periods [J]. The Accounting Review 1998, 73 (1): 119 – 129.

[133] Estrella, Arturo. Costs and Benefits of Mandatory Subordinated Debt Regulation for Banks [R]. Federal Reserve Bank of NewYork, 2000, 05.

[134] Evanoff, Douglas D and Larry D wall. Measures of the Riskiness of Banking Organizations: Subordinated Debt Yields, Risk-based Capital and Examination Ratings [J]. Journal of Banking and Finance, 2002, 26: 989 – 1009.

[135] Evanoff, Douglas D and Wall Larry D. Subordinated Debt and Bank Capital Reform [R]. Federal Reserve Bank of Altlanta Working Paper 2000, 24: 66 – 76.

[136] Flannery, Mark J and Sorin M Sorescu. Evidence of Bank Market Discipline in Subordinated Debenture Yields [J]. Journal of Finance, 1996, 4 (51): 1347 – 1377.

[137] Flannery, Mark J. The Faces of 'Market Discipline' [J]. Journal of Financial Services Research, 2001, 20: 107 – 119.

[138] Flannery, Mark J. Using Market Information in Prudential Bank Supervision: A Review of the U. S. Empirical Evidence [J]. Journal of Money, Credit and Banking, 1998, 3 (30): 273 – 305.

[139] Flannery, Mark J. Market Discipline of U. S. Finaneial Firms: Re-

cent Evidence and Researeh Issues ［R］. University of Florida 2003，1 － 9.

［140］ Francis J，Hanna J and Philbrick D. Management Communications With Securities Analysts ［J］. Journal of Accounting and Economics，1998，24：363 － 394.

［141］ George Stigler. Public Regulation of Securities Markets ［J］. Journal of Business of the University of Chicago，1964，2：37 － 40.

［142］ Gerard Caprio，Patrick Honohan. Can the Unsophisticated Market Provide Discipline？ ［R］. Work Bank Policy Research Working Paper，2004 （8），3364.

［143］ Goldberg L，S Hudgins. Depositor Discipline and Changing Strategies for Regulating Thrift Institutions ［J］. Journal of Financial Economics，2000，63：263 － 274.

［144］ Gorton Gary，Anthony M Santomero. Market Discipline and Bank Subordinated Debt ［J］. Journal of Money，Credit and Banking，1990，22：119 － 128.

［145］ Gorton，Gary，Richard Rosen. Corporate Control，Portfolio Choice and the Discipline of Banking ［J］. Journal of Finance，1995 （50）：1377 － 1420.

［146］ Gorton，Gary. Bank Panics and Business Cycles ［R］. Oxford Economic Papers，1988，12.

［147］ Hamadi M，Heinen A and Linder S. Does Basel II Affect the Market Valuation of Discretionary Loan Loss Pro-visions？ ［J］ Journal of Banking and Finance，2016，70 （9）：177 － 192.

［148］ Hamalainen P，M Hall and B Howeroft. Market Discipline：A Theoretical Framework for Regulatory Policy Development ［C］. Paper at Financial Management Association in Europe，Dublin，2003，06.

［149］ Hart O，J Moore Default. Renegotiation：A Dynamic Model of Debt ［R］. MIT Working Paper，1989，520.

［150］ Hosono，Kaoru，Iwaki，Hiroko，Tsuru and Kotaro. Bank Regulation and Market Discipline around the World [R]. RIETI Discussion Paper Series 2004: 31.

[151] Jagtiani, Julapa, George Kaufman and Catharine Lemieux. Do Markets Discipline Banks and Bank Holding Companies? Evidence from Debt Pricing [R]. Federal Reserve Bank of Chicago Working Paper, 2000.

[152] Jordan J S, Peek J, Rosengren E S. The Impact of Greater Bank Disclosure Amidst a Banking Crisis [R]. Federal Reserve Bank of Boston Working Paper, 1999, 99.

[153] Kaufman Geoge G, Bank Failures. Risk and Bank Regulation [J]. CATO Journal, 1996, Vol. 16: 17 –46.

[154] Kim, Daesik, Anthony M Santomero. Risk in Banking and Capital Regulation [J]. Journal of Finance, 1988, 43: 1219 –1233.

[155] Lang M, R Lundholm. Disclosure Quality and Analyst Behavior [J]. The Accounting Review, 1996, 71: 467 –492.

[156] Lang, William W, Robertson and Douglas D. Analysis of Proposals for a Minimum Subordinated Debt Requirement [J]. Journal of Economics and Business, 2002, 4: 115 –136.

[157] Levonian, Mark. Subordinated Debt and the Quality of Market Discipline in Banking [R]. Federal Reserve Bank of San Francisco Working Papet, 2001: 5 –37.

[158] Martinez, Marfa Soledad, Schmukler and Sergio. Do Depositors Punish Banks for Bad Behavior? Examing Market Discipline in Argentina, Chile and Mexieo [R]. Central Bank of Chine Working Papers, 1999, No. 48.

[159] Merton R C. A Simple Model Of Capital Market Equilibrium With Incomplete Information [J]. Journal of Finance 1987, 42: 483 –510.

[160] Miller G. Earnings Performance And Discretionary Disclosure [R]. Unpublished working paper, Harvard University, 1999, 09.

[161] Miller G, Piotroski J. The role of disclosure for high book-to-market firms [R]. Unpublished working paper, Harvard University, 2000, 06.

[162] Morgan, Donald P, Kevin J and Stiroh. Bond Market Discipline of Banks: Is the Market Tough Enough? [R]. Federal Reserve Bank of New York staff report, 2000, 95.

[163] Mu C, Wang A and Yang J. Optimal Capital Structure with Moral Hazard [J]. International Review of Economics &Finance, 2017, 89: 326 – 338.

[164] Park S, S Peristiani. Market Discipline by Thrift Depositors [J]. Journal of Money Credit and Banking, 1998, 30: 347 – 364.

[165] Peter Joos. Discussion of the Economic Consequences of Increased Disclosure [J]. Journal of Accounting Research, 2000, 38: 125 – 136.

[166] Randall, Richard E. Can Markets Evaluate Asset Quality Exposure in Banks? [J]. New England Economic Review, 1989, 8: 3 – 24.

[167] Rose – Ackerman S, The Economics of Corruption [J]. Journal of Public Economics, 1975, 4 (2): 187 – 203.

[168] Shleifer A, Vishny R. A Survey of Corporate Governance [J]. Journal of Finance 1997, 52: 737 – 783.

[169] Short, Eugenie D, Gerald P and O Drisco. Deregulation and Deposit Insurance [J]. Federal Reserve Bank of Dallas Economic Review, 1983, 12: 11 – 22.

[170] Simon S M Ho, Kar Shun Wong. A Study Of The Relationship Between Corporate Governance Structure And The Extent Of Voluntary Disclosure [J]. Journal of International Accounting, Auditing & Taxation, 2001, 10: 139 – 156.

[171] Sironi A. Strengthening Banks, Market Discipline and Leveling the Playing Field: Are the Two Compatible? [J]. Journal of Banking and Finance, 2002, 26: 1065 – 1091.

[172] Subramanyam K R. Uncertain Precision And Price Reactions To Information [J]. Accounting Review 1996, 71: 207 – 220.

[173] Tara Vishwanath, Daniel Kaufmann. Towards Transparency In Fi-

nance And Governance ［R］. The World Bank Working Paper, 1999, 07.

［174］ U. S. Shadow Regulatory Committee. Reforming Bank Capital Regulation ［M］. Washington, D. C: The AEI Press, 2000.

［175］ Van Horne, James C. Behavior of Default Risk Premiums for Corporate Bonds and Commercial Paper ［J］. Journal of Business Research, 1979, 58: 301 – 313.

［176］ Verrecchia R E. Discretionary Disclosure ［J］. Journal of Accounting and Economics, 1983, 365 – 380.

［177］ Xu He, Seoprhee Chang. Corporate Governance Structure and Accounting Information Disclosure Quality: Evidence from Shenzhen Stock Exchange in China ［J］. Asian International Studies Review, 2018, 19 (1): 99 – 116.